SARAH WIENER

Gerichte, *die die* Welt veränderten

*unsere Welt änderte sich
bei Kaiserschmarrn mit
Pfirsichspalten um Mitternacht! :)*

*in Liebe
Petra*

Fotos von Lukas Beck

Sarah Wiener:
Gerichte, die die Welt veränderten

Alle Rechte vorbehalten © 2018 edition a, Wien
www.edition-a.at

Projektleiterin und Fotoredaktion: Claudia Paccosi
Covergestaltung und Layout: JaeHee Lee
Recherche und Textgestaltung: Thomas Schrems
Fotos: Lukas Beck
Assistenzkoch: Clemens Dočár
Mitarbeit: Nedua Hussain, Sara El Sayed, Ulrike Lemmerer, Gerald Zhang-Schmidt,
Christine Halbritter, Melisa Sofic, Paul Klostermann, Nell Heuer, Nora Studener,
Thomas Reitmayer, Katarina Kokora, Thomas Oysmüller, Nina Martinkovich
Korrektur: Denise Krainz
Coverbild: Shutterstock

Gesetzt in der Quiroga Serif Std
Druck: Finidr

1   2   3   4   5   —   21   20   19   18

ISBN 978-3-99001-279-6

SARAH WIENER

Gerichte, *die die* Welt veränderten

Für alle Köchinnen und Köche,
die durch ihr Kochen die Welt zu
einem besseren Ort machen.

edition a

Inhalt

Vorwort

Meine Kochbuchsammlung ist wie die vieler Köchinnen und Köche umfangreich. Besonders mag ich ältere Exemplare mit handgeschriebenen Notizen oder Privatsammlungen, die eine mir unbekannte Zeit beschreiben. Das Lesen der Rezepte entführt in Welten, die mich träumen lassen. Augenblicklich möchte ich diese versunkenen Sphären kennenlernen.

Manche dieser Bücher lesen sich spannender als Krimis. Jede Zutat fängt in mir zu duften an, wird lebendig und in Gedanken verarbeitet. Beim tatsächlichen Nachkochen dieser ehrwürdigen Rezepte ist es dann fast, als nähme ich Bedacht auf eine alte Dame. Weil ich Respekt habe für ihre Erfahrung und Würde, und weil ich beides bewundere.

Das Wissen aus alten Kochbüchern ist Jahrzehnte oder Jahrhunderte später zum Weltenerbe geworden, zu greifbarer Kulturgeschichte. Darüber freue ich mich besonders, auch wenn ich kaum ein altes Rezept exakt nachkoche. Der Geschmack hat sich zumeist doch erheblich verändert. Dennoch bin ich beeindruckt von Fantasie, Vorgehensweise und Technik, die dahinterstecken. Manches Rezept ist schon allein mangels offenem Feuer, mangels alten Arbeitsgeräten nur bedingt zu kopieren. So werden wohl die wenigsten den rauchigen Geruch eines stundenlang schmurgelnden Rindsgulaschs kennen.

»Gerichte, die die Welt veränderten« wirft einen etwas anderen Blick auf Weltgeschichte und Kulinarik. Sie halten somit ein besonderes Kochbuch in Händen, mit besonderen Rezepten und 33 Geschichten, die untrennbar dazugehören. Oder ist es vielleicht doch ein besonderes Geschichtsbuch mit den passenden Rezepten? Natürlich kann meine Auswahl der Ereignisse nur subjektiv sein. In ihr spiegelt sich auch der Blick einer weißen Mitteleuropäerin wieder, wenngleich ich versucht habe, über meinen Tellerrand hinauszuschauen. Bei manchen Ereignissen bin ich jedoch, ganz Egomanin, schlicht meiner Neugier erlegen.

Und doch glaube ich, dass diese Zusammenstellung die Leser/-innen mit beschwingter Vorfreude erfüllen wird. Wer wollte nicht bei der Eröffnung des Suezkanals dabei sein? Wer kann sich nicht mit dem inhaftierten, schlecht ernährten Nelson Mandela identifizieren und brennt darauf zu erfahren, was am Tag seiner Entlassung passierte?

Wer schaute nicht neugierig distanziert in die politischen Abgründe eines Tito und wäre zugleich erstaunt über seine verführenden Kochkünste, etwa einer Sophia Loren gegenüber? Kurzum: Es sind viele, mich persönlich interessierende Episoden. Sie alle konnten verifiziert und penibelst recherchiert werden. Eine großartige Leistung von unserem Recherche-Team (siehe Impressum). Herzlichen Dank in aufrichtiger Bewunderung.

Dabei ging es mir nicht darum, Geschichten anhand allgemein bekannter, historischer Fakten nachzuerzählen. Nein, es ging mir um (Ess- und Koch-)Kultur. Um Gewohnheiten, besondere Vorlieben von Menschen, deren große Taten wir meinen zu kennen. So mancher Name, so manche Jahreszahl hat sich uns dank Geschichtsunterricht und kollektivem Gedächtnis eingebrannt. Der intime Schlüssellochblick auf Ereignisse und Protagonisten, auf Charakter, Vorlieben und Schwächen, bleibt uns zumeist jedoch verwehrt. Ich meine, ein elegantes Hintertürchen gefunden zu haben, um diese Lücke zu füllen: den Zugang über den Magen, durch den ja auch die Liebe gehen soll. Der Blick auf Speisen, Menüabfolgen und Essgewohnheiten, die mit historischen Begebenheiten verknüpft sind, eröffnet eine ungewöhnliche Perspektive auf Ereignisse, die – um im Sprachbild zu bleiben – zwar leicht verdaulich scheinen für Hirn und Seele, mental jedoch sättigen und ein wohliges Gefühl der Glückseligkeit hervorrufen. Eben weil sie kein Fastfood sind, sondern trotz des Plaudertones viel Substanz haben. Wie es sich auch für ein anständiges, ehrliches Mahl gehört.

Noch etwas möchte ich anmerken: Gerne hätte ich mehr Raum für unbekannte Kulturen und Völker gehabt. Besonders schmerzt mich die niedrige Frauenquote meiner Auswahl. Doch um der Gerechtigkeit Genüge zu tun, um einen Ausgleich der Geschlechter zu schaffen, fehlte es an Basisinformationen, Rezepten und echten, überprüfbaren Fakten.

It's a man's world.

Und es ist auch eine weiße Welt. Weiße Männer halten fest, was weiße Männer für wichtig erachten. Frauen durften im Verlauf der Menschheitsgeschichte die meiste Zeit weder Bildung genießen noch Talenten oder Vorlieben folgen. Männer nahmen dies seit jeher in Anspruch. Intellektuelle und wissenschaftliche Frauenarbeit wurde dagegen nur selten als eigenständige Leistung gewürdigt.

Sollte also dereinst jemand ein ähnliches Werk über unsere Zeit verfassen, hoffe ich, dass 50 Prozent der Geschichten von Frauen handeln werden. Schließlich sind sie es, die noch immer weltweit 90 Prozent des Menschheitskuchens backen.

Alle überlieferten Originalrezepte haben wir genau so belassen. Bei vielen wollte ich sofort in die Küche und loslegen, bei manchen hätte es mich durchaus gejuckt, da oder dort eine Kleinigkeit zu ändern. Aber original ist original. Jene, die im Ursprung nicht mehr existieren, habe ich ans Heute angepasst, ohne ihnen den historischen Bezug zu nehmen. Es sind dies also keine persönlichen, sondern eben: Rezepte, die die Welt veränderten.

Ich wünsche Ihnen viel Freude und Genuss beim Lesen, Staunen und Nachkochen.

Ihre Sarah Wiener

Ein Sofa mit Geschichte: Hier ruhte sich 1963 US-Präsident John F. Kennedy aus, ehe er vor dem Rathaus von Berlin-Schöneberg seine legendäre Rede hielt und mit den Worten schloss: »Ich bin ein Berliner!«

52 v. Chr.

Julius Cäsar. Das Festmahl anlässlich seines Sieges über die Gallier.

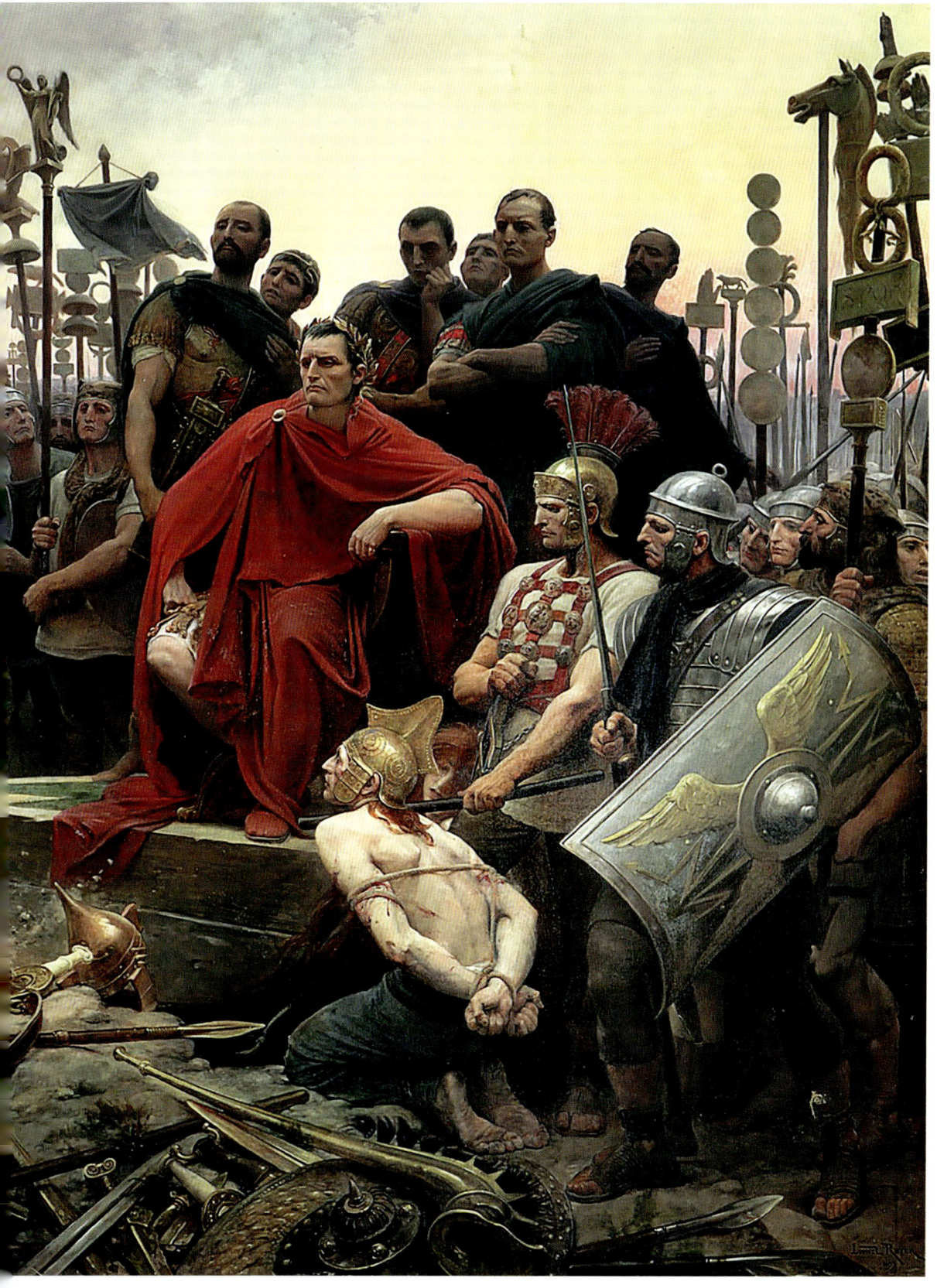

Und Cäsar befahl: Wildschweinbraten für alle!

Woran denken Sie bei Wildschwein? An den immer hungrigen Obelix und seinen Freund Asterix? Und an Julius Cäsar, der sich an ihnen die Zähne ausbeißt? Die historische Realität bleibt da zurück. Fast vergessen ist der große Gallier-Häuptling Vercingetorix, der den Römern trotzte und erst in der Schlacht bei Alesia unterlag. Und auch das Festbankett für eine Viertelmillion Menschen, das Cäsar anlässlich der Unterwerfung in Rom ausrichten ließ.

»Alesia? Ich kenne kein Alesia! Ich weiß nicht, wo Alesia liegt! Niemand weiß, wo Alesia liegt!«

Aus gutem Grund stelle ich dieses Zitat an den Anfang. Es stammt aus *Asterix und der Arvernerschild*, Seite zwölf der deutschen Ausgabe, und steht auf so wunderbare Weise für vieles, was mit Julius Cäsar und den Kelten, von den Römern Gallier genannt, zu tun hat. In der Fiktion. Und in der Wirklichkeit. Bis hin zum Wildschweinbraten, den ich Ihnen am Ende des Kapitels vorstelle und der in dieser überlieferten Form auf einen gewissen Marcus Gavius Apicius zurückgeht.

Apicius lebte kurz nach Cäsar, war als übler Prasser verschrien. So schwärmte er von Speisen wie Flamingozungen und Ähnlichem. Allein bei der Vorstellung, dass man die Tiere nur um ihrer Zungen willen abgeschlachtet hat, läuft es mir kalt den Rücken hinab. Aber: Apicius hat uns auch etwas hinterlassen. Die »De re coquinaria«, eine 400 Rezepte umfassende Sammlung, ohne die wir viel weniger über die altrömische Küche wüssten.

Noch allzu gut erinnere ich mich an den Geschichtsunterricht, der uns dieses Bild als typisch römische Esskultur vermittelte: Altes Rom und Essen, das ist gleichbedeutend mit ausschweifenden Gelagen. Mit mächtigen Männern, die in bequemen Togen seitlich auf gepolsterten Bänken liegen, sich Berge exoti-

scher Speisen in den Mund schieben oder an überkopf gehaltenen Weintrauben knabbern. Daneben Sklavinnen, die ihnen Frischluft zufächeln. Ganz zu schweigen von anderen »Diensten«.

Historienschinken in Kino und Fernsehen haben dieses Bild jahrzehntelang geprägt. Und natürlich auf ihre Weise auch die Hefte von Zeichner Albert Uderzo und Szenarist René Goscinny, die ab 1959 mit Asterix und Obelix Geschichte schrieben.

Römische Kultur hat die Welt entscheidend verändert. Auch die Gerichte der alten Römer haben die Welt verändert. Doch dürfen wir darüber nicht die zahllosen, als exotisch angesehenen Einflüsse vergessen, denen wiederum die Welt der Römer ausgesetzt war. Vor allem, nachdem ihre Machthaber begonnen hatten, das Reich durch Feldzüge auszuweiten. Sei es nach Nordafrika, in den Vorderen Orient, nach Spanien, Griechenland und auch tief ins Herz Europas hinein, bis nach Britannien, sodass das *Imperium Romanum* sich in seiner maximalen Ausdehnung über drei Kontinente rund um das Mittelmeer erstreckte.

Essen wie die alten Römer. Dieses Motto hat eine Renaissance erlebt. Bücher und Internetplattformen sprießen wie die Pilze nach einem Sommerregen. Darin wird die ungeheure Vielfalt beschworen, die deftigen Speisen, die Komplexität der Aromen und die exklusiven Mischungen von Gewürzen aus aller Welt.

In Wahrheit war diese Vielfalt nur einer kleinen Oberschicht vorbehalten. Sie allein hatte Zugang zu den köstlichen Lebensmitteln, die man bereits kannte, vieles über Roms Hafen im nahen Ostia importiert. Die Produktion auf den herrschaftlichen Landgütern war effizient, es gab im großen Stil Geflügelzucht, Obst- und Gemüsefarmen, Wildgehege, mit Meerwasser gespeiste Teiche für die Zucht von Fischen, Austern und vielem mehr.

Dies alles galt aber eben nur für die Adeligen und Superreichen, die *nobiles*. Ein tagelang dauerndes Festbankett jedoch wie jenes, von dem hier die Rede ist, war die absolute Ausnahme. Einfache Speisen waren die Regel. Und darin liegt auch die Leistung des exzentrischen Apicius: Seine Beschreibungen römischer Gastmähler, bei denen man zwischen Vorspeise (*gustum*), Hauptgericht (*Erster Tisch*) und Nachspeise (*Zweiter Tisch*) unterschied, führen auch in die römischen Provinzen. Und anhand der teils schlichten Rezepte sind Rückschlüsse möglich, was es in den jeweiligen Regionen an Lebensmitteln auch für die Bevölkerung gab. Die breite Masse lebte bescheiden wie auch (vom Weinkonsum abgesehen) gesund. Man aß größtenteils vegetarisch, weil Vieh generell teuer war. Nur ein kleines Beispiel: Zur Zeit von Kaiser Titus Flavius Domitianus, etwa einhundert Jahre nach Cäsar, kostete ein Maultier 520 Sesterzen. Der Jahressold eines Legionärs betrug 300 Sesterzen. Fleisch war für das gemeine Volk kaum leistbar. Einzig in den Küstenregionen gab es auch für einfache Leute Fisch. Milch tranken die Menschen von Schaf oder Ziege, von Kühen dagegen so gut wie gar nicht.

Aber kehren wir noch einmal zum Zitat am Beginn zurück und zum Bild, über dem es steht: Es zeigt einen wütenden Häuptling Majestix, der Asterix mit hochrotem Kopf von oben herab anbrüllt und mit seinen Schallwellen fast vom Platz fegt. Majestix hat auch allen Grund zu übler Laune. Beim jüngsten Festmahl hat er wieder mal über die Stränge geschlagen und seine Leber arg beleidigt. Der Druide Miraculix hat ihm empfohlen, das Leiden auszukurieren. Und zwar wortwörtlich. Auf Kur, fern der Heimat, im *Arvernerland*, dem heutigen Auvergne in Zentralfrankreich. Dass er seine zwei unverwüstlichen Dorfhelden zur Seite hat, ist Majestix kein Trost. Schließlich legen Asterix und Obelix ihre eigenen Essgewohnheiten in der Kuranstalt keineswegs ab, sondern lösen eine mittelschwere Krise unter den Patienten aus.

Sehr schlechte Grundstimmung beim Häuptling also.

Majestix schickt die beiden fort zu einer Rundreise, auf der sie einen Abstecher ins schöne Gergovia machen sollen, dem »Schauplatz unseres großen und unsterblichen Triumphes«. Gemeint sind die Heerscharen Cäsars, die dort den Kelten tatsächlich und nicht nur im Asterix-Universum im Jahr 52 v. Chr. empfindlich unterlagen, später jedoch, bei Alesia, vernichtend zurückschlugen und die Kelten ein für alle Mal unterwarfen.

Ganz Gallien? Ja, ganz Gallien. Und genau da, bei der Erinnerung Majestix' an das schöne Gergovia, geschieht es, weil nämlich Asterix mit Unschuldsmiene fragt:

»Und Alesia?«

»Alesia? Ich kenne kein Alesia! Ich weiß nicht, wo …«

Nein. Im Asterix-Universum weiß nicht nur niemand, wo dieses beschämende Alesia liegt. Man leugnet überhaupt seine Existenz. Im Comic ist das dank eines grafischen Kunstgriffs erkennbar: Jener Augenblick, als der Gallier-Führer Vercingetorix die Waffen vor Cäsar strecken muss, wird in Bildern von üblicher Größe gezeichnet (bloß, dass er sie ihm nicht vor, sondern auf die Füße wirft und dem Feldherrn ein böses Fußleiden und eine letzte Niederlage beschert). Die Niederlage des Vercingetorix (in späteren Ausgaben und Filmen auf *Haudraufwienix* umgetauft) auf dem Schlachtfeld jedoch wird als Rückblick in immer kleiner werdenden Bildern erzählt. So klein, dass am Ende nichts erkennbar ist. Keine Personen. Keine Orte. Rein gar nichts.

Und erst recht nicht Alesia. Weil es dieses Alesia ja gar nicht gibt.

Geschichtsschreiber können heute nicht bloß die Existenz Alesias belegen. Seit kurzem wissen wir auch, wo es liegt. Alise-Sainte-Reine heißt das Dorf im heutigen Burgund, 60 Kilometer nordwestlich von Dijon. Eine Gedenkstätte verweist auf die legendäre Schlacht im September des Jahres 52 v. Chr. Als Zentrum dient ein dreistöckiges Hauptgebäude, das mit seiner zylindrischen Form die Einkesselung der zigtausenden Kelten symbolisiert. Zugleich erinnern netzartig in die Fassade eingeflochtene Lärchenholzbalken an die römischen Belagerungs- und Wachttürme. Und an die Wälle, die Cäsars Truppen mit einer ihrer schärfsten Waffen in sagenhaft kurzen drei bis vier Wochen aus dem Boden stampften: dem den Kelten und anderen Völkern da noch unbekannten Spaten.

Zwei Ringe zogen die Römer auf. Den einen, zwölf Kilometer lang und vier Meter hoch, rund um die Stadt, gestärkt durch einen Wassergraben auf Feindesseite. Den zweiten (21 Kilometer lang) in ihrem Rücken, um Angriffe des keltischen Entsatzheeres zu unterbinden.

Jahrelang hatten die Kelten-Häuptlinge zuvor untereinander gestritten und den Römern bei ihren Eroberungszügen in die Karten gespielt. Damals umfasste das keltische Kerngebiet das heutige Frankreich und Belgien sowie Teile Westdeutschlands und Norditaliens. Als die Häuptlinge erkannten, die totale Unterwerfung, wenn überhaupt, nur durch einen starken Anführer verhindern zu können, wählten sie Vercingetorix an ihre Spitze. Anfangs verbuchte der Arvernerfürst Erfolge gegen Cäsars 50.000 Mann starkes Heer. Doch dann wendete sich das Blatt. Und so saß Vercingetorix mit Mann und Maus in Alesia fest, Bewohner und Krieger auf engstem Raum in einer heillos überfüllten Stadt.

Obwohl sie ein hoch entwickeltes Volk waren, wie archäologische Funde von Wehranlagen, Werkzeugen, normierten Gewichten und Goldmünzen belegen, und über ein weit verzweigtes Handelsnetz verfügten, galten die Kelten den Römern als Barbaren. Der extreme Schädelkult der Kelten und Erzählungen von Menschenopfern schürten diesen Glauben zusätzlich. Eine Sichtweise, die Cäsar gefiel, weil es die Kampfmoral seiner Soldaten anheizte, nachzulesen in seinem Werk über den Gallischen Krieg, »De Bello Gallico«, der als Kriegsbericht für den Senat in Rom gedacht war und bis heute als Pflichtlektüre im Lateinunterricht Legionen in den Schulbänken ins Schwitzen und zum Fluchen bringt.

Nach Wochen der Belagerung wurde die Lage in Alesia dramatisch. Vercingetorix brauchte jeden Bissen, jeden Schluck Wasser für seine Krieger. Also trieb er die Bevölkerung vor die Tore der Stadt in der Hoffnung, Cäsar würde Frauen und Kinder und Alte ziehen lassen. Weit gefehlt. Betont nüchtern schreibt der darüber im *Gallischen Krieg*: »Als diese bei den Festungswerken der Römer angekommen waren, baten sie weinend und jammernd, sie als Sklaven aufzunehmen und mit Nahrung zu versorgen.« Cäsar zeigte kein Erbarmen. Qualvoll und vor den Augen aller verhungerten sie zu Tausenden im Niemandsland. Als das gallische Entsatzheer angriff, wagte Vercingetorix mit seinen Truppen einen Ausfall. Vier Tage lang wogte die Schlacht hin und her. Cäsar, behauptet er jedenfalls selbst, trieb seine wankenden Reiterhorden in vorderster Front zum Sieg und schlug den Keltenfürsten hinter die Mauern Alesias zurück. Ob es tatsächlich Cäsars Heldenmut war, der den Krieg entschied, sei dahingestellt. Jedenfalls siegten die Römer.

Tags darauf streckte Vercingetorix die Waffen, legte sie Cäsar zu Füßen. In Ketten wanderte er nach Rom, und die Zahl der Gefangenen war so groß, dass jeder römische Legionär seinen Sklaven bekam.

Historiker schätzen, dass ein bis zwei Millionen Menschen bei der Eroberung Galliens starben. Sechs Jahre danach, 46 v. Chr., kehrte Julius Cäsar nach Rom zurück, hielt seinen berühmten Triumphzug ab, der ihn vom Marsfeld durch die *Porta Triumphalis* zum *Circus Maximus* führte, zum *Forum Romanum* und hin zum *Kapitol*, wo er vor dem Tempel des Jupiters ein feierliches Opfer brachte.

Den Zug zum Kapitol müssen wir uns so vorstellen: Vorneweg die Senatoren, Magistrate und Hornbläser. Dann Darstellungen des Sieges. Dann das entwaffnete Heer. Und am Ende der Triumphator selbst. Cäsar, in purpurfarbener Toga, einer bestickten Tunika und natürlich mit Lorbeerkranz auf dem Kopf. In der einen Hand ein Zepter aus Elfenbein mit dem Goldadler, in der anderen einen Lorbeerzweig. Mittendrin im Zug übrigens auch prominente Gefangene. In diesem Fall Vercingetorix, den Cäsar nach dem Triumphzug zum Gaudium der Menschenmassen erwürgen ließ.

Und dann wurde gefeiert, denn Cäsar, nun reichster Mann Roms, ließ sich nicht lumpen. Von bis zu 22.000 Tischen für eine Viertelmillion Menschen wird berichtet. Nichts war ihm zu teuer. Miesmuscheln, Seeigel und Austern als Vorspeise, gefolgt von Drosseln und Hühnern auf Spargel, dazu Pasteten, Rehfilets und Tintenfische. Und Wildschwein.

An diesen Tagen wenigstens stimmte das Bild, das uns als allgemeingültige Esskultur verkauft wird, mit dem tatsächlichen in den Straßen Roms überein. Ein Bild der Kelten hingegen, glaubhafter als jenes durch Julius Cäsar beschriebene, liefert uns der weitgereiste Philosoph Poseidonios (135–51 v. Chr.), der Gallien in etwa zu jener Zeit besuchte, in der die Comic-Geschichten spielen:

»Wenn sie essen, sitzen sie auf Wolfs- oder Hundefellen am Boden, in einem Kreis und an einem langen Holztisch. Nahe bei der Stelle … ist das Feuer, auf dem Kessel mit Fleisch stehen und über dem Spieße mit Fleisch hängen.« Weiters erläutert er den Speiseplan, der aus Rind- und Hammelfleisch und Wildschwein ebenso bestand wie aus Fisch, gewürzt mit Salz, Essig und Kümmel. Auch Brot erwähnt Poseidonios.

Und er schildert die Tischsitten: »Sie essen anständig, aber mit dem Appetit eines Löwen, und sie packen die Gliedmaßen mit beiden Händen fest und knabbern diese bis auf die Knochen ab.« Als hätte Obelix Pate gestanden. Typische Gelage nach Gallier-Manier eben. Mit dem Unterschied, dass bei Asterix irgendwo im nächsten Baum der Barde Troubadix hängt, gefesselt und geknebelt, damit er nur ja keines seiner gefürchteten Siegeslieder anstimmen kann. Im Hintergrund aber ist alles, wie es geschichtlich verbürgt ist und wie es sich gehört. Da dampft das gebratene Wildschwein.

Wildschweinbraten in heißer Sauce

Nach dem Originalrezept von Marcus Gavius Apicius im 2. Jahrhundert n. Chr. Es stammt aus *De re coquinaria*. Mengenangaben bei Rezepten waren im Römischen Reich nicht üblich, die Vorgaben richteten sich ausnahmslos von Profiköchen an Profiköche, die ohnedies wussten, was zu tun war. Professor Linda-Marie Günther hat das Rezept für den heutigen Gebrauch adaptiert und in *Kochen mit den Römern* beim Verlag C.H.Beck veröffentlicht.

Zutaten für 6–8 Personen:
Für den Braten:

1 kg Wildschweinlendensteak
(ersatzweise können Sie auch Wild-
schweinkeule nehmen)
2–3 EL Öl
10–12 EL Kräuteressig

Für die Sauce:

40 g gemahlene Pinienkerne
(oder Mandeln)
1 EL Kümmelkörner
3 EL Öl
3 EL Honig (*Anmerkung: Ich habe 5 EL Honig genommen – die ersten 3 EL fürs Karamellisieren, siehe Punkt 5, und weitere 2 kurz vor Schluss nur noch für die Süße der Sauce.*)
2 EL Thymian (fein gehackt)
2 EL Selleriegrün (fein gehackt)
2 EL Minze (fein gehackt)
1 EL Bohnenkraut (fein gehackt)
1 Messerspitze Safranfäden
1 TL Selleriesalz (das können Sie auch leicht selber machen, siehe Rezept unten)
1 TL (gehäuft) gemahlener Pfeffer

Heizen Sie den Ofen auf 90 °C vor und wärmen Sie eine ofenfeste Form darin auf.

Inzwischen das Fleisch waschen, trocken tupfen, etwas pfeffern. Nun in einer Pfanne 7–8 Minuten in Öl auf allen Seiten scharf anbraten.

Legen Sie das Fleisch in die ofenwarme Form und lassen Sie es garen (bei einem kg etwa 100 bis 120 Minuten). Den Bratensatz in der Pfanne löschen Sie mit dem Kräuteressig ab und stellen ihn zugedeckt bereit.

Für die Sauce die gemahlenen Mandeln und die Kümmelkörner in einer Pfanne (ohne Öl) anrösten (Vorsicht: nicht dunkel werden lassen!).

Ca. 10 Minuten vor Ende der Garzeit des Fleisches erhitzen Sie die Pfanne mit dem erkalteten Bratensatz abermals, geben Safran, Honig, Selleriesalz und Pfeffer bei.

Gut durchrühren, dann die gehackten Kräuter und die Mandel-Kümmel-Mischung dazugeben, zum Schluss das Öl einrühren und die Sauce kurz aufkochen lassen.

Das Fleisch aus dem Ofen nehmen, aufschneiden, mit der Sauce begießen und servieren.

Dazu sollten Sie, wenn Sie es kompromisslos authentisch lieben, Moretum reichen – eine der wichtigsten Beilagen der römischen Küche. Moretum, hieß es, passe immer. Ob als Grundlage eines herzhaften Frühstücks (mit Brot) oder als Beilage zu Fleischspeisen, ob kurz Gegrilltem oder einem Braten. Dem Dichter Vergil etwa wird eine regelrechte Hymne auf Moretum zugeschrieben, ein Gedicht, das sich in 122 Hexametern vorwiegend mit der Herstellung dieser Speise beschäftigt.

Auch wenn oft das Gegenteil behauptet wird: Das Rezept für Moretum gibt es nicht. Moretum ist ein Restegericht, eine Paste aus (teils großen Mengen) Knoblauch, Weich- oder Hartkäse, viel Olivenöl, Salz und Kräutern. Klassisch sind Selleriegrün, Koriander, Weinraute. Aber auch Schnittlauch, Lattich, Minze, Thymian, Bohnenkraut, Oregano, Pinien- oder Mandelkerne, Haselnüsse, Anis, Fenchel, Kümmel usw. Weil gut haltbar, wurde die Paste für mehrere Tage angerührt. Bei den Käsesorten ist fast alles denkbar, ausgenommen Kuhmilchprodukte. Kühe galten als Arbeitstiere, ihre Produkte wurden nicht verzehrt. Viele Käse von Schaf und Ziege, die wir heute kennen, waren auch damals bekannt, oftmals in Salzlaken eingelegt. Moretum wurde auch zu Bällchen geformt, konnte so leicht transportiert und unterwegs als Fingerfood gereicht werden.

Spielt Authentizität nur eine untergeordnete Rolle (schließlich kannten die alten Römer keine Kartoffeln), können Sie als Beilage auch **Gnocchi** servieren. Ein passendes Rezept liefert zum Beispiel Susi Newborn im 28. Kapitel.

▷ Tipp: Wer es authentisch liebt, kann das bei den alten Römern so beliebte **Liquamen** als Würze beigeben und selbst herstellen. Eine sehr geruchsintensive Angelegenheit für das äußerste Eck des Gartens, doch dafür wird man mit einem intensiv schmeckenden Produkt belohnt. Die Mengenangaben sind beliebig, wichtig ist das Verhältnis, um den Fermentationsprozess in Gang zu bringen.

9 Teile Fischreste (was beim Filettieren so abfällt)
1 Teil unbehandeltes Salz (wichtig: Jodsalz verhindert bzw. verlangsamt den Fermentierungs prozess)

Salzen Sie die Fischreste kräftig ein, dann stellen Sie die Schüssel vier (!) Wochen in die pralle Sonne. Seihen Sie den entstandenen Saft ab. Fertig ist Ihr Liquamen.

Für das selbstgemachte Selleriesalz:

½ Knolle frischen Sellerie
Meersalz (grob)

Sellerie schälen, in dünne Scheiben schneiden und 24 Stunden austrocknen lassen. Ab und an durchmischen.
Den trockenen Sellerie mit der Küchenmaschine fein zerkleinern. Die Masse auf ein Backblech mit Backpapier geben, bei 150 °C für 10 Minuten im Ofen lassen.
Hitze auf 100 °C reduzieren, Sellerie auf dem Blech gut durchmischen und bei offener Ofentür weiter trocknen.
Ist der Sellerie trocken und leicht bräunlich, Ofen aus, Tür einen Spaltbreit offen halten, abkühlen lassen.
Am nächsten Tag zusammen mit dem groben Meersalz fein mahlen (zum Beispiel in der Kaffeemühle).

▷ Tipp: Sie können auch das übrige Selleriegrün trocknen und auf dieselbe Weise beimengen.

33 Jesus Christus. Das Brot, das er mit seinen zwölf Aposteln beim letzten Abendmahl aß.

Spanferkel, Passalamm oder doch Forelle Blau?

Das letzte Abendmahl Jesu am Gründonnerstag im Kreise seiner zwölf Apostel. Wie viel wissen wir darüber? Die Bibel, Archäologen, Historiker und die Kunst liefern uns die verschiedensten Antworten. Nur eines ist gewiss: Brot war auf jeden Fall dabei. Überraschend ist allerdings die Vielfalt, die es beim Grundnahrungsmittel Nr. 1 schon vor 2000 Jahren gab.

Was wird laut Bibel beim letzten Abendmahl aufgetischt?

A) Spanferkel
B) Passalamm
C) Falscher Hase
D) Forelle Blau

Günther Jauch zeigte sich wenig erfreut an jenem Februarabend. Und er zog auch gleich seine typische Jauch-Schnauze, die von Millionen an den Bildschirmen geliebt wird und gefürchtet von denen, die ihm gegenübersitzen und schwitzen. Diesmal sah Jauch aber besonders geschockt drein. Weil sein »Wer wird Millionär?«-Kandidat nicht bei irgendeiner beliebigen 1000-Euro-Frage ins Wanken geraten war, wie es schon mal passieren kann. Das Lampenfieber und alles.

Nein. Bei dieser 1000-Euro-Frage!

Jauch selbst war als Kind Ministrant gewesen. Und dass sein Kandidat, ein Supermarkt-Azubi aus Hessen, kleinlaut gestand, ein katholisches Gymnasium besucht und eine Religionslehrerin als Schwester zu haben, machte die Sache nicht besser. Das Entsetzen im Gesicht des Moderators schien grenzenlos.

Tatsächlich ist die Versuchung, den jungen Mann in einer ersten Reaktion auszulachen, groß. Da geht es mir nicht anders als den meisten anderen auch. Weil es doch lächerlich ist, oder? So etwas weiß man doch.

Aber Hand aufs Herz: Was hätten wir gesagt? Wie wäre unsere Antwort ausgefallen auf die Frage nach der Speise beim letzten Abendmahl am Gründonnerstag, ehe Jesus nach dem Verrat an die Römer durch Judas' Bruderkuss am Folgetag, Karfreitag, ans Kreuz geschlagen wurde? Und zwar, wenn wir diese vier Antwortmöglichkeiten nicht gehabt hätten? Und uns zugleich, ungewollt, dieses eine Bild vor Augen gestanden wäre, das wir aus der Heiligen Messe kennen: Weinkelch und Oblaten als Blut und Leib Christi.

Was hätten viele von uns spontan gerufen?

Brot hätte eine Mehrheit gerufen. *Natürlich Brot.* Dabei hat uns der Evangelist Markus die Auflösung der Quizfrage wortwörtlich hinterlassen samt Hinweis, dass die Juden damals schon süßes Brot (Vorfahre der Osterpinze) und vieles mehr kannten und nicht bloß hefelose, staubtrockene Fladen aus Wasser und Mehl und vielleicht noch Salz:

»Und am ersten Tage der süßen Brote, da man das Osterlamm opferte, sprachen seine Jünger zu ihm: Wo willst du, dass wir hingehen und bereiten, dass du das Osterlamm essest? Und er sandte seiner Jünger zwei und sprach zu ihnen: Gehet hin in die Stadt, und es wird euch ein Mensch begegnen, der trägt einen Krug mit Wasser; folgt ihm nach, und wo er eingeht, da sprechet zu dem Hauswirt.« (Mk 14:12-14)

Und nur zwei Zeilen weiter:

»Und die Jünger gingen aus und kamen in die Stadt und fanden's, wie er ihnen gesagt hatte, und bereiteten das Passalamm.« (Mk 14:16) Da ist es also, das Lamm. Feiern christliche Kirchen heutzutage Abendmahl, so kommt dieses Lamm (»Lamm Gottes«) nur in den seltensten Fällen tatsächlich auf den Tisch. Ich muss gestehen, mir würde keine einzige Kirche einfallen. Und vermutlich geht es Ihnen ähnlich. Dass dies vor 2000 Jahren aber gang und gäbe war, belegen alte Essensbräuche vor dem Pessach-Fest. Man saß am *Seder*, so der Name des Abends im jüdischen Festkalender, beisammen und trank und aß die üblichen Speisen: ungesäuertes Brot (*Matze*) als Symbol der Eile, in der die Juden bei ihrer Flucht aus Ägypten waren; Salzwasser (oder Essig) als Symbol der Trauer wegen der Zerstörung des Jerusalemer Tempels. Und einen Seder-Teller, darauf: zwei Sorten Bitterkraut (*Maror und Chaseret*), ein Mix aus Äpfeln, Feigen, Datteln, Nüssen, Rotwein, Zimt oder Ingwer (*Charosset*); Sellerie mit Radieschen, Petersilie und Kartoffeln (*Karpas*); ein gesottenes Ei (*Beitzah*) zum Zeichen von Fruchtbarkeit (und Gebrechlichkeit menschlicher Geschicke); ein Becher Wein; und *Seroa*, eine angebratene Lammkeule mit wenig Fleisch.

Brot ist und war nicht bloß biblische Zehrung aller Zeiten, sondern allgegenwärtig, vor allem im Alltag. Brot war, wie z.B. auf einer der vielen Bibelplattformen zu lesen ist, »so sehr Grundnahrungsmittel, dass es im Sprachgebrauch an die Stelle der Nahrung überhaupt trat«. Eindeutig wiederzufinden im Vaterunser: »Unser tägliches Brot gib uns heute.«

Das hatte, abseits aller Liturgie, mit den Lebensumständen zur Zeit Jesu und somit auch der Römer zu tun. Frisch gebacken wurde täglich, und das nicht bloß in den Backhäusern der hoch entwickelten Städte. Überall sah man in den frühen Morgenstunden Frauen die Handmühlen bedienen. Diese hatten einen fixen Unterstein und einen drehbaren Oberstein mit einem Loch in der Mitte, durch das die Körner geschüttet wurden, um sie zu mahlen. Das Mehl wurde in einem Tuch aufgefangen, in einem Sieb gereinigt und in einer flachen Holzschüssel gesammelt. Später vermengten die Frauen das Mehl mit Wasser und etwas Salz und kneteten einen Teig daraus.

Die einfachste Art, Brot zu backen, war, den dünnen Teig in die heiße Asche zu legen. Oder auf einen Stein, auf dem zuvor Feuer gemacht und das Brenngut vor dem Backen abgefegt worden war. Auch gab es in den Haushalten gebogene Backplatten aus Ton, die aussahen wie Schildkrötenpanzer. Oder Backöfen, die abgeschnittenen Kegeln glichen und am unteren Ende ein Feuerloch hatten. Der Teig wurde innen an die schrägen Wände geklebt und, sobald fertig gebacken, mit einer langen Gabel herausgeholt.

Gästen servierten die Menschen in der Regel ungesäuertes Brot. Doch es gab auch, entgegen einem weitverbreiteten Irrglauben, gesäuertes Brot, so wie wir es heute mit Hilfe von Hefe backen. Hefewürfel existierten natürlich noch keine. Überhaupt ist Hefe beispielsweise in Deutschland erst seit dem 15. Jahrhundert bekannt, beigebracht durch die Brauer und Schnapsbrenner. Zur Zeit Jesu behalf man sich auf andere Weise, wie bei Plinius dem Älteren nachzulesen ist. Weizenkleie wurde mit drei Tage altem Traubenmost vermischt. Das hatte den gleichen Effekt wie Hefe. Auch die Spontansäuerung, wie sie bis heute angewandt wird, war vor 2000 Jahren bekannt. Bloß ging dieses Wissen beinahe verloren, wurde viele Jahrhunderte lang in den Klöstern und ihren Bibliotheken gehortet. Gesäuertes Brot genoss zur Zeit Jesu auch nicht den allerbesten Ruf. Es galt als unrein. Zwar wies diese Art von Brot eine angenehme Lockerheit und feine Säuerung auf, doch machte seine durchdringende Wirkung den Sauerteig zum Sinnbild dafür, dass Menschen leichtsinnig schlechten Beispielen folgen. Nachzulesen in folgender Warnung der Bibel, als Jesus seine Jünger mahnte: »Hütet euch vor dem Sauerteig der Pharisäer, das ist Heuchelei!« (Lk 12:1)

Der Sauerteig stand somit als Metapher für die Lehre der Pharisäer, die vorgaben zu sein, was sie nicht waren. Jesus hatte bekanntlich keine hohe Meinung von ihnen, weil die Pharisäer stets schauspielerten. Und auch beim traditionellen Fasten alles taten, um elend und erbarmungswürdig dreinzusehen, weil sie Aufmerksamkeit erheischen wollten wie auch Mitleid für ihre Opferbereitschaft und Hingabe. Jesus begegnete dem auf seine Art: »Wenn ihr fastet, sollt ihr nicht sauer dreinsehen wie die *Heuchler*; denn sie verstellen ihr Gesicht, um sich vor den Leuten zu zeigen mit ihrem Fasten. Wahrlich, ich sage euch: Sie haben ihren Lohn schon gehabt.« (Mt 6:16)

Doch zurück zum ungesäuerten Brot: Dieses war unverzichtbarer Teil der Hauptmahlzeit, und die wurde abends eingenommen. Brot, anfangs von der Gerste, später, wenigstens in besseren Kreisen, vom Weizen, wurde immer frisch gegessen. In Fladengrößen von zehn bis dreißig Zentimeter. Die Menschen tunkten die Stücke in flüssige Butter, Öl oder Sahne. Dazu gab es süße oder saure Milch, diverses Obst wie Trauben oder Feigen, auch Oliven, Käse und Honig. Und dazu Gemüse aller Art, von Linsen bis hin zu Bohnen.

Was wurde also aufgetischt beim letzten Abendmahl?

Antwort abseits aller schriftlichen Quellen gibt uns auch: die Kunst. Da vor allem die Malerei. Eine Studie von US-Forschern, veröffentlicht im britischen Fachblatt *International Journal of Obesity*, untersuchte 52 populäre Gemälde, die im Laufe der vergangenen tausend Jahre geschaffen wurden und ein und dasselbe Thema hatten: das letzte Abendmahl. Darunter zu finden auch das weltberühmte Bild von Leonardo da Vinci. Analysiert wurde u.a. die Tellergröße (im Verhältnis zu den Köpfen von Jesus und den zwölf Aposteln). Dabei kam zutage, was wir ohnedies vermutet hätten, weil es dem Zeitgeist entspricht: Die Portionen wurden über die Jahrhunderte immer größer, und zwar bis heute gleich um 69 Prozent.

Spannend auch, was auf den Tellern (die gleichfalls um zwei Drittel wuchsen) als Hauptgang zu sehen ist: Das Spanferkel, zu dem Günther Jauchs Kandidat anfangs tendierte, ehe ihn der Publikumsjoker rettete, war mit 7 Prozent vertreten. Das Lamm (die richtige Antwort also) mit 14 Prozent. Als Jauch die Abstimmung des Publikums sah, stöhnte er laut auf und meinte, da hätten wohl einige das letzte Abendmahl mit dem See Genezareth verwechselt. 10 Prozent hatten nämlich auf Forelle Blau getippt.

Sie lachen jetzt?

Dann sollten Sie wissen, dass die US-Studie ergab, dass auf den Tellern am öftesten Fisch zu sehen war, in 18 Prozent der Fälle. Wäre nun der Kandidat kein Supermarkt-Azubi gewesen, sondern Kunststudent oder angehender Theologe, der diese Studie kannte und sich darauf berufen hätte, was dann?

Und das Brot? Brot (wie auch Wein) ist auf fast allen Gemälden dabei. Im Verhältnis zu den Hauptgängen sind die Laibe oder Fladen bescheiden gewachsen: um gerade mal 23 Prozent. Dennoch war und ist es das Hauptnahrungsmittel. Ob im Alltag oder beim letzten Abendmahl Jesu. Hier die passenden Rezepte.

Brot – salzig und süß

Drei Variationen möchte ich Ihnen hier anbieten: Einmal ein klassisches Roggenbrot mit selbst gemachtem Sauerteig – so wie es vor Hunderten von Jahren auch schon gebacken wurde. Einmal ein süßes Osterbrot. Und als Drittes für jene, die ein in jeder Hinsicht stimmiges Osterfest begehen wollen, das auch den Vorstellungen christlicher Kirchen gerecht wird, ein klassisches Abendmahlbrot.

Für das Anstellgut (Sauerteig):
3 x 50 g Roggenvollkornmehl
3 x 50 ml Wasser (lauwarm)
Viel Zeit (ca. 3–5 Tage)

Tag 1, abends:
Mehl und Wasser (die ersten 50 g bzw. ml) in eine Schüssel geben, mit dem Holzlöffel verrühren, sodass eine homogene Masse entsteht (es dürfen keine »Mehlnester« mehr zu sehen sein).
Die Masse in ein Einmachglas mit Deckel geben und bei Zimmertemperatur (also knapp über 20 °C) stehenlassen. Sollte kein Einmachglas zur Hand sein, einfach die Schüssel mit Klarsichtfolie abdecken.

Tag 2, abends:
Inzwischen haben die Milchsäurebakterien sich fleißig vermehrt. Bläschen dürfen sich aber zum jetzigen Zeitpunkt noch keine gebildet haben.
Das Prozedere vom Vortag einfach wiederholen – und zum angesetzten Teig vom Vortag abermals 50 g Mehl und 50 ml Wasser beifügen und rühren, bis der Teig schön gleichmäßig ist.
Neuerlich abdecken und weitere 24 Stunden bei Zimmertemperatur ziehen lassen.

Tag 3, abends:
Die letzten 50 g Mehl mit Wasser zum übrigen Teig mischen, nach gewohnter Manier verrühren.
Wieder abdecken und abstellen.

Tag 4, abends:
Der Teig müsste jetzt schon herzhaft blubbern – im Idealfall. Ansonsten geben Sie dem Teig noch einen weiteren Tag. Jedenfalls sollte der Geruch säuerlich sein (doch keinesfalls faulig). Dann ist unser Anstellgut so weit. Das Brotbacken kann beginnen.

Übrigens: Wenn Sie nicht gleich allen Sauerteig verbrauchen (was sehr wahrscheinlich ist), können Sie den überschüssigen gut aufbewahren. Einfach in den Kühlschrank, idealerweise in einem Einmachglas. Dort wird er nach ca. einer Woche an Volumen eingebüßt und an der Oberfläche eine dünne Kruste gebildet haben. Einfach die Kruste abschaben – darunter ist der leicht rötliche Sauerteig, der verwendet werden kann. Sie können Ihren Sauerteig auch »füttern« – also einfach mit neuen 50 g Mehl und 50 ml Wasser strecken und die Hefekulturen aufs Neue anregen (besonders empfohlen, wenn Sie ihn eingefroren und nach einiger Zeit aufgetaut haben).

Für das Roggen-Sauerteigbrot:
Für den Vorteig:
(Dieser »Vorteig« ist unabdingbar, um die Sauerteig-kultur zum Leben zu erwecken. Gerade bei »schweren« Teigen (Roggen) muss man den Hefepilzen derart auf die Sprünge helfen.)

100 g Roggensauerteig (siehe oben)
200 g Roggenmehl (Type 1150)
200 ml Wasser

Für den Hauptteig:
420 g vom Vorteig
300 g Roggenvollkornmehl
230 g Roggenmehl (Type 1150)
280 ml Wasser
15 g Salz

Vermengen Sie alle Zutaten 4–5 Minuten lang. Entweder in der Küchenmaschine mit dem Knethaken. Oder von Hand. Das ist zwar anstrengend, doch das Gefühl (auch jenes der Verbundenheit mit dem späteren Produkt) ist dafür ein besonderes, das ich nicht missen möchte.

Teig 30 Minuten ruhen lassen, danach noch-mals etwas durchkneten (bei der Maschine auf kleinster Stufe).

Ist die Masse homogen (lässt sich ziehen wie ein Kaugummi), den Teig auf eine bemehlte Arbeitsfläche legen.

Nun beginnt das »Rundwirken« – aus dem unförmigen Klumpen soll eine schöne Kugel werden. Dafür falten Sie den Teig von außen nach innen zur Mitte hin ein und drücken das Ganze in der Mitte zusammen.

Nun den Teig mit der gefalteten Seite nach unten wenden und durch ständiges Weiter-drehen mit flachen Händen allmählich zur Kugel formen.

Alle Zutaten mischen (mit einem Holzlöffel) – und dieses Gemisch für 24 Stunden abgedeckt bei Zimmertemperatur stehenlassen.

Am nächsten Tag können Sie – endlich – den Hauptteig in Angriff nehmen.

Den fertig gewalkten Teig in ein Gärkörbchen legen (oder ein ähnliches Behältnis) und bei ca. 30 °C gehen lassen. Sein Volumen sollte sich um ca. ein Drittel vergrößern (kann 2–3 Stunden dauern).

Backofen auf 230 °C (Ober-/Unterhitze) vor-heizen.

Eine ofenfeste Pfanne (ohne Plastikgriffe!) mit ca. 1 cm Wasser befüllen und zum Kochen bringen. Stellen Sie die Pfanne nun zuunterst ins Backrohr.

Den Brotlaib vorsichtig aufs Backblech heben, auf mittlerer Stufe ins Rohr geben und 45 Minuten backen.

Nach ca. 10 Minuten die Ofentür weit öffnen (um den Wasserdampf abzulassen).

Die Pfanne entfernen und die Temperatur auf 210 °C reduzieren.

Ein paar Minuten vor Ende der Backzeit die Ofentür einen Spaltbreit öffnen (so wird das Brot besonders knusprig!).

Wichtig: Lassen Sie Ihr Brot vor dem Verzehr vollständig auskühlen (also ca. 3 Stunden).

▷ Tipp: Sie können auch Brotgewürze bei-geben wie zum Beispiel Kümmel, Koriander Fenchelkörner und so weiter. Einfach mi-schen, einmal kurz im Mörser stampfen und dem Teig beimengen.

Für das Osterbrot:

1 kg Mehl

6 EL Kristallzucker

250 g Topfen

½ l Frischmilch

100 g zerlassene Butter

100 g Rosinen

35 g frische Hefe

1–2 Eigelb (je nach Bedarf) zum Bestreichen

1 Schuss Rum

Abrieb von zwei Bio-Zitronen

Salz

Aus allen Zutaten (mit Ausnahme der Rosinen) einen schön gleichmäßigen, geschmeidigen Hefeteig kneten und mindestens ½ Stunde »gehen«, also zugedeckt ruhen lassen.

Den Teig in mehrere Stücke aufteilen und die Rosinen zu gleichen Teilen einkneten.

Wiederum eine Zeitlang den Teig gehen lassen (je mehr Zeit man ihm gibt, desto fluffiger und schöner wird das Brot).

Backofen auf 180 °C vorheizen, den Teig mit Eiklar bestreichen und ca. 30–35 Minuten backen.

Für das Abendmahlbrot (1 Blech):

1 kg Weizenmehl

650–700 ml Wasser (lauwarm)

3 EL Olivenöl

1 EL Salz

1 Würfel frische Hefe

Hefe in einer ausreichend großen Schüssel im Wasser auflösen.

Mehl beigeben und gut durchkneten.

Teig ca. 10–15 Minuten gehen lassen.

Hat die Hefe merklich zu arbeiten begonnen, Salz und Öl untermengen und den Teig kneten, bis die Salzkörner aufgelöst sind. (Sollte Ihnen der Teig dann womöglich zu »nass« erscheinen – genau so gehört es! Die Ähnlichkeit zur Focaccia ist nicht zu übersehen.)

Jetzt lassen Sie den Teig mindestens 40 Minuten an einem warmen Ort (aber nicht in der prallen Sonne, also unter 40 °C) abermals gehen. Sein Volumen sollte sich in etwa verdoppeln.

In der Zwischenzeit ein Backblech mit Backpapier auslegen und den Teig gleichmäßig verteilen. (Das gelingt dann besonders gut, wenn Sie das Backpapier zuvor mit etwas Olivenöl bestreichen und den Teig darauf mittels Nudelholz auswalken. Zudem erhält das spätere Brot eine wunderschöne Oberflächenstruktur.)

Das Blech nun ins kalte Rohr schieben und auf 200 °C, Ober-/Unterhitze einstellen. ½ Stunde backen. Sollten Sie das Rohr vorheizen wollen, verkürzt sich die Backzeit auf ca. 20 Minuten. Gönnen Sie dem Teig dafür zuvor etwas mehr Zeit zum Rasten.

Fertig ist das Abendmahlbrot, wenn es an der Oberfläche goldbraun ist und bei sanftem Druck mit dem Finger zurückfedert.

Lassen Sie das Brot nach dem Backen auf einem sauberen Tuch rasten und auskühlen.

▷ Tipp: Beträufeln Sie den Teig unmittelbar vor dem Backen mit Olivenöl. Das verleiht ihm eine zusätzliche Note.

1800

Napoleon Bonaparte. Das Festmahl anlässlich seines Sieges über die österreichischen Truppen in der Schlacht von Marengo.

1 Napoleon, 1 Huhn und sehr viel Marengo

Viele Mythen und Heldengeschichten ranken sich um den vernichtenden Sieg, den Napoleon den österreichischen Truppen am 14. Juni 1800 in Italiens Po-Ebene zufügte. Wir begegnen einem heroischen Reiter, einem ebenso heroischen Pferd und einem sagenumwobenen Säbel. Und dann ist da noch ein einzelnes Huhn. Und ein kreativer Leibkoch, der es schaffte, den gefürchteten Feldherrenheißhunger gleich nach der Schlacht mit einfachsten Mitteln zu stillen. So jedenfalls will es die Legende um das Rezept rund um das Huhn à la Marengo.

Marengo.

Schließen Sie mit mir die Augen und sprechen Sie das Wort mit möglichst italienischer Färbung und lang gedehnt aus. *Ma-ren-go.* Welche Bilder entstehen? Klingt das nicht nach dem Duft der großen, weiten Welt? Oder nach einer fantastischen Cantinetta auf Sizilien, die Sie in einem kaum eine Autobreite schmalen Seitengässchen entdeckt haben? Oder wenigstens nach einem unbekannten, doch ganz besonderen Gewürz? Oder, ähnlich Curry, nach einer Gewürzmischung?

Tatsächlich ist Marengo der Name eines heute unscheinbaren Dorfes in der italienischen Po-Ebene, das früher einmal Stadtteil von Alessandria war. Und doch wurde dort Weltgeschichte geschrieben, militärisch auf jeden Fall, und ein bisschen auch kulinarisch. Dabei begeben wir uns in das Jahr 1800, und zwar zum 14. Juni, jenem Tag also, als Napoleon Bonaparte in der Schlacht bei Marengo den Österreichern eine entscheidende Niederlage beibrachte.

Interessanterweise hat der Name Marengo seit damals in kurzer Zeit einen Siegeszug um die halbe Welt angetreten. Allein in den USA finden sich 14 Marengos (13 Weiler, gemeindefreie Dörfer oder Kleinstädte und ein Verwaltungsbezirk), sie alle vermutlich durch Auswanderer im frühen oder mittleren 19.

Jahrhundert gegründet. Dagegen nehmen sich die gerade mal drei amerikanischen Berlins und, als zweite EU-Hauptstadt, der Solo-Ableger Vienna für US-Verhältnisse sehr bescheiden aus.

Marengo ist auch der Name einer Weißweinsorte. Ein ebenso wenig erfolgreiches wie hübsches Automodell von Fiat heißt Marengo. Fußball- und Schauspieler, ein Ex-Bischof, Restaurants, eine französische Goldmünze, ein Wollstoff aus meliertem Garn (97 Prozent weiß, 3 Prozent schwarz) ... sie alle heißen: Marengo.

Und auch ein Pferd heißt Marengo. Marengo ist aber nicht irgendein Pferd. Es ist sein Pferd, Napoleons, und so kleinwüchsig (Stockmaß: 1,45 Meter) wie sein Herr auch (Scheitelmaß: 1,69 Meter). Dennoch zergehen die Eckdaten dieses arabischen Schimmelhengstes auf der Zunge eines Militaristen wie eine perfekte Mousse au Chocolat auf der eines Gourmets: Als schnell und mutig galt Marengo, dazu gewandt und, man höre und staune, schussfest. Achtmal in Schlachten verwundet, und nach jeder Blessur nur noch stärker und unbändiger als zuvor. Ob Austerlitz, Russlandfeldzug oder Waterloo. Die 128-Kilometer-Strecke zwischen den zentralspanischen Städten Valladolid und Burgos soll Marengo in sagenhaften fünf Stunden galoppiert sein.

Nach dem Sieg bei Marengo hieß Marengo dann Marengo (der Vor-Name ist leider nicht überliefert).

Sein Altenteil sollte Napoleons Marengo als Deckhengst verbringen, doch dafür reichten die Kräfte nicht mehr. Marengo starb mit stolzen 38. Das Skelett landete im *Imperial War Museum* in London, ein Huf als Schnupftabakdose auf dem Schreibtisch eines Generals.

Verlorene Manneskraft hin, Schnupftabak her: Alles in allem wurde dieser Hengst Marengo schon zu Lebzeiten zum Mythos. Mythen werden allerdings in erster Linie nicht geschaffen, um Wahrheiten zum Durchbruch zu verhelfen. Mythen treiben einen höheren Zweck voran, und bestenfalls eine darin versteckte, wohlwollende Idee von Wahrheit.

Und damit schließt sich der Kreis und wir sind wieder zurück in dem kleinen, italienischen Dorf namens Marengo und bei Napoleon Bonaparte, Revolutionär, Feldherr, Diktator und Frankreichs erster Kaiser. In zahllosen Darstellungen wird sein Sieg im *Zweiten Koalitionskrieg* gegen die österreichischen Truppen verknappt dargestellt und allein darauf zurückgeführt, dass der korsische Feldherr selbst, den Säbel wild entschlossen gezückt und auf dem Rücken seines schäumenden Hengstes in die vordersten Reihen preschend (siehe Foto), seine wankenden Reiterhorden doch noch zum schon verloren geglaubten Sieg peitscht.

Dass militärisch-historische Wahrheiten sich etwas komplexer darstellen, kann störend sein, wenn man es nicht so genau wissen will. Menschen lieben Mythen. Das war auch bei der Auktion des Feldherren-Säbels vor mehr als zehn Jahren in Fontainebleau bei Paris zu spüren. Ein bloß leicht getrübtes Heldenbild hätte womöglich den Säbel von Marengo, kunstvoll geschmiedet aus blauem (vermutlich Solinger) Stahl, mit Elfenbeingriff und fein geschwungener Damaszener-Klinge, nicht so ohne weiteres zur Weltrekordhöhe für eine Waffe getrieben: 4,8 Millionen Euro für 97 Zentimeter mit der Auflage, dass der Säbel (einst ein Geschenk von Napoleons Bruder Jérôme) aus Frankreich, weil nationales Kulturgut, nicht ausgeführt werden darf.

Aber wie war das nun wirklich mit Napoleons glorreichem Sieg? Und was hat das alles mit dem Huhn à la Marengo zu tun?

Ausgangslage war die folgende: Die so genannte zweite Koalition (bestehend aus Russland, Großbritannien, Portugal, dem Osmanischen Reich, Neapel, dem Vatikan und Österreich) war, wie die erste auch, am Scheitern. Gemeint sind hier die Koalitionskriege von 1792 bis 1815 (insgesamt sechs an der Zahl), besser bekannt als Napoleonische Kriege. Da die jeweilige Koalition (stets in unterschiedlicher Zusammensetzung) auf der einen Seite. Dort Frankreich (samt gelegentlichen Verbündeten) auf der anderen. Ursprünglich ausgelöst wurden die Kriege durch die Wirren der Französischen Revolution.

Zwei Jahre vor Marengo, im Sommer 1798, war Bonaparte in Ägypten einmarschiert und hatte obendrein ein Expeditionsheer nach Irland entsandt. Allerdings fügte Horatio Nelson im Folgejahr seinen Truppen in der *Seeschlacht bei Abukir* (auf dem Nil) eine üble Niederlage zu, sodass Napoleon sich am Ende aus Nordafrika zurückziehen musste. Und auch in Irland waren seine Bemühungen von bescheidenem Erfolg gekrönt, kehrte rasch wieder Ruhe ein.

Auf dem europäischen Festland schien es vorerst ebenso, als behielte die zweite Koalition Oberhand. Mehrere Schlachten in der Schweiz und in Italien wurden gewonnen. Doch die Briten sahen nun ihre Möglichkeiten erschöpft, im Krieg zu bleiben. Auch die Russen zogen sich zurück. Bis die Österreicher sich Napoleon weitgehend allein gegenüberfanden. Und so kam es an jenem 14. Juni 1800 zur (vor-)entscheidenden Schlacht bei Marengo (veraltet auf Deutsch: Mähringen), jenem damals noch recht sumpfigen Landstrich in und rund um die Stadt Alessandria, gelegen im Dreieck Turin-Genua-Mailand.

Während sein General Moreau noch in Süddeutschland kämpfte, hatte Bonaparte im Mai den Großen St. Bernhard überschritten. Sein Widerpart als Feldherr, der österreichische Baron von Melas, damals schon verhältnismäßig greise 71 Jahre, war mit seinen Truppen am Oberen Po stehengeblieben, weil er die Belagerung Genuas decken wollte, und wusste vorerst nichts von der Alpenüberquerung des Korsen.

Erste Scharmützel gab es am 9. Juni zwischen Melas Truppen und dem Franzosen-General Lannes. Danach bezog Bonaparte bei Stradella feste Stellung, rückte Tage später in die Ebene des Tanaro bei Alessandria vor, während Mela in der Stadt selbst saß und des Feindes harrte.

Dann der 14. Juni: Mela erwischte die Franzosen in den Morgenstunden auf dem falschen Fuß, zersplitterte ihre Divisionen und vertrieb sie, nachdem sie zweimal im Schutz eines tiefen Sumpfgrabens standgehalten hatten, aus Marengo. Später gelang es ihm auch, das Zentrum von Napoleons Truppen zu sprengen, sodass Mela, erschöpft zwar und leicht verwundet, sich als sicherer Sieger wähnte. So sicher, dass er die Verfolgung des fliehenden Feindes seinem Generalstabschef von Zach überließ und befahl, den übrigen Truppen Essen auszugeben. Wobei das Wort Essen es wohl kaum trifft, liest man die Tagebucheinträge von Baron von Seida und Landensberg. Er schildert die dramatischen

Zustände aus dem Jahr 1800 bei der Belagerung Genuas, umzulegen auch auf jene in Marengo.

»... stieg die Noth ... aufs höchste. Unter das Volk ward täglich eine kleine Portion Kräutersuppe ausgetheilt, für die Soldaten aber ein Brod aus Mandeln, Lein, wildem Hafer, Cacao, Stärke und Klezn gebacken, das alles übertraf, was man nur irgend ungenießbar nennen kann ... Am übelsten waren die Oesterreichischen Kriegsgefangenen daran, die ... nichts als die vorher erwähnte Kräutersuppe bekamen. Sie aßen ihre Schuhe, Tornister und übriges Lederzeug, und ihre lauten Klagen erfüllten die Luft.«

Jedenfalls ließ der österreichische Heerführer Mela Essen ausgeben und das Schlachtfeld Schlachtfeld sein. Ein fataler Fehler. Louis Desaix, ein weiterer General Napoleons, war nämlich vom fernen Kanonendonner auf seinem Marsch nach Novi aufgeschreckt worden und herbeigeeilt. Mit 5000 Mann warf er sich den Österreichern entgegen. Kavalleriegeneral François-Christophe Kellermann sprang ihm bei und traf die Flanke Melas mit seinen Dragonern so wuchtig, dass es letztlich die Wende herbeiführte. Fast die gesamte Artillerie der Österreicher fiel den Franzosen in der Folge in die Hände, die Verluste waren enorm. 6.400 Tote und Verwundete, weitere 3000 in Gefangenschaft. Ein derart überraschender wie vernichtender Sieg Bonapartes, dass Mela schon am Folgetag einen vorläufigen Vertrag schließen sollte, der ihn Genua, das Piemont und die Lombardei räumen ließ und letztlich Wegbereiter des Friedens von Lunéville im Februar 1801 war.

Doch so weit war es am Abend dieses 14. Juni noch nicht: Die Schlacht war eben erst geschlagen, der Siegeshunger des Feldherrn frisch gestillt. Augenblicklich begann Napoleon, den Mythos seiner selbst fortzuspinnen.

Ihm war bewusst, dass er ohne den Heldenmut zweier Generäle und ihrer Soldaten mit wehenden Fahnen untergegangen wäre. Dem einen würde er großmütig ein Stückchen vom Ruhmeskuchen abtreten. Posthum, denn Desaix war im Schlachtgetümmel gefallen. Kellermann jedoch überlebte und ging leer aus. Napoleon (und seine engsten Getreuen) würden den Schlachtverlauf später so darstellen, dass er allein, Bonaparte, die Truppen zum Sieg getrieben hätte.

Napoleons Siegeshunger im Feld war aber nur das eine. Der in der Magengegend das andere. Rastlos und ungeduldig wie er nun mal war, stand er im Ruf, in nur zehn Minuten mehrere Gerichte verschlingen zu können. Napoleon machte sich nicht viel aus raffinierter Kochkunst, wie sie damals in Frankreich bereits auf dem Vormarsch war. Schnell musste es gehen. Und deftig musste es sein.

Das Dilemma seines Feldkochs, eines gebürtigen Schweizers namens Dunant, dürfte also groß gewesen sein. Zumal er sich, so will es die Legende, folgender Situation gegenübersah, kaum waren die letzten Pulverschwaden verweht: 1 (sehr hungriger) Bonaparte, 1 (sehr einsames) Huhn und auch sonst nicht allzu viel, mit dem sich eine angemessene Feldherren-Siegerspeise zubereiten ließe. Die Rede ist von Zwiebeln, Tomaten, einer Handvoll Pilzen und (angeblich, doch bereits da gehen die Angaben der diversen Quellen auseinander) ein paar Flusskrebsen.

Wie auch immer. Dunant, heißt es, zauberte aus dem Wenigen, das er zur Verfügung hatte, ein derart grandioses Gericht, dass Napoleon es ihn von da an immer wieder kochen ließ. Als Poulet Marengo fand es Eingang in die französische Küchengeschichte und trat von da seinen Siegeszug an, der bis heute anhält. *Huhn à la Marengo* heißt es hierzulande.

Übrigens kam auch die Hochkultur, sprich: Oper an Marengo nicht vorüber. In Tosca, angesiedelt vor dem Hintergrund der Napoleonischen Kriege, lässt Puccini im ersten Akt die vermeintliche Niederlage der Franzosen verkünden. Und im zweiten den Gendarmen Sciarrone aufgeregt die Neuigkeit von Melas Untergang herausposaunen und auf die Frage nach dem Wo (»Dove?«) aus voller Brust schmettern:

»A Marengo!«

Gefolgt von: »Bonaparte è vincitor!«

Bonaparte ist also einmal mehr der Sieger. Der Feind ist geschlagen. Der Mythos lebt. Das einzige Huhn weit und breit ist geschlachtet, die Zutaten liegen bereit, und der Feldkoch gibt sein Bestes für das *Poulet Marengo*. Wie dieses Beste aussieht, lesen Sie hier:

Huhn Marengo

Viele »Quellen« reklamieren das eine Rezept von Napoleons Feld- und Leibkoch Dunant für sich. Tatsächlich kennt es aber niemand bis ins kleinste Detail. Die »offizielle Darstellung« der Fondation Napoléon etwa liefert nur eine eher spartanische Zutatenliste (was der historischen Realität eines Feldzuges durchaus nahekommen dürfte) – und spricht recht vage von zerlegtem Huhn, Olivenöl, Butter, Pilzen, einer Zwiebel, drei fleischigen Tomaten, ¼ Liter Weißwein, ¼ Liter Wasser, einem Suppenlöffel Mehl sowie Salz, Kräutern, weißem Pfeffer und Schalotten. Die Flusskrebse, von denen in manchen Überlieferungen die Rede ist, lässt man hier unter den Küchentisch fallen. In den mehr als 200 Jahren seit Napoleons Feldzug gegen Österreich wurde das Original »Marengo-Huhn«, das niemand so genau kennt, x-fach variiert und verfeinert. Hier eine dieser zahllosen Adaptionen.

Zutaten für 4 Personen:

1 Bio-Huhn, küchenfertig zerlegt (8 Teile)

250 g Champignons (oder andere Speisepilze), gewaschen, geputzt, geviertelt

500 g Fleischtomaten (entkernt, gehäutet – am besten blanchiert)

250 g Garnelen (küchenfertig und nicht zu klein)

250 g Frühlingszwiebeln

3 Zehen Knoblauch (mit der Presse zerdrückt)

80 g Butter

5 Eier

½ Tasse Olivenöl

200 ml Weißwein

200 ml Hühnerfond

Saft einer Limette

1 Bund Petersilie

1 Bund Basilikum

Unbehandeltes Salz, Pfeffer aus der Mühle

Die Hühnerteile mit Salz und Pfeffer herzhaft würzen. Das Olivenöl in einem Topf erhitzen und das Huhn rundum anbraten, bis es schön Farbe angenommen hat. Aus der Pfanne nehmen und in einer ofenfesten Kasserolle ablegen.

Tomaten in grobe Stücke schneiden und zum Huhn in die Kasserolle legen. Ebenso den Knoblauch. Wein und Fond zugießen und alles für 45 Minuten ins vorgeheizte Rohr (ca. 180 °C) geben.

Inzwischen Frühlingszwiebeln und Pilze im Bratensaft vom Huhn schwenken, mit Salz und Pfeffer würzen. Etwas Limettensaft, je nach Belieben, beigeben. Diese Mixtur kurz vor Ende der Garzeit zum Huhn geben und mitschmoren lassen.

Braten Sie als Nächstes die Garnelen (gewürzt mit Salz, Pfeffer, Limettensaft, Olivenöl und Knoblauch) bei geringer Hitze an.

Eier aufschlagen und verquirlen, in einer Pfanne mit erhitzter Butter zum Rührei stocken lassen.

Kurz vorm Servieren holen Sie die Kasserolle mit dem Huhn aus dem Ofen, garnieren mit Petersilie und drapieren das in 4 etwa gleich große Portionen geteilte Rührei.

Ringsum die Garnelen arrangieren, das Rührei zusätzlich mit Basilikum bestreuen.

Als Beilage eignet sich wunderbar frisches Baguette (auch getoastet).

Thomas Jefferson. Das erste *Fastenbrechen-Dinner* eines US-Präsidenten mit einem Muslim.

Der kulinarische Revoluzzer im President's House

Er war der dritte US-Präsident, Streiter für Unabhängigkeit und Religionsfreiheit, Universalgelehrter und Amerikas erster Gourmet: Thomas Jefferson. Aus Paris importierte er das Wissen der Nouvelle Cuisine. Er ließ Speisen mit exotischen Namen und Zubereitungsarten auftischen, wie etwa Beef à la Mode, und er richtete den ersten Iftar aus, ein Fastenbrechen-Dinner, gegeben zu Ehren eines Gastes in heikler politischer Mission.

»Das Abendessen wird exakt nach Sonnenuntergang auf dem Tisch stehen. Das Wohlwollen einer Antwort ist erbeten.«

Begleiten Sie mich ins Jahr 1805. Wir schreiben den 9. Dezember, und während halb Europa im Krieg gegen Napoleon versunken ist, plagen Thomas Jefferson gänzlich andere Sorgen: Seit vier Jahren ist er Präsident der noch jungen USA. Und heute Abend, pünktlich zu Sonnenuntergang (siehe Einladungstext oben), empfängt er einen Gast, den er trotz all seiner Extravaganzen, die der von der ersten Sekunde auf amerikanischem Boden weg an den Tag gelegt hat, wie auf Händen trägt: Sidi Soliman Mellimelli, Botschafter aus dem fernen Tunis.

Die Vorbereitungen laufen auf Hochtouren in der Küche des *President's House* (Weißes Haus wird es erst knapp einhundert Jahre später dank Theodore Roosevelt heißen, inzwischen abgebrannt, wiederaufgebaut und um West- und Ostflügel erweitert). Es ist ein besonderes Dinner und ein guter Verlauf des Besuches von allerhöchster Wichtigkeit. Besonders ist das Dinner nicht nur, weil es später stattfindet als üblicherweise um 15.30 Uhr (Jefferson isst nur zweimal am Tag, morgens und nachmittags). Nein, es ist dies auch das allererste Mal, dass ein amerikanischer Präsident einen so genannten Iftar veranstaltet, ein Fastenbrechen-Dinner zu Ehren eines muslimischen Gastes. Weil Ramadan ist. Und

im Ramadan (vom ersten Sichtbarwerden der Mondsichel bis zum nächsten) gläubige Muslime bekanntlich den ganzen Tag Wasser und Nahrung entbehren und am Abend ein Festessen abhalten. Einen Iftar eben. Für Präsident Jefferson ist das absolutes Neuland.

Jefferson selbst stammt aus Virginia. Dort ist der regionale Speisezettel umfangreicher, als man meinen möchte. Zumindest in der Oberschicht und in der Theorie. Allerlei Fleisch (Rind, Kalb, Schwein, Wild, Eichhörnchen) und Geflügel (Huhn, Ente, Gans) sowie Fisch (Stör, Wels, Blaubarsch und so weiter) landen auf den Tellern. Auch Gemüse, wenngleich nicht sonderlich beliebt, gibt es zuhauf, seien es Bohnen, Rüben, Mais, Gurken, Kopfsalat, Kürbis, Zwiebeln und Erbsen wie auch die eine oder andere afrikanische Sorte, die als Folge des blühenden Sklavenhandels ins Land kam. Die Zubereitung jedoch ist ziemlich einseitig. Mehlschwitzen beherrschen die Küchen. Und Eintöpfe. Simple, meist matschige Kost, die mit viel Weißbrot verzehrt wird. Außerdem schmeckt alles, was süß ist oder viel Alkohol enthält, von Port- und Apfelwein über Madeira bis Ale.

Bei Jefferson im *President's House* hingegen herrschen gänzlich andere, unamerikanische

Sitten, die für Erstaunen sorgen. Die Dinners, die er regelmäßig einmal die Woche abhält, sind so legendär wie beliebt, ob in Washington oder auf seinem Landsitz in Monticello, und die Speisen für die meisten Gäste absolutes Neuland. Der Präsident legt größten Wert auf die Exklusivität seiner Küche. Wie auch auf legere Kleidung und eine private Atmosphäre im kleinen Kreis (niemals mehr als zwölf Leute). Ein runder Tisch soll verhindern, dass Hierarchien entstehen. In Monticello schwebt das Essen über die raffinierte Holz-Seil-Konstruktion eines Speisenaufzugs heran, und auch im President's House wird auf unübliche Weise serviert: Kellner tragen die Speisen bloß zur Tür herein, ziehen sich sofort wieder zurück. Die Gäste bedienen sich selbst.

All das ist Importware aus Frankreich. Dort war Jefferson als Botschafter. Dort war er Zeuge einer anderen französischen Revolution geworden, kurz vor jener, die in den Geschichtsbüchern steht: einer kulinarischen Revolution. Als Jefferson 1789 nach fünf Jahren tief beeindruckt heimkehrt, hat er 680 Flaschen Wein im Gepäck, dazu Senf, Olivenöl, Käse, Anchovis, eine neumodische Nudelmaschine, Töpfe und Pfannen aus Kupfer und Unmengen an Wissen, das er sofort umzusetzen beginnt. Längst ist er vom staunenden Beobachter zum Aktivisten in Sachen Esskultur geworden.

Also lässt er Kohlenöfen bauen, der neueste Schrei aus Europa. Sie halten die Hitze viel besser als die amerikanischen Konstruktionen. Und er hat auch einen eigenen Koch mitgebracht. In Paris und auf seinen Reisen nach Südfrankreich und Italien hat er die Nouvelle Cuisine kennengelernt, die da selbst noch in den Kinderschuhen steckt. Mayonnaise, Gänseleberpastete, Crème brûlée, Pommes Frites,

Champagner und Co., alles auch in Frankreich noch blutjung. Und erst die hohe Kunst, frisches, heißes Gebäck mit Eiscreme zu befüllen, ohne dass sie sofort schmilzt. Dazu die ersten Restaurants. Die gesamte kulinarische Welt der Oberschicht ist im Umbruch, subtiler Geschmack ist neuerdings gefragt, feines, harmonisches Würzen. Und Präzision bei der Arbeit in der Küche.

Und jetzt, heute Abend, dieser heikle Besuch. Der Hintergrund ist rasch erklärt: Die USA haben große Probleme mit Nordafrika, auch damals schon ein heißes Pflaster, allen voran mit den abfällig *Barbary* States genannten Stadtstaaten Tripolis, Algier und Tunis. Und mit dem Königreich Marokko. Seit amerikanische Handelsschiffe auf sich allein gestellt sind, weil sie nicht länger unter dem Schutz der Royal Navy stehen wie noch unter der Kolonialmacht Großbritannien, werden sie oft von Piraten geplündert. Nachdem die USA Schutzgeldzahlungen an Tunis und Co. verweigerten, kam es zum Krieg. Nun, nach vier blutigen Jahren, herrscht Waffenstillstand, Geiseln wurden ausgetauscht, Abschlagszahlungen geleistet, und der Botschafter aus Tunis ist gekommen, um zu verhandeln und den USA das Maximum abzupressen.

Als Sidi Soliman Mellimelli am 30. November 1805 die US-Küste und später Washington erreicht, stehen die Menschen kopf und das Leben still. So etwas haben sie hier noch nicht gesehen. Der Abgesandte, ein hochgeschossener, stolzer Mann mit dichtem, schwarzen Bart, ist in Purpur und Gold gehüllt, der Kopf von zwanzig Meter feinsten Musselins umwickelt. Schneeweiße Seide fällt von den Beinen hinab, und an den Füßen leuchten Schnabelschuhe in Sonnengelb. Und nicht zu vergessen Mellimellis fast eineinhalb Meter hohe Tabakpfeife.

Seine Gefolgschaft ist um nichts unauffälliger. Als Hünen beschriebene Leibwächter weichen ihm nicht von der Seite. Dazu ein Koch, ein Friseur, ein Butler, zwei Offiziere, ein persönlicher Sekretär. Elf Begleiter alles in allem. Nur der Harem ist zuhause geblieben. Den muss allerdings Außenminister James Madison, um diplomatische Unstimmigkeiten zu vermeiden, gleich nach Ende des Ramadan auf Wunsch des Gastes spontan organisieren.

Die leuchtende Schilderung dieses Besuchs, der mit sechs Monaten viel länger dauerte, als Jefferson lieb war und ihn und seine Verwaltung oftmals an den Rand der Verzweiflung trieb, verdanken wir zu einem Großteil John Quincy Adams. Er war damals Diplomat, später der sechste Präsident der USA, und er führte über alle seine Beobachtungen genau Buch. Mellimelli nutzt die Gastfreundschaft weidlich aus, stürzt die US-Regierung in enorme Unkosten und lässt sich zum Schluss auch noch mit kostbarsten Geschenken überhäufen, sodass die Ladeluken seines Schiffes kaum noch zugehen, ehe er endlich den Anker Richtung Heimat lichtet.

Jefferson macht gute Miene zum bösen Spiel. Aber er ist auch aus Überzeugung ein Denker im Geist der Aufklärung. Deshalb zögert er auch nicht, die religiösen Bedürfnisse seines Gastes zu achten. Im Unterschied zu manchen seiner Gefolgsleute, die, wie Adams schildert, gerne mal heimlich hinter dem Rücken ihres Herrn ein Schlückchen nehmen, ist der Botschafter tatsächlich streng religiös. Außerdem ist der US-Präsident stolz darauf, in seinem eigenen Land ein Vierteljahrhundert zuvor das Virginia-Statut für Religionsfreiheit verfasst zu haben. Er gilt schon zu seiner Zeit als Universalgelehrter, ist beschlagen in Natur- und Geisteswissenschaften, in Architektur und vielem anderem. Bloß dass

auch er Sklaven hält, obwohl er sich prinzipiell gegen Leibeigenschaft ausspricht, trübt das Bild dieses fortschrittlichen Mannes.

Dass alle Bemühungen, den Gast zufriedenzustellen, letzten Endes nichts am angespannten Verhältnis zu Tunis ändern werden, ahnt Jefferson an jenem Nachmittag des 9. Dezember natürlich noch nicht. Eigens halal gekocht, darin stimmen Historiker heute überein, wird nicht. Ob aus Unwissen oder in der Überzeugung, dem Gast mit der Verschiebung des Essens auf den Abend ausreichend Respekt erwiesen zu haben, ist nicht gesichert. Aber begeben wir uns doch in die gastronomische Welt des Thomas Jefferson, zu seinem Dinner, das er üblicherweise mit bis zu 36 Gängen abhält und von Manasseh Cutler, einem zeitgenössischen Politiker, folgendermaßen im Tagebuch festgehalten wird:

»Reissuppe. Rindersteak. Truthahn. Hammel. Schinken. Kalbsnieren. Kotelett vom Hammel oder Kalb. Gebratene Eier. Gebratener Ochse. Ein Kuchen, genannt Makkaroni, der aussah wie eine mit Milliarden von Zwiebeln oder Schalotten prall gefüllte Kruste, jedenfalls hielt ich es dafür. Schmeckte sehr streng, und nicht angenehm … Eiscreme sehr gut, an der Oberfläche gänzlich trocken, in dünne Flocken gekrümelt. Ferner ein Gericht wie ein Pudding, innen weiß wie Milch oder Topfen, sehr porös und leicht, bedeckt mit einer cremigen Sauce. Sehr fein. Jede Menge anderer Plunder. Eine Vielzahl von Früchten. Mengen von Wein und Süßem. Präsident sozial. Wir tranken Tee und sahen dem großartigen Käse entgegen.«

Stelle ich mir den Kontrast zwischen Gastgeber und Gast bildhaft vor, wie Chronisten ihn beim Aufeinandertreffen im *President's House* beschreiben, muss ich jedes Mal schmunzeln. Wie üblich rückt Mellimelli in vollem orientalischen Aufputz an. Und wie üblich empfängt der US-Präsident betont leger. »Er trug alte Kleidung«, heißt es dazu. Und: »Außerdem ausgetretene Pantoffeln, bei denen die Zehen vorne rauslugten.«

Mit Thomas Jefferson hatten die Amerikaner einen Visionär in ihren Reihen. Auch in Sachen Kulinarik, wie seine kleine, doch feine Sammlung von handschriftlichen Rezepten beweist, die in den US-Archiven überlebt hat. Die Amerikaner wollten jedoch nichts wissen von importiertem Knowhow aus Europa, abzulesen beispielsweise am Eintrag des damals sehr beliebten Kochbuchs *American Cookery* aus 1796: »Knoblauch, den die Franzosen verwenden, eignet sich besser zur Anwendung in der Medizin als fürs Kochen.« Die Amerikaner wollten ihren eigenen *Way of Life*, ihre eigene kulinarische Identität, ihren eigenen Stil. Aus heutiger Sicht muss man wohl sagen: Die Zeiten des Visionärs Thomas Jefferson kommen erst.

Sein erster Iftar allerdings hat Wirkung gezeigt, wenn auch mit fast 200 Jahren Verspätung. Da nämlich nahm Hillary Clinton als First Lady die Idee eines Fastenbrechen-Dinners im Weißen Haus als »längst überfällig« auf, ohne sich auf Jefferson zu beziehen. Sie machte eine alljährliche Tradition daraus. Sogar George W. Bush, nicht unbedingt als umsichtiger US-Präsident bekannt, hielt daran fest. Auch wenige Wochen nach 9/11. »Wir bekämpfen den Terrorismus und nicht den Islam«, sagte Bush. Obama führte die Tradition fort, festigte sie, kramte auch die alte Jefferson-Geschichte ans Licht der Öffentlichkeit.

Und dann kam Donald Trump. Er schaffte den Iftar eine Zeit lang wieder ab, überraschenderweise ohne es vorab zu twittern. Dafür voll auf Linie mit jenen Strömungen, die bis heute behaupten, ein muslimisches Fastenbrechen im Weißen Haus hätte es nie gegeben. Und schon gar nicht bei einem wie Thomas Jefferson. Im

Folgejahr widerrief Trump seine Entscheidung plötzlich. Nun gibt es den Iftar wieder. Vorerst. Aber das ist eine andere Geschichte …

Die gehört nicht hierher. Deshalb möchte ich mich daran halten, was wir mit eigenen Augen sehen können. In diesem Fall Thomas Jeffersons originales »Beef à la Mode«. Sie brauchen nur umzublättern.

▷ *Ein Originalrezept aus der Küche des US-Präsidenten Thomas Jefferson. Es stammt aus dem Archiv des Weißen Hauses.*

Viele jener Rezepte, die Jefferson am liebsten zubereiten ließ, wurden aus Frankreich importiert – und bei Bedarf von Étienne Lemaire, dem zweiten Maître d'hôtel des Präsidenten, an Jefferson's Vorlieben angepasst. Hier Lemaires Originalrezept für »Beef à la Mode«, das auch beim Iftar 1805 zur Anwendung kam. Ob bzw. in welcher Weise es abgeändert wurde, um den religiösen Ernährungsgeboten der muslimischen Gäste gerecht zu werden oder ob Speisen mit und ohne Schweinefleisch strikt getrennt serviert wurden, ist nicht überliefert.

Ich möchte Ihnen daher zunächst das ursprüngliche Rezept vorstellen – und im Anschluss eine von mir entwickelte Variante, in der sowohl das Schweinefleisch als auch der Alkohol ersetzt werden.

Jeffersons Rinderbraten

2 kg Rindersteak (Rückenstück im Ganzen)

1 Zwiebel, fein gehackt

1 Stamm Petersilie, fein gehackt

½ TL unbehandeltes Salz

¼ TL gemahlener Pfeffer

1/8 TL geraspelte Muskatnuss

1/8 TL gemahlener Thymian

12 Scheiben mageren Specks

3 kleine Zwiebeln

3 mittelgroße Karotten

¼ TL geraspelte Muskatnuss

1 Prise Thymian

Salz und Pfeffer zum Abschmecken

4 Unzen (120 ml) Brandy

1 Tasse Weißwein (alternativ: Rindsbrühe)

Das Rückenstück putzen, allfälliges Fett wegschneiden.

Die gehackten Zwiebeln, Petersilie, Salz (½ TL), Pfeffer (¼ TL) Muskatnuss (1/8 TL) und Thymian (1/8 TL) mischen.

In dieser Mischung wälzen Sie 4 Scheiben Speck.

Mit 4 weiteren Speckscheiben den Boden einer großen, ofenfesten Pfanne oder Kasserolle auskleiden und das Steak drauflegen. Die restlichen Speckstreifen obendrauf legen.

Die 3 kleinen Zwiebeln fein schneiden, die Karotten in Scheiben schneiden und in die Pfanne legen. Salzen, pfeffern (nach Geschmack) und mit ¼ TL Muskatnuss und einer Prise Thymian zusätzlich würzen.

Nun den Brandy und den Weißwein beigeben. Die Pfanne/Kasserolle auf den Herd stellen und stark erhitzen, bis die Flüssigkeit zu kochen beginnt. Die Hitze reduzieren und alles für ca. 3 Stunden köcheln lassen.

Werfen Sie dabei immer wieder ein Auge auf das Fleisch und achten Sie darauf, dass es sich nicht am Pfannenboden anlegt.

Am Ende der Garzeit die Bratensoße durch ein Sieb passieren und die oberste Fettschicht abschöpfen.

Beef à la Mode – Variante ohne Schweinefleisch und Alkohol:

Das Rückenstück putzen, allfälliges Fett wegschneiden.

Das Steak in die eingeölte Pfanne legen.

Die 3 kleinen Zwiebeln fein schneiden, die Karotten in Scheiben schneiden und in die Pfanne legen. Salzen, pfeffern (nach Geschmack) und mit ¼ TL Muskatnuss und einer Prise Thymian zusätzlich würzen.

Nun ca. 300 ml Rindsbrühe beigeben. Die Pfanne/Kasserolle auf den Herd stellen und stark erhitzen, bis die Flüssigkeit zu kochen beginnt. Die Hitze reduzieren und alles für ca. 2 Stunden köcheln lassen (je nach Fleischgröße auch länger).

Werfen Sie dabei immer wieder ein Auge auf das Fleisch und achten Sie darauf, dass es sich nicht am Pfannenboden anlegt.

Am Ende der Garzeit die Bratensoße durch ein Sieb passieren und die oberste Fettschicht abschöpfen. Die gehackten Zwiebeln glasig dünsten und mit Petersilie, Salz (½ TL), Pfeffer (¼ TL) Muskatnuss (1/8 TL) und Thymian (1/8 TL) mischen.

Das Steak aus der Pfanne nehmen und in der Kräutermischung wenden, mit der Bratensoße servieren.

Jeffersons Brotpudding

Ein Originalrezept aus der Küche des US-Präsidenten Thomas Jefferson.

Zutaten für 4–6 Personen:

¾ kg altbackenes Brot (üblicherweise Weißbrot)

4 Tassen Magermilch (960 ml)

¼ kg Butter

½ Pint Brandy (ca. 240 ml*)

8 Eier

3 Tassen Zucker (600 g)

¾ TL Muskat (gerieben, ca. 5 g)

2 EL Vanilleextrakt (13 ml)

Den Ofen auf 180 °C vorheizen.

Das Brot in 1 ½ bis 2 cm große Würfel schneiden, während Sie die Butter in der Milch erwärmen, bis sie geschmolzen ist.

Die Flüssigkeiten mit Eiern, Zucker und Gewürzen vermengen (in einer großen Schüssel).

Das Brot zum Schluss beimengen. Kräftig rühren, das Brot sollte sich ordentlich mit Flüssigkeit vollsaugen.

Die Masse in eine ausreichend große (22 x 33 cm) Form geben, die Masse von oben sanft andrücken, sodass sie beim Backen nicht zu leicht aufbricht.

Backen Sie den Pudding, bis bei der Stäbchenprobe kein Teig anhaftet (ca. 40 Minuten).

▷ Tipp: Sie können auch bedeutend weniger Brandy nehmen, diese Menge entspricht Geschmack und Gepflogenheiten zu Beginn des 19. Jahrhunderts und ist vielleicht nicht jedermanns Sache.

* Traditionellerweise versteht man unter einem Pint ein Achtel einer Gallone. In den USA wurde die »britische Weingallone« im Jahr 1707 als Maß übernommen. Doch das britische Parlament änderte das System etwas mehr als hundert Jahre später und schuf die »imperiale Gallone«, während die USA bei dem alten System blieben. Seither ist die Gallone im Commonwealth um 20 Prozent größer als jene in den USA, womit natürlich auch die Pinten da wie dort unterschiedlich groß sind. Obendrein unterscheidet man in den USA zwischen einer »flüssigen Pinte« (473 ml) und einer »trockenen Pinte« (551 ml).

1860

Emily Dickinson. Der Kokosnuss-Kuchen der Lyrikerin, für den sie zu Lebzeiten bekannter war als für ihre Gedichte.

80 Gramm Kokosnuss als reinste Poesie

Viele sehen in ihr die größte, rätselhafteste und zugleich traurigste Dichterin Nordamerikas, die jahrzehntelang ganz in Weiß als lebender Geist durch ihr Elternhaus wandelte. Andere (wenige) bloß die geniale Kuchenbäckerin, die uns mit dem Coconut Cake eines ihrer Küchenkunstwerke hinterlassen hat und, ja, auch rätselhafte, schwer verständliche Gedichte schrieb. Wie extrem (entfernt) sind diese Positionen? Wer war diese Emily Dickinson wirklich?

Kuchen zu backen ist für viele Menschen eine Art Meditation mit Belohnung. Oft bedeutet es auch einen Blick in die Vergangenheit zu tun, sich die Rhythmen der Kindheit ins Gedächtnis zu rufen, seien es die eigenen oder jene der Kleinen, die um einen selbst herumwuseln. Unweigerlich tauchen dann solche Bilder auf: Pimpfe, die auf einem Schemel stehen, damit Augen und Fingerchen bis zur Arbeitsplatte reichen, und daneben eine Mutter oder Großmutter (neuerdings auch ein Vater), jeden Handgriff überwachend. Gerüche von Vanille und Zimt und ofenwarmem Biskuit erfüllen die Luft, und alles ist in einen zarten Dunst aus Mehlstaub getaucht.

»Wenn Geschichte ein Dialog ist zwischen Vergangenheit und Gegenwart«, habe ich vor kurzem in einem Blog über Emily Dickinson gelesen, »so sind historische Rezepte so etwas wie Liebesbriefe zwischen Fremden quer durch die Zeit.« Das finde ich wunderschön. Und mit diesem Gedanken und dem Originalrezept von Emily Dickinsons *Coconut Cake* in der Hand, fällt es mir gleich noch leichter, den Blick zurückschweifen zu lassen, noch um ein paar Generationen weiter ins Gestern zu schauen als zu den eigenen Groß- oder Urgroßeltern.

Reisen Sie also mit mir zurück in die Mitte des 19. Jahrhunderts. Wechseln Sie mit mir den Kontinent. Begeben wir uns in den US-Bundesstaat Massachusetts, und dort in einem Nest namens Amherst auf die Spuren einer Frau, die heute für ihre sperrige wie geniale Dichtkunst in den Literaturhimmel gehoben wird, zeitlebens aber nur wegen ihrer Backkunst gepriesen wurde.

Amherst um 1830, Dickinsons Geburtsjahr, müssen wir uns als typischen Vertreter puritanischer Gutbürgerlichkeit ausmalen. Orthodoxie und Erweckungsbewegung prägen das religiöse Leben, ansonsten eine gesichtslose Kleinstadt *in the middle of nowhere*. Bescheiden aufgeschlossenes Niemandsland mit gerade mal Eisenbahnanschluss, Tagesreisen entfernt von kleinen, echten Welten wie Boston (150 Kilometer), Weltreisen von großen Welten wie Washington (390 Kilometer). Und die Westküste ist überhaupt eine andere, ferne Galaxie.

Wir sehen auf dem Reißbrett gezirkelte Straßen mit düsteren Backsteinhäusern hinter düsteren Baumriesen. In den Fenstern hören wir belangloses Salongeschnatter bei Kaffee und Kuchen. Oder, weil gerade aktuell, erschrockenes Geflüster über die Sklavenrevolten im Land. Auf den Straßen stolzieren Männer in Gehröcken mit Spazierstöcken und Backenbärten. Unter ihnen Emilys Vater, ein Anwalt, Schätzmeister und Abgeordneter im Kongress. Jahre später sehen wir dort auch Emilys Bruder, ebenfalls Anwalt, Ehemann,

Vater dreier Kinder und begehrter Liebhaber unerfüllter Professorengattinnen.

Für eine Tochter bleibt in dieser Welt nichts als die Glasglocke: Schulbildung, Haushalt, Näharbeiten, Brotbacken, Krankenpflege, Heirat und Kinderkriegen. Für eine (ganz anders als Schwester Vinnie) schon früh Unangepasste wie Emily kein leichtes Pflaster. Und so erklärt sich auch das Bild, das uns die Literaturkritik von der bedeutendsten Dichterin Nordamerikas seit erst siebzig Jahren malt (ja, so lange hat es gedauert, bis der Wert ihrer Literatur erkannt und geschätzt wurde): eine Frau, die ihr Elternhaus mit nicht einmal 56 Jahren erst mit den Beinen voran verließ, traurig, unverstanden, unterdrückt, der Welt entrückt, eine Frau auch, die geisterhaft in weißen Kleidern wie lebendig begraben durchs Haus wandelte.

Und dann gibt es das Bild von Emily, der Bäckerin. Während von den 1.782 Gedichten, die uns von ihr erhalten sind, nur sieben (!) zu Lebzeiten veröffentlicht wurden (und auch das bloß anonym), wurde Emily für ihre Backkunst weithin gerühmt. Ja, sie gewann sogar einmal einen zweiten Preis bei einer Rindershow in Amherst für ihr Roggenbrot.

Die große Dichterin, die auch backen konnte, schrieb so wunderbare Gedichte (meist Vierzeiler) wie dieses:

An ear can break a human heart/
(Ein Ohr zerbricht ein Menschenherz/)
As quickly as a spear/
(Rasch wie ein Speer es kann/)
We wish the ear had not a heart/
(Wenn doch das Herz dem Ohr nicht so/)
So dangerously near.
(Gefährlich nahe käm.)[1]

Aus Briefen wissen wir, dass Emily die Hausarbeit und alles, was damit zu tun hatte, hasste. Sie fühlte sich darin beengt und dennoch hat es sie geprägt. Als nämlich die Mutter einen Schlaganfall erlitt und für sieben lange, knochenharte Jahre gepflegt werden musste, ehe sie starb.

Doch schon lange zuvor hatte Emily viel zu viel mit den drei großen Themen zu tun, die ihre Dichtkunst (erste Werke schrieb sie mit zwanzig) bis an ihr Ende beherrschen sollten: Krankheit, Verlust und Tod. Krankheit auch am eigenen Leib, weil sie als Kind oft angeschlagen war. Später kamen schwere Depressionen hinzu. Was auch daran lag, dass die Themen zwei und drei, Verlust und Tod also, immer näher an sie heranrückten und ihr nahmen, was ihr lieb war.

Allem voran das Elternhaus, das der Vater aus Geldnot erst verkaufen musste, später wieder erwarb. In den 16 Jahren dazwischen sah Emily tagein tagaus vom Fenster ihres vorläufigen Zuhauses auf den benachbarten Friedhof mit seinen vielen Begräbnissen, hatte das Sterben also immer vor der Nase. Dazu der Tod zweier enger Freunde und Tutoren Emilys. Dann der Tod ihres heiß geliebten, neun Jahre alten Neffen Gib, drittes Kind aus der Ehe ihres Bruders Austin mit Susan, Emilys vorher bester Freundin und jetzt Schwägerin.

Ein weiterer schwerer Verlust ereilte sie als Reverend Charles Wadsworth wegging, ein dunkeläugiger Prediger der Presbyterianer, den Emily mit 25 kennenlernte. Er war bedeutend älter als sie und sie fühlte sich zu ihm hingezogen. Als sie 32 war, verschwand er über Nacht unerreichbar aus ihrem Leben. Eine neue Stelle im endlos weit entfernten San Francisco. Das war auch die Zeit, als Emily Dickinson plötzlich begann, sich ganz

---

1 »Emily Dickinson. Gedichte«, Herausgeberin und Übersetzerin: Gunhild Kübler.

in Weiß zu kleiden, das sie bis zu ihrem Tod im Mai 1886 nicht mehr ablegen würde. Ja, sie hatte sogar, als sie ihr Ende kommen spürte, verfügt, sie in schneeweißen Flanell gehüllt in einem schneeweißen Sarg zu begraben, wie zum Kontrast zur Düsternis, die über sie herrschte. Und dann der Verlust des Vaters (1874), nach dessen Tod sie eine ganze Woche wie in Trance durchs Haus wankte.

In all diesen Jahren schrieb Emily ein Poem ums andere. Und backte einen Kuchen um den anderen. Beides, Gedichte und Rezepte, kritzelte sie oft auf die Rückseite alter Einkaufslisten oder auf Schokoladenpapier. Manche Rezepte lasen sich auch wie Gedichte.

Sie wurde dabei aber nicht als prinzipiell weltscheu erlebt, wie oft zu lesen ist. Vor allem bis zu Beginn ihrer *Weiß-Phase* war sie für ihre Lebhaftigkeit bekannt, rebellierte als junge Frau in Maßen gegen die Eltern (indem sie etwa beim Begräbnis eines Familienfreundes publikumswirksam im Gespann ihres verschrienen Cousins davonstob) und brachte ihre Freunde häufig zum Lachen. Man schätzte sie für ihren trockenen wie sprühenden Humor, auch wenn diese Emily immer um den Tick anders war. Und sie war reisefreudig, soweit dies damals üblich und möglich war, besuchte Verwandte in Boston, Cambridge oder Philadelphia und einmal auch für Wochen Washington mit Teepartys, Sightseeing und allem Drum und Dran.

Ehe und Muttersein, die damals einzige akzeptierte Berufung einer Frau, lehnte sie strikt ab. Sie wollte schreiben, musste es jedoch geheim halten. Nur ihre beste Freundin Susan und eine Handvoll Eingeweihter wussten Bescheid. Emily liebte es, ihre meist nur wenige Zeilen kurzen Kunstwerke auf Papier zu besonderen Gelegenheiten (Valentinstag und so weiter) an besondere Leute zu verschi-

cken. Einer von ihnen, ein Mitarbeiter in der Kanzlei ihres Vaters, schickte so ein Gedicht ohne ihr Wissen weiter.

Dickinsons Schock war groß, als sie ihr Gedicht in der Zeitung *Springfield Republican* las, und sie setzte alles daran, dass ihr Vater es nicht sah (obwohl ohnehin anonym erschienen). Und dann, Jahre später, traf sie auf den Frauenrechtler und Literaturexperten Thomas Wentworth Higginson. Eine Freundschaft auf Lebenszeit, in der sie einander aber nur zweimal begegneten. Higginson sah Dickinson ein drittes Mal, doch da lag sie bereits im Elternhaus aufgebahrt.

Higginson bestärkte sie im Schreiben und riet ihr zugleich von Veröffentlichungen ab. Sie solle noch an sich arbeiten, was wohl daran lag, dass auch er ein Mann seiner Zeit war und mit Dickinsons gerader, fast rauen Sprache seine Not hatte. Und mit ihrer Vorliebe, die damals noch sehr strengen formalen Grenzen in ihren Gedichten wie nichts zu sprengen.

Die letzten 15 Jahre kam Emily kaum außer Haus. Schreiben beherrschte ihr Leben. Die Pflege der Mutter. Und das Backen, wenn sie etwa ihr beliebtes *Gingerbread*, Lebkuchen also, in einem Korb den Freunden ihres verstorbenen Neffen zum Fenster hinabließ. Sie machte keine Besuche mehr, empfing kaum welche. Eine der wenigen Ausnahmen war das erste Treffen mit Thomas Wentworth Higginson, das er in einem Brief an seine Frau beschreibt. Im Salon auf sie wartend, habe er auf einem Bord zwei seiner eigenen Bücher entdeckt. Als Dickinson den Raum betrat, »hatte ich eine Erscheinung«. Zwei Taglilien habe Emily in Händen gehalten, sie ihm gereicht und gewispert:

»Sie sind meine Einführung.«

Die Unterhaltung sei sehr einseitig gewesen. Er habe diese ungewöhnliche Frau die meiste Zeit nur angestarrt, vor Bewunderung und im Versuch, ihre unergründlichen Aussagen zu erfassen. Emilys Sprechen sprang jäh hin und her, vom toten Hund Carlo direkt zu Shakespeare, weiter zur eigenen Dichtung. Dann wieder zum Kochen. »Menschen müssen Puddings haben«, sagte sie, worüber Higginson später meinte: »Sie sagte das so träumerisch, als wären Puddings Kometen.«

Ihr letztes Gedicht, *So give me back to Death*, komponierte sie im Winter 1885, ein halbes Jahr später erlag sie einem Nierenleiden, damals *Bright's Disease* genannt. Schwester Vinnie fand die Verlassenschaft Emilys, frühe Gedichte fein säuberlich zu Faszikeln gebunden, spätere nur noch in die nächste Schublade gestopft. Mittendrin: Rezepte.

Von zwölf weiß man, dass Emily sie häufig umsetzte, fünf sind erhalten. Das Rezept des *Coconut Cake* wurde Jahrzehnte nach ihrem Tod von einer Vertrauten der Familie in einem Brief an die *Amherst Historical Society* gespendet. So wie ihre Gedichte schnell gelesen sind, so ist auch Dickinsons Kokosnusskuchen schnell gemacht. Die Komplexität offenbart sich auf den zweiten Blick, dann jedoch kommt die Kreativität und Verspieltheit der Dichterin, die sie auch auf ihre Backkunst anwandte, voll zum Tragen.

Am besten Sie überzeugen sich selbst.

Coconut Cake

Originalrezept nach Emily Dickinson.

Zutaten:

1 Tasse Kokosnussfleisch (ca. 80 g, geriebene, getrocknete Flocken, im guten Lebensmittelhandel erhältlich)
2 Tassen Mehl (ca. 300 g)
1 Tasse Zucker (ca. 200 g)
½ Tasse Butter (ca. 80 g)
⅓ Tasse Milch (ca. 125 ml)
2 Eier *
½ Teelöffel Speisesoda (3 g)
1 Teelöffel (4 g) Weinstein (Kaliumsalz, auch Cream of Tartar genannt, ersatzweise können Sie anstelle von Soda und Weinstein 2 schwache TL gewöhnliches Backpulver (baking soda) nehmen.)

Ofen auf 180 °C vorheizen. Eine Kastenform (25 cm Länge) buttern, den Boden mit Backpapier auslegen und ebenfalls einfetten.

Schlagen Sie Butter und Zucker in einer großen Schüssel leicht cremig. Die Eier hinzufügen und kräftig verrühren.

Mehl, Soda und Weinstein gemeinsam sieben und verrühren.

Die Hälfte der Milch unter die Butter-Eiermasse rühren, dann die Hälfte der Mehlmixtur beigeben. Nun die restliche Milch und das restliche Mehlgemisch beigeben, nach jeder Beigabe kurz und kräftig rühren.

Die Kokosnussraspeln unterheben.

Gießen Sie nun den Backteig in die Kuchenform, auf mittlerer Stufe ca. 55–60 Minuten backen, bis der Kuchen an den Rändern goldgelb wird. Mit einem Kuchentester prüfen (beim Herausziehen dürfen keine Teigreste daran kleben) – und zur Gänze auskühlen lassen.

▷ Tipp: Sie können den Coconut Cake auch mit einer Zuckerglasur überziehen.

*Es sind zwei Rezepte von Emily Dickinson überliefert, das eine – vermutlich ältere und von ihrer Nachbarin Mrs. Carmichael stammend – spricht von »wesentlich mehr Eiern« als den oben angeführten zwei Stücken. Genaue Backanleitungen gibt es da wie dort nicht, sie liegen jedoch, nicht zuletzt dank Abgleich mit historischen Rezeptsammlungen, auf der Hand. Zu finden ist das kurz gehaltene Originalrezept auf der Homepage des Emily Dickinson Museums: https://www.emilydickinsonmuseum.org/

Zu den Maßen: Eine detaillierte Auflistung zur Umrechnung diverser Lebensmittel von Tassen in Milligramm oder Milliliter finden Sie unter: www.kitchenproject.com

1865

Abraham Lincoln. Das Festessen anlässlich seiner Wiederwahl zum amerikanischen Präsidenten.

Die Schlacht um den Mandelkuchen der First Lady

*Vergessen Sie alles, was Sie jemals im All-inclusive-Urlaub oder bei Vernissagen als »Schlacht am Buffet«
erlebt haben. Wirklicher Krieg ums Essen bei Leuten, die es nicht notwendig haben sollten, sieht anders aus.
Das demonstrierten die Gäste jenes Balls in Washington, den Präsident Abraham »Abe« Lincoln 1865 anlässlich seiner zweiten Amtszeit, sowie des nahen Endes des US-Bürgerkrieges gab. 4000 Geladene verwan-
delten das Supper in Rekordzeit zur Kampfzone, die bis in die Küche reichte. Mittendrin die Lieblingskreation
der First Lady, Mary's White Almond Cake.*

Ich muss gestehen, ich war anfangs fassungs-
los bei den Schilderungen, die Korresponden-
ten verschiedener Zeitungen zu jenem 6. März
1865 in Washington abgaben. Andererseits
lässt es vieles von dem, was ich bisher in
puncto Gier und Gratis-Essen für besonders
verwerflich hielt, in wesentlich milderem
Licht erscheinen. Staunen Sie mit mir über
die Geschichte eines Nobelballes mit Abendessen, der eigentlich dazu gedacht war, den
alten und neuen US-Präsidenten und das Ende
eines schrecklichen Bürgerkrieges zu feiern,
und in eine Schlacht am Buffet ausartete.
Dessen Köstlichkeiten wurden wenigstens
zur Hälfte vernichtet, ohne dass sie auch
nur in die Nähe eines Gaumens gekommen
wären: vom zartesten Filet über den teuersten
Hummer und feinste Entenpasteten bis hin zu
raffinierten Dessertvariationen.

Dazu aber vorweg noch ein paar Worte
zum Anlass selbst, zur zweiten Amtszeit von
Präsident Abraham Lincoln und seiner First
Lady Mary, wie auch zum amerikanischen
Bürgerkrieg. Sie sollen helfen, die Verhältnisse jener Zeit lebendig und begreiflich zu
machen:

Lincoln entstammte einer armen Familie,
war also ein Mann, der sich aus eigener Kraft
von ganz unten nach ganz oben arbeitete.
In einer winzigen Blockhütte in Kentucky
geboren, genoss er kaum Schulbildung, weil
das damals undenkbar war für den Sohn eines
Farmers, für den die harte Arbeit auf dem
Feld zählte und sonst nichts. Lincoln kam
dennoch empor, eignete sich als Autodidakt
über die Jahre enormes Wissen an, machte
erst beim Militär und dann als Anwalt und
Politiker eine steile Karriere und war auch
bald für seine brillante Redekunst bekannt.

Dann trat Mary Todd, Tochter reicher
Pflanzer und Sklavenhändler, in sein Leben.
Gegen den Willen ihrer Eltern heirateten sie
1842, bekamen vier Söhne, von denen nur
einer das Erwachsenenalter erreichte. Das
Leben der Lincolns vor der Zeit in Washington spielte sich in Springfield, Illinois, ab.
Dort ging Mary Todd Lincoln dem nach, was
Ehefrauen damals zu tun hatten: Hausarbeit,
Kindererziehung, Kochen. Mary liebte es aber
tatsächlich, in der Küche zu stehen. Vor allem
wenn sie Kuchen backen und zugleich ihren
Söhnen zum Fenster hinaus zusehen konnte,
wie sie etwa mit langen Stöcken über den
hohen Gartenzaun hinweg vorbeigehenden
Herren die Zylinder vom Kopf stießen oder
anderen Unfug anstellten (Mary Lincoln galt
zum Entsetzen vieler als sehr *liberale* Mutter,
eine, die ihre Kinder auch nicht bestrafte,
wenn sie Erwachsenen dazwischenredeten
oder ähnliches).

Marys Lust eine perfekte Gastgeberin zu sein, war legendär und weithin gerühmt. Sie gab Partys für mehrere hundert Gäste und backte für ihr Leben gerne Kuchen, allen voran ihren *White Almond Cake*, dessen Rezept sie seinerzeit in ihrer alten Heimat einem Bäcker abgeluchst hatte. So wird aus dem Jahr 1849 etwa berichtet, dass sie allein dafür in einer Woche sieben Kilogramm Zucker verbrauchte. Aber auch sonst verwöhnte sie die Familie mit allerlei.

Abe Lincoln hingegen stand nicht im Ruf, ein kulinarischer Feinspitz und Genießer zu sein wie etwa ein Thomas Jefferson. Essen bedeutete für ihn überwiegend die Zufuhr von Treibstoff, sodass er oft ertappt wurde, dass er, weil in Arbeit versunken, überhaupt darauf vergaß. Dennoch hatte er Vorlieben. Dazu gehörten nicht nur im Hause Lincoln gern servierte Austern oder Wildbret, gepökeltes Rindfleisch und Kraut wie auch diverse Speisen von Schwein und Huhn sowie Erdäpfel und Mais, sondern vor allem Süßes. Mary sollte ihn auch später noch, als First Lady, mit ihren Backwaren versorgen, und darüber hinaus würde Präsident Lincoln bei einer Bäckerei als bester Kunde sehr gerne gesehen sein.

Zu jener Zeit als Lincoln zum ersten Mal ins Amt des US-Präsidenten gewählt wurde, herrschte zwischen den Nord- und Südstaaten der Union zunehmend dicke Luft. Der Süden war vom Export von Tabak, Baumwolle und anderen Plantageprodukten abhängig, der vormals wirtschaftlich schwache Norden holte als Folge der Industrialisierung enorm auf. Immer heftigere Kontroversen löste außerdem die Sklavenfrage aus. Der Norden war strikt gegen Leibeigenschaft, der Süden (schon aus *Tradition*) strikt dafür.

Lincoln galt als gemäßigter Gegner der Sklaverei, sprich: Er war prinzipiell dagegen, wollte aber, weil gesetzlich verankert, geltendes Recht nicht brechen, und das besagte, dass die Sklaverei in jenen Bundesstaaten, wo sie vor der Unabhängigkeitserklärung von 1776 beziehungsweise der Verfassung aus 1787 existierte, weiterhin erlaubt war. Vorläufig. Als er 1860 zum Präsidenten gewählt wurde, sahen radikale Befürworter der Sklaverei ihre Stunde gekommen. Noch ehe er angelobt war, kündigten einige Südstaaten ihre Zugehörigkeit zur Union der USA auf. Es kam zum Bürgerkrieg, der vier Jahre lang das Land ins Chaos stürzen sollte.

Mitten im Krieg liefen neuerliche Präsidentschaftswahlen an. Lincolns Beliebtheit war im Keller, und er rechnete sich kaum Chancen aus, der erste Präsident seit 32 Jahren mit einer zweiten Amtszeit zu sein. Doch da wendete sich das Blatt, unerwartete Erfolge auf dem Schlachtfeld (nicht zuletzt dank der neuen Telegraphen-Technologie) stellten sich ein, und seine Partei, die ihn fast schon fallen lassen wollte, ging mit ihm und einem der vielen von Lincoln geprägten, bis heute verwendeten Slogans ins Rennen:

Mitten im Fluss soll man nicht die Pferde wechseln.

Lincoln siegte mit der überwältigenden Mehrheit von 212 Wahlmännerstimmen (bei 233 möglichen). Davon gestärkt brachte er endlich auch den 13. Zusatzartikel zur US-Verfassung durch, der die Sklaverei auf dem Territorium der USA ein für alle Mal verbieten würde. In dieser Grundstimmung also, sowohl das Ende der Sklaverei wie auch des Bürgerkrieges vor Augen, in dem es nur noch vereinzelt Kämpfe gab, lud der alte und neue Präsident Abraham Lincoln am 6. März 1865 mehr als 4000 Menschen zu seinem großen Ball. Schauplatz: das *Patent Office* in Washington, jenes Patentamt, wo Lincoln selbst, viele

Jahre zuvor, ein Patent (Nr. 6469) erhalten hatte. Für eine Konstruktion, die mittels Luftkissen verhindern sollte, dass Schiffe auf Sandbänken oder bei Niederwasser auf Grund liefen (was auf Lincolns frühe Jahre als Schiffer auf dem Mississippi und einigen großen Seen zurückging). Zur Anwendung kam das Patent nie, blieb demnach eine Fußnote in der Biografie Lincolns und doch Zeichen seiner enormen Vielseitigkeit, die bis heute im Gedächtnis der Amerikaner lebt.

Das Patent Office (heute ein Museum) war als Prachtbau im dorischen Stil errichtet worden, weitgehend aus weißem und blauem Marmor und mit einer riesigen Haupthalle (fast einhundert Meter lang) und zwei ebenso gigantischen Seitenflügeln. Scheinbar ideal, um eine Veranstaltung dieses Ausmaßes zu bewältigen. Und als die ersten Kutschen ab neun Uhr abends anrollten, muss das Erstaunen der Gäste anfangs auch enorm gewesen sein, was der Präsident auf die Beine gestellt hatte, um mit Auserwählten seines Volkes zu feiern:

Alles war feierlich mit Fahnen geschmückt (am größten natürlich die US-Flagge), die Wände bis hinauf zu den Deckenfresken behangen, die Hallen mit Gaslicht ausgeleuchtet, Brassbands und Streicherensembles spielten auf, Sitzbänke und bequeme Lehnsessel warteten darauf, belegt zu werden. Alles in allem der Ausblick auf einen perfekten Abend. Perfekt gestaltet waren auch die Eintrittskarten. Jene der Damen waren besonders aufwändig designt und mit Portraits des Präsidenten und seines Vizes verziert.

Und dann, in einem der Seitenflügel, das Buffet für das *Supper*. In der Mitte der mehr als siebzig (!) Meter langen Tafel eine detailgetreue Nachbildung des Kapitols, flankiert von allegorischen Darstellungen von Erfin-

dergeist, Wissenschaft, Kunst und Literatur jener Tage. Und an den Stirnseiten, fast wie eine Aufforderung, den beinahe beendeten Bürgerkrieg hier am Buffet noch einmal mit einem Blitzkrieg auf die Spitze zu treiben, die *Insignien unserer beherzten Armee*, wie *The New York Times* schrieb, sowie Schiffsmodelle und Wimpel der Marine.

Ein Blitzkrieg wurde es dann auch, als wären die Menschen vom Hunger ausgezehrt, allerdings nicht von jenem nach Frieden. Unerwartet und heftig brach der Tumult los, und zwar von der allererersten Minute an, nachdem der Präsident, seine Frau Mary und die engsten Vertrauten sich bedient hatten und das Buffet für die breite Masse freigegeben wurde. Als die Türen aufflogen, flogen auch bereits die ersten tausend in den Seitenflügel des Patentamtes und stürzten sich wie Raubvögel auf das Buffet, das bestenfalls 300 Menschen im Stehen zugleich Platz bot.

Während sich ein Berichterstatter eines Blattes aus New York in seiner Zeugenrolle noch zurückhielt (»Die Amerikaner im Allgemeinen, wir schämen uns es zu sagen, haben noch nicht gelernt, wie man sich bei Tisch benimmt«), wurde der Journalist einer kalifornischen Zeitung schon deutlicher: »So ein Abbild aus Spitzen, Juwelen, Seide, Goldlitzen und schlechten Sitten wurde noch nie gesehen, nein, nicht seit Beginn der Welt.«

Wie es wirklich zur Sache ging, schilderte der damals sehr prominente Korrespondent, Buchautor und Herausgeber Ben Perley Poore. In den ersten Zeilen noch beeindruckt von der Schönheit der First Lady mit ihren fülligen, tiefschwarzen, eng gekräuselten Locken, wie es gerade Mode war, und ihren seltenen Diamanten und Federbäuschen und der *ganzen Posamentarie aus fließendem Satin* und auch von der schlichten Eleganz des Präsidenten in Frack und mit weißen Handschuhen, kam der Journalist rasch zum Punkt, nachdem jeder Zentimeter Platz innerhalb von Sekunden vom *hungrigen oder einfach nur gierigen Mob in nobler Aufmachung* erobert war. Überall Menschen, die reihenweise zu Boden sanken, Menschen, die ganze gebratene Vögel vom Buffet wegrissen, Menschen, die mit Ellenbogen Konkurrenten in voller Absicht aus dem Gleichgewicht brachten, Menschen, die alles an sich rafften, was zu kriegen war. So wurde beispielsweise von einem Mann berichtet, der beide Hände brauchte, um eine riesige Platte mit geräucherter Zunge tragen zu können, und verzweifelt (und vergeblich) nach einem Plätzchen Ausschau hielt, um seine Beute zu verschlingen. So lange bis andere sie ihm von der Platte stahlen. Alles in allem, so Poore, war die 70-Meter-Tafel in weniger als einer Stunde ein komplettes Wrack.

Ob Eintöpfe von Austern oder Sumpfschildkröten, ob Roastbeef oder Beef à la Mode (als kulinarisches Erbe Thomas Jeffersons), ob Pasteten, Salate oder kunstvoll aufgeschichtete Pyramiden aus Makronen (mit karamellisiertem Zucker übergossen, wie es sie bei Lincolns auch oft gab), ob Tarte á la Portugues oder Viennes, Chateaubriand oder Gänseleber, alles verwüstet, von der Deko bis zu den Speisenarrangements, und mittendrin die zertrampelten Überreste von Mary Lincolns weißem Mandelkuchen.

Doch damit nicht genug, denn der Krieg pflanzte sich in die Küche fort und forderte einen Polizeieinsatz, weil ein Koch Kollegen mit einer riesigen Platte Hühnersalat beschossen und auch getroffen hatte und erst Frieden einkehrte, als der Gesetzeshüter dem Übeltäter ein Bußgeld von einem Dollar aufbrummte. Wegen der *Unmöglichkeit seines Benehmens* wie es hieß. Irgendwann, lange nach Mitternacht, kehrte dann doch so etwas wie Zivilisiertheit ein, und die Menschen tanzten bis in den frühen Morgen.

Abraham Lincoln erlebte weder die definitive Aufhebung der Sklaverei noch das definitive Kriegsende. Sein Tun jedoch hat die Welt entscheidend verändert, viele seiner Entscheidungen wirken heute noch fort. Erhalten geblieben ist uns glücklicherweise auch ein Teil der Werke seiner Frau, allen voran Mary Lincolns vielgepriesener White Almond Cake.

Hier ist er.

Weißer Mandelkuchen auf französische Art

Das Rezept stammt aus Lincoln's Table von Donna D. McCreary, das Janice Cooke Newman adaptierte.

Mary Todd Lincolns Herkunft aus sehr wohlhabendem Hause spiegelte sich auch in der Art ihrer Koch- und Backkunst wider. Das Rezept des Weißen Mandelkuchens trotzte sie in den 1830er-Jahren ihrem Lebensmittellieferanten in ihrer Heimatstadt Lexington, Kentucky, ab, um wiederum ihren späteren Mann Abraham in allen entscheidenden Lebensphasen damit zu beeindrucken. So backte sie der Überlieferung zufolge den White Almond Cake, als er sie umwarb. Ebenso, nachdem sie im November 1842 geheiratet hatten – und auch später, da sie als First Lady mit ihm ins Weiße Haus einzog. In einer guten Woche brauchte Mary, ganz passionierte Bäckerin, bis zu sieben Kilo Zucker allein für Mehlspeisen. Mit den damaligen Küchengerätschaften (vom Ofen angefangen bis zu den diversen Mixern und so weiter) konnte die Zubereitung dieses Kuchens bis zu eineinhalb Tage in Anspruch nehmen. Heute benötigt man mit ein bisschen Übung kaum mehr als eine Stunde.

Zutaten für Marys Mandelkuchen:

Butter und Mehl zur Vorbereitung
2 Tassen Kristallzucker
1 Tasse (2 Stück) ungesalzene Butter, auf Raumtemperatur
3 Tassen Universalmehl
1 EL Backpulver
1 Tasse Milch*, auf Raumtemperatur
1 Tasse (4 Unzen, also ca. 120 g) weiße Mandelsplitter, sehr fein gehackt
1 ½ TL Vanilleextrakt**
6 Eiweiße von großen Eiern, auf Raumtemperatur
½ TL Salz

Ofen auf 180 °C vorheizen.

Kuchenform mit Butter einfetten und mit Mehl bestäuben.

Zucker und Butter schaumig schlagen und beiseitestellen.

Mehl und Backpulver in eine Schüssel sieben. Den Vorgang weitere 2 Male wiederholen.

Jetzt die Mehl-Backpulver-Mischung mit dem Butter-Zucker-Schaum in mehreren Etappen vermengen. Dabei immer wieder Milch zugießen. Rühren Sie so lange, bis Sie eine homogene Masse haben. Achten Sie darauf, dass kein Teig an den Rändern der Schüssel verloren geht.

Nun die Mandeln und die Vanille beimengen.

Die Eiweiße leicht salzen und zu einem festen Schnee schlagen. Nach und nach den Schnee unter den Teig heben.

Den Teig in die gebutterte Form gießen und in den Ofen geben. Die durchschnittliche Backzeit beträgt ca. eine Stunde (Mary Lincolns Angaben lauten: 57–62 Minuten). Goldbraun soll der Kuchen jedenfalls aus dem Rohr kommen.

¼ Stunde abkühlen lassen. Dann aus der Kuchenform auf einen Teller stürzen und mit Staubzucker pudern.

* Ich empfehle Heumilch.
** Am besten das Mark einer Vanilleschote auskratzen.

1867

Wilhelm I. *Das Drei-Kaiser-Dinner,* das er gemeinsam mit Zar Alexander II., dessen Sohn und Otto von Bismarck aß.

Kaiserliche Erbsensuppe in Paris

Folgendes Szenario: Sie sind Koch oder Köchin, und jemand bittet Sie um ein Mahl, an das die Gäste sich gerne und lange zurückerinnern. Jedoch aufwändig soll es nicht sein. Bloß nicht. Einfach und dabei ansprechend. Es ist Spätfrühling. Was bereiten Sie zu? Spontan fiele mir ein: Spargelsalat mit Radieschen, Kresse und Nüssen. Portulak-Salat. Erdbeer-Rhabarber-Sorbet. Obstsalat. Und aus. In diesem Fall gehen die Uhren aber anders. Gastgeber ist Wilhelm I., König von Preußen. Er lädt zum Drei-Kaiser-Dinner in Paris, wo gerade Weltausstellung ist. Wie so ein einfaches Mahl für hohe Herren aussieht, das lesen Sie hier:

1867, ein Tag im Spätfrühling. Adolphe Dugléré ist ein stattlicher Mann Anfang sechzig. Bis vor kurzem war er Leibkoch der Rothschilds, doch nun, seit einem Jahr, ist er Chef im *Café Anglais* am Boulevard des Italiens in Paris, eine der ersten Adressen der Stadt. Er trägt, ganz Mode, einen gezwirbelten Schnurrbart, hat krauses, festes Haar, füllige Wangen und einen stechenden Blick. Und als man ihn an diesem Morgen kontaktiert und um eine kleine Dienstleistung, ein kleines Abendessen für ein paar durchlauchte Herrschaften bittet, leuchten Duglérés Augen listig auf.

Einfach, doch erinnerungswürdig? *Oh, là, là.* Ein Mann wie Dugléré hat da so seine Vorstellungen. Als Starter, wie wir heute sagen, schweben ihm zweierlei Potagen vor. Potage Impèriatrice, Hühnerkraftbrühe, verdickt mit trockener Maniokwurzel (Tapioka) und mit Eigelb und Obers abgeschlossen. Und dann als … mmhhmm … ja, etwas mit Erbsen soll es sein. Potage Fontanges. Püree aus frischen Erbsen, verdünnt mit Kraftbrühe, versetzt mit einer Chiffonade von Sauerampfer und Kerbel.

Erbsen sind nämlich immer noch hip. Mittlerweile seit fast 200 Jahren, seit sie ihren Siegeszug quer durch die Gärten von Europas Eliten angetreten haben. Seither werden Erbsen mit der größten sinnlichen Hingabe verzehrt (zu vergleichen mit einem Stück To'ak-Schokolade, die heute, im 21. Jahrhundert, als teuerste ihrer Art gilt und mit einer Bambuspinzette auf die Zunge gelegt wird, damit keinerlei Fremdgerüche die Wahrnehmung der feinen Ware kontaminieren).

Der Stellenwert der Erbse ist jedenfalls nach wie vor enorm, als Monsieur Dugléré über dem Menüplan brütet. Selbst die radikale Veränderung der französischen Küche hin zur Nouvelle Cuisine in den 80 Jahren zuvor hat der Beliebtheit des Gemüses nichts anhaben können. Nur die Art, eine Potage Fontange zu servieren, ist eine andere. Anstelle der dicken Scheibe Weißbrot, die man in Kraftbrühe getränkt, dann auf den Boden der Suppenschüssel gelegt und mit der Potage übergossen hat, damit sie sich eindickt, wird die Suppe nun gleich in schon sämiger Konsistenz serviert.

Und nach der Potage? Nun ja, sagt Dugléré bei sich. Fleisch natürlich. Etwas Lamm. Etwas Ente. Vielleicht Wachteln? Oder doch Hummer? Darüber muss er erst nachdenken. Und, ja, sie müssen auf jeden Fall dabei sein, weil es doch leicht und zugleich anspruchsvoll sein soll: *aubergines à l'espagnole.* Melanzani auf spanische Art (sie und die Potage Fontange stelle ich Ihnen im Anschluss vor). Über Kosten und Dauer des Banketts wird nicht gesprochen. Bloß, dass es ihn, Wilhelm, und seine Gäste nicht überstrapazieren soll.

Auch Claudius Burdel, der Kellermeister im Café Anglais, hat seine Vorstellungen, denkt an einen Roederer-Champagner, den in der Bleikristallflasche, damit die Herrschaften schon vor dem Einschenken Bläschen und goldene Farbe des Elixiers bewundern können.

Seltsamerweise ist beim legendären Bankett im ebenso legendären Café Anglais vom *Drei-Kaiser-Dîner* zu lesen. Dabei rücken sie zu viert an: Zar Alexander II., der *Zarewitsch* (sein Sohn also), Otto von Bismarck (seit kurzem ein Graf) und der Gastgeber, Wilhelm I., König von Preußen (die Krone hat er sich sechs Jahre zuvor selbst aufgesetzt). Außerdem ist nur einer ein echter Kaiser: der russische Zar, und Wilhelm würde Jahre später, als er Kaiser wird, auch nicht so recht wissen, was er davon halten soll. So wird er am Vorabend der Proklamation sagen: »Morgen ist der unglücklichste Tag meines Lebens. Da tragen wir das preußische Königtum zu Grabe.«

Was soll's. Bleiben wir bei 1867. Für sich genommen, als bloße Jahreszahl, sagt uns 1867 nicht viel. Was war damals so los? Wie dürfen wir uns die Welt von 1867 vorstellen?

Da fährt etwa auf der Brennerbahn erstmals ein Zug Probe. Alfred Nobel lässt sich das Dynamit patentieren. In New York beginnt der Bau der Brooklyn Bridge. Japan beklagt den Tod des 121. Tennos. Österreich ist stolz, mit der ersten Postanweisung den Zahlungsverkehr zu revolutionieren. Der deutsche Industrielle Werner von Siemens erfindet die Dynamomaschine, ein Herr namens Robert W. Thomson den Vollgummireifen. Karl Marx gibt den ersten Band von Das Kapital. *Kritik der politischen Ökonomie* heraus. Verdis *Don Carlos* wird uraufgeführt. Tolstoi vollendet die Urfassung von *Krieg und Frieden*. Sein Schriftsteller-Kollege Victor Hugo hingegen versucht sich als Prophet und meint, im kommenden Jahrhundert werde es eine außergewöhnliche Nation geben, ein buntes, reiches, denkendes, friedvolles Land, freundlich im Sinn der Bewahrung eines Restes von Menschlichkeit. Hauptstadt dieses Landes müsse natürlich Paris sein, und das Land selbst heiße: Europa.

Ja, Europa: Das wollen zu jener Zeit, als unsere Geschichte spielt, Österreich und Frankreich gerade unter sich aufteilen. Dem russischen Zaren Alexander II. gefällt dies natürlich gar nicht, und sein ihm per Bündnis verpflichteter Onkel, Wilhelm I. von Preußen, sieht an seiner Seite einen Mann mächtiger werden, als ihm lieb ist: Kanzler Otto von Bismarck. Alles in allem ist die Stimmung also angespannt und vieles bloße Fassade, als die vier Herren am 7. Juni im Café Anglais in Paris aufeinandertreffen, um zu dinieren, die machtpolitische Großwetterlage über Europa zu diskutieren und dabei ihr eigenes Süppchen zu kochen, während auf einem silbernen Wägelchen schon einer der beiden Starter heranrollt, die Potage Fontange.

In Paris steht an jenem 7. Juni die Welt kopf. Aber nicht, weil diese vier Männer aufeinandertreffen. Paris steht bereits seit zwei Monaten kopf. Es ist Weltausstellung. *Exposition universelle d'art et d'industrie* wie sie offiziell heißt. Von überall her sind Potentaten angereist, sogar ein türkischer Sultan. Sechs Monate lang geben sie sich die Klinke in die Hand, und im Volksmund spöttelt man angesichts der Prominenz vom *Ballett der Nationen*.

Die Schau selbst hat es aber in sich, weiß die Menschen zu begeistern. Verglichen mit Vorläufern ist so gut wie alles neu. Erstmals haben Nationen eigene Pavillons errichtet. Erstmals, dank gewieftem Raumkonzept mit einer ovalen Halle, lassen sich die Produkte einer Nation oder Gattung in einem einzigen Durchgang besichtigen. Thema der Ausstellung: *Geschichte der Arbeit*, von der Steinzeit bis ins Jetzt. Alles menschliche Schaffen wird in zehn Gruppen eingeteilt, von Kunstwerken über Kleidung und Stoffe über Industrie und Nahrungsmittel bis hin zu *Gegenständen zur Verbesserung der physischen und moralischen Lage der Völker* wie es heißt.

Nie Dagewesenes wird geboten, und es soll die Macht des französischen Empires spiegeln. Die Champs-Élysées, Schauplatz der Weltausstellung von 1855, sind viel zu klein. Deshalb hat man das Marsfeld gewählt. Dort ist ein einmaliges Areal entstanden mit Alleen, Seen, Rasenplätzen, Brunnen, Volieren, Gehegen voller exotischer Tiere, Beete mit nie gesehenen Pflanzen. Besucher können mit Zügen (oder Booten auf der Seine) an- und abfahren, dampfbetriebene Busse sind im Einsatz. Ballonfahren ist in, Fallschirmspringen von einem Turm für die ganz Mutigen möglich.

Ein Modell des im Bau befindlichen Suezkanals ist ebenso zu bewundern wie all die technischen Pionierleistungen dieser Zeit: bahnbrechende Sicherheitsaufzüge, ein Flugkolbenmotor, der erste Druckanzug für Taucher usw. Und auch der Name Eiffel taucht erstmals auf. Der junge Gustav Eiffel, Erbauer der Maschinenhalle. Ob ihm die Pläne für seinen weltberühmten Turm, dessen Bau genau zwanzig Jahre danach beginnt, da schon durch den Kopf geistern?

Besonders beliebt sind auch architektonische Schaustücke aus aller Welt (der teils nachgebildete, chinesische Manchu-Sommerpalast, ein russisches Bauernhaus, eine ägyptische Karawanserei, eine Art Raststätte für Kamele und Führer also). Nicht zu vergessen, was den Franzosen als gastronomische Kuriosität gilt – funktionstüchtige Kopien eines englischen Pubs, eines tunesischen Kaffeehauses und einer österreichischen Weinstube.

Apropos Wein: Was die vier Herren am Abend des 7. Juni im Café Anglais besprochen haben, ist nicht bekannt. Doch wir wissen, bei welchen edlen Tropfen sie diskutiert haben. Acht Weine (den Champagner eingerechnet) lässt Adolphe Dugléré servieren, von Madeira über Sherry bis Burgunder und Bordeaux. Als Begleitung für bescheidene 16 Gänge, die in kurzen acht Stunden verzehrt werden. Darunter Speisen wie *selle de mouton* (Lammrücken mit Püree aus Saubohnen an bretonischer Sauce), *homard à la parisienne* (Hummer auf Pariser Art), *canetons à la rouennaise* (wörtlich: Kanonen à la Rouen, gemeint ist das traditionelle französische Entengericht *canard au sang* mit einer Sauce aus Blut und Knochenmark). Kosten summa summarum und auf heutige Verhältnisse umgerechnet: 9000 Euro.

Beschwerden gibt es dennoch. Von Zar Alexander II. Er reklamiert das Fehlen von *foie gras*. »Wir Franzosen essen im Juni keine Gänsestopfleber«, sagt der herbeigeeilte Küchenchef Adolphe Dugléré. »Das ist kulinarische Tradition.« Der Zar gibt sich damit zufrieden, und noch mehr, als er im Oktober eine große Portion nachgeschickt bekommt.

Der australische Spitzenkoch Shannon Bennett hat vor 15 Jahren den Versuch gewagt, das Drei-Kaiser-Dîner nachzukochen. Allein Planung, Adaption der Rezepte, Beschaffung der Weine und Zutaten (oder gleichwertigen Ersatzes) nahmen sechs Monate in Anspruch. Ein Dokumentarfilm darüber wurde im Folgejahr (2003) ausgestrahlt.

Dabei sollte es doch nur klein und leicht und unaufdringlich sein, das Abendessen für vier Herren in politischer Mission. Angefangen mit der Erbsensuppe. Und irgendwann auch mal die gratinierten Auberginen.

Hier die beiden Rezepte:

Melanzani (Auberginen) auf spanische Art

Zutaten für 4 Personen:

2 große Melanzani
150 g Faschiertes vom Kalb
100 g spanischen Schinken (zum
Beispiel Ibérico), in kleine Streifen
geschnitten
150 g Käse zum Gratinieren (zum
Beispiel Manchego, Gruyère und so
weiter)
200 g Béchamelsauce
150 g Tomatenfruchtfleisch
1 Prise Muskatnuss
Öl

Die Melanzani längs in zwei Hälften schneiden, mit
etwas Olivenöl beträufeln und in den vorgeheizten Ofen
geben, bis sie gar sind. (Die Garzeit variiert je nach
Größe. Bei mir waren es ca. 20 Minuten bei 200 °C.)
Abkühlen lassen und kühlstellen. Danach das Fruchtfleisch mit einem Löffel vorsichtig aus den Schalen
lösen, sodass sie intakt bleiben. Das Fruchtfleisch in
kleine Würfel schneiden und beiseitestellen.
Die ausgelösten Schalen aufbewahren.
In einer Pfanne das Kalbsfaschierte mit etwas Öl leicht
anbraten. Den Schinken beigeben, kurz mitrösten, dann
das Tomatenfruchtfleisch dazugeben. Bei niedriger
Temperatur kurz köcheln lassen, dann die gewürfelten
Melanzani untermengen.
Kurz weiterköcheln, mit Muskatnuss würzen und beiseitestellen.
Inzwischen die Béchamelsauce zubereiten.
Die Melanzani mit der Masse befüllen und mit der
Béchamelsauce bestreichen.
Ofen auf 150 °C vorheizen.
Inzwischen den Käse reiben und auf die Melanzani
streuen. Ca. 10 Minuten auf mittlerer Schiene ins Back-
rohr, danach die Temperatur auf 200 °C erhöhen und
auf Oberhitze/Grillfunktion umstellen. Fertig backen,
bis der Käse goldbraun gratiniert ist.

Für die Béchamelsauce:

500 ml Milch
Muskatnuss, Bouquet garni (Petersilie,
Lorbeerblätter, Thymian), ½ Zwiebel,
5 Nelken
50 g Butter
50 g Mehl

Gewürzmilch:
Milch mit dem Bouquet garni, der mit Nelken gespick-
ten Zwiebel, der gemahlenen Muskatnuss und den
zerstoßenen Pfefferkörnern erhitzen und ziehen lassen.
Béchamelsauce:
Die Butter zerlassen und das Mehl dazugeben. Verrühren und keine Farbe annehmen lassen. Mit der Gewürzmilch aufgießen und leicht kochen lassen. Dabei immer
wieder umrühren, damit die Sauce nicht anbrennt. Die
Sauce ist fertig, wenn der Mehlgeschmack weg ist.

Suppe/Fond von frischen Erbsen

Wortlaut eines Rezeptes aus dem 18. Jahrhundert: »Bereiten Sie sechs Tassen eines Pürees frischer Erbsensuppe zu, strecken es mit etwas Consommé und fügen Sie vier Esslöffel Chiffonade von in Butter weichgekochtem Sauerampfer bei. Dazu Blätter vom Kerbel. Dicken Sie die Suppe mit einer Liaison aus Eigelb und Obers ein.«

In heutige Küchensprache und -gepflogenheiten übersetzt, lässt sich die Potage Fontange von frischen Erbsen, wie sie beim 3-Imperatoren-Treffen kredenzt wurde, wie folgt kreieren:

Für die Chiffonade:
Blätter von frischem Sauerampfer
Kerbel

Die Blätter vom Sauerampfer in Butter dünsten, bis sie weich sind. Abkühlen lassen.

Die weich gedünsteten Blätter einrollen und in feine Streifen schneiden (Chiffonade ist vom französischen *chiffon* entlehnt, was so viel wie Lumpen oder Putzlappen bedeutet). Dazu mengen Sie etwas gartenfrischen, ebenfalls geschnittenen Kerbel. Das gibt eine zart-aromatische Frühlingsnote.

Zutaten für 8 Personen:
Für die Erbsensuppe:
¼ kg Erbsen
2 Zwiebeln, fein gehackt
1¼ l Rinderfond
40 g Butter
Safranfäden
2 Messerspitzen Macis (Ein enger Verwandter der Muskatnuss. Macis wird oft auch als Muskatblüte bezeichnet. Tatsächlich handelt es sich dabei aber um den Samenmantel, der die Muskatnuss umhüllt. Der im frischen Zustand leuchtend rote Samenmantel wird nach der Ernte abgezogen und ca. ein Dreivierteljahr getrocknet. Erst wenn er ganz schrumpelig geworden ist, kann er gemahlen werden.)
Pfeffer

Zwiebeln glasig dünsten. Dann die frischen Erbsen beigeben, kurz anschwitzen und mit dem Rinderfond ablöschen.

Pfeffer, Safran und Macis beigeben.

Auf kleiner Flammen ca. 20 Minuten köcheln lassen, bis die Erbsen bissfest sind.

Die Suppe mit dem Pürierstab mixen.

Danach beginnt die eigentliche Wandlung der Erbsensuppe zur *Potage Fontange*. Unter einer *Fontange* verstand man die für das Barock so typische Haarpracht – eine turmhohe Haube, aufgebaut über einem Drahtgestell. Ein Mittelding aus Frisur und Kopfbedeckung, das auf Marie Angélique de Scoraille de Roussille, kurz: die Herzogin von Fontange zurückgehen soll, die eine Maitresse des Bourbonenkönigs Ludwig XIV. war.

Erbsensuppe

Consommé

Eigelb

Obers

Chiffonade

Kerbel

Der pürierten Suppe (nur für den Fall, dass sie zu dickflüssig geraten ist) etwas Consommé beimengen.

Eigelb mit etwas Obers vermengen und der Suppe unterrühren. Bei kleiner Hitze leicht aufwallen lassen.

Zum Schluss vier EL der Chiffonade und den geschnittenen Kerbel untermengen und servieren.

▷ Tipp: Die Erbsensuppe, ganz ohne Weiterentwicklung
zur *Potage Fontange*, können Sie auch mit frisch gehackter Petersilie bestreut servieren.

1869

Ismail Pascha. Das Festbankett des ägyptischen
Herrschers anlässlich der Eröffnung des Suezkanals.

Ein Kanal, ein Fasan und viel Fisch

Wenn der Mensch zwei getrennte Meere zueinander führt, ist es das Ergebnis einer Vielzahl von Komponenten. Das ist wie bei einem komplexen Rezept, bloß mit anderen Zutaten wie: Pionierarbeit, Fortschritt, Erfindergeist, Wachstum, gewürzt mit Konkurrenzneid und Allmachtsgefühlen. All das schwimmt mit am Tag der Eröffnung des Suezkanals im November 1869, wenn Rotes Meer und Mittelmeer sich vermengen. Für Ägyptens Herrscher Ismail Pascha zählt an diesem Morgen aber nur das eine: der Erfolg. Und das Festbankett für seine königlichen Gäste. Und der erste handfeste Skandal, mit dem er soeben fertigwerden muss.

Als die Sonne am Morgen des 17. November sich über Ägypten erhebt und die Nacht aus dem Delta von Nil und Mittelmeer jagt, dürfte es keinen glücklicheren, keinen sich seiner Allmacht bewussteren Menschen auf Erden geben als ihn: Ismail Pascha, genannt: *der Prächtige.* Der Fes auf seinem Kopf, dieser kaminrote, stumpfe Stoffkegel, den wir heute noch aus Ländern wie Tunesien oder Marokko kennen, glänzt im Morgenlicht, mehr aber noch die goldene Quaste, die daran baumelt zum Zeichen seiner hohen Stellung. Vier fette Orden prangen an Ismails linker Brust, und das, woran seine funkelnden Augen hängen, ist überhaupt sein größter Stolz und durch nichts zu übertrumpfen.

Da liegt er vor ihm: *der Kanal.* 162 Kilometer weit über Land geführt, von hier, Port Said, bis hinab in den Süden nach Port Taufiq nahe Sues. Sues ist aufgeblüht, hat sich inzwischen (nach Jahrzehnten des Niedergangs) wieder zu einer blühenden Stadt gemausert. Und auch das auf halber Strecke liegende Timsah, gegründet als Arbeitersiedlung durch den Franzosen Ferdinand de Lesseps, den Erbauer des Kanals, ist zu einer richtigen Stadt herangewachsen. Timsah, weiß Ismail Pascha, wird schon bald nicht länger Timsah heißen. *Ismailia* wird ihr Name sein, benannt nach ihm, dem Khediven von Ägypten. Khedive, das

heißt so viel wie Fürst oder Wesir. Ein neuer Adelstitel im Reich, und er, der Vizekönig Ägyptens, ist dessen erster Träger.

Ja, der glücklichste Mensch von allen könnte er sein. Wäre da nicht ... *dieser verdammte Engländer.*

Ismail Pascha seufzt auf. Zehn Jahre hat der Kanalbau gedauert, begonnen unter seinem Onkel Muhammad Said, dem er nach dessen Tod vor sechs Jahren nachgefolgt ist. Nein, ohne die Franzosen wäre die Sache nicht zu schaffen gewesen. Eine eigene Gesellschaft hat es gebraucht, finanziert aus Anleihen und teils, weil die Zeichnung der Wertpapiere nicht nach Wunsch lief, auch mit ägyptischem Geld.

Natürlich weiß Ismail Pascha: Die Staatskassen sind leer. Erst der Aufstand im Sudan, den er mit 14.000 Mann hat niederschlagen müssen. Dazu sein ohnedies eher großzügiger Stil. Die Aufwertung Kairos zur blühenden Metropolo durch europäische Architektur war auch kein Schnäppchen. Ganze Stadtviertel hat er hochziehen lassen. Und dann der Kanal. 160 Millionen Francs waren veranschlagt. Jetzt stehen sie bei weit über 400. Die Schulden im Ausland (*noch dazu bei diesen Engländern!*) sind unter seiner Regentschaft explodiert, von drei auf nahezu 100 Millionen Pfund Sterling.

Aber: Jetzt, wo der Kanal fertig ist, liegen goldene Zeiten vor ihm. Die ganze Welt wird ihn queren wollen, und mit den zehn Francs für jede Tonne und Nase, die sie für die Durchfahrt einzuheben gedenken, sind die Außenstände bestimmt rasch getilgt (dass es im ersten Jahr im Schnitt gerade mal ein Schiff pro Tag und im Folgejahr auch nur zwei sein könnten, wagt Ismail, der Prächtige, nicht mal im schlimmsten Alptraum zu träumen). Alles was hier zählt ist das Resultat. Und dass er allein heute, an der Schwelle zum Jahr 1870, diesen Triumph einfährt.

Was hat er nicht an Aufwand betrieben für diese drei Wochen ununterbrochenen Feierns. 500 Köche, 1000 Diener, stets bereit, die 6000 noblen Gäste aus aller Welt zu bewirten, und für die nobelsten unter ihnen, die königlichen Herrschaften, hat er sogar ein eigenes Hotel (das spätere Continental-Savoy) bauen lassen, gleich dort drüben, jenseits des Nils.

Dazu ein Opernhaus. Zwei Wochen liegt die Eröffnung zurück. *Aida* hat ihm dieser Verdi als brandneues Werk zugesagt. Und? Nichts. Nicht fertig geworden ist der Signore mit seiner Komposition, hat ihn vertröstet mit einer Aufführung des uralten *Rigoletto*. Andererseits, was soll's. Dann eben nächstes Jahr die Aida. Oder übernächstes. Davon lässt einer wie er sich die Laune nicht verderben. Da muss er bloß an das Feuerwerk von gestern Abend denken. So etwas hat die Welt noch nicht gesehen. Oder an die ergreifende Segnung des Kanals durch muslimische und katholische Geistliche. Und an sein Volk, das sich dort drüben, auf den eigens am Ufer errichteten Plattformen, zu Zigtausenden tummelt und staunt.

Später, abends, werden auch seine persönlichen Gäste noch mal so richtig staunen, da wird ein gigantisches Festmahl ihnen den Atem rauben. Ein kulinarisches Feuerwerk als Höhepunkt, mit Köstlichkeiten à la: Filets à l'Impériale, Roastbeef, Galantine von Wachtel und Truthahn, Schinken, Wild, Rinderzunge, Aspik, Crevetten, Salade russe, italienischer Spargel, Trüffeln, Puddings, Eis, Obstsalat mit Kirschwasser und ein Dutzend anderer Speisen mehr, die er sich gar nicht hat merken können, nachdem man ihm die Vorschläge unterbreitet hat. Ein Streifzug quer durch die Königsklasse der Gastronomie.

Und doch ist der Khedive übel gelaunt. Ein anderes, bedeutend schlimmeres Ärgernis als die Sache mit diesem unzuverlässigen Verdi malt ihm tiefdunkle Schatten ins Gesicht, lässt ihn still fluchen, während er aufs Wasser hinausblickt, zu seiner Seite den Kaiser von Österreich-Ungarn, Franz Joseph I. Der preußische Kronprinz Friedrich steht auch nicht weit. Gleich daneben sein russisches Pendant, der Zarewitsch. Selbst ein Sultan aus Konstantinopel gibt sich die Ehre, obwohl dort schlechte Stimmung geherrscht hat, weil man den Bau jahrelang nicht genehmigt und erst jetzt, wo alles fertig ist, gleichsam im Nachhinein, abgesegnet hat. Absegnen hat müssen.

Schwamm drüber.

Genau das hat er, Ismail, von seinem seligen Onkel gelernt: Bloß nicht um das scheren, was die *Hohe Pforte* sagt, der Großwesir in Konstantinopel also. Nicht, wenn es um den Bau des Kanals geht. Konstantinopel ist weit weg, und solange er die mächtigen Franzosen an seiner Seite weiß, ist alles gut. Da macht es auch nichts, dass sein Reich, Ägypten, bloß Teil eines größeren Reiches ist, des Osmanischen. Und er nach deren Pfeife zu tanzen hat. In der Theorie wenigstens.

Und der dort drüben? Wen muss sein Auge, gleich neben dem niederländischen Thronfolger Wilhelm Alexander ...? Ach ja. Der *Prince of Wales.* Meine Güte. Den hätte die englische Königin wirklich bei sich behalten …

Diese verdammten, von Neid zerfressenen, hinterhältigen, miesen Engländer!

Was ist geschehen? Warum ist Ismail, der Prächtige, von diesem jähen, morgendlichen Zorn auf alles erfüllt, was auch nur nach Engländer riecht?

Die Antwort schwebt soeben an ihm vorüber und heißt *HMS Newport.* Ein Kanonenboot der britischen Navy, dessen Kapitän, ein gewisser George Nares, in stockfinsterer Nacht und nur Stunden vor der ersten offiziellen Passage durch den Kanal ein Husarenstück vollbracht hat, das die Wogen hochgehen und ihm, Ismail Pascha, die Luft wegbleiben lässt. Vor Wut.

Die Geschichte ist rasch erklärt: Ismail hat keiner Geringeren als Frankreichs Kaiserin Eugénie, Gemahlin von Napoleon III., in die Hand versprochen, dass sie auf ihrer imperialen Yacht, der *Aigle,* die Jungfernfahrt durch den Kanal antreten dürfe. Und die anderen, fünfzig Kriegsschiffe aus aller Herren Länder hinterher. Aber nun? Wie steht er denn jetzt da?

Dieser Barbar von einem englischen Seemann!

Kapitän Nares hat nämlich in stockdunkler Nacht (ohne den Schein einer einzigen Laterne) sein Kanonenboot quer durch den dicht gedrängten Pulk an wartenden Schiffen manövriert und unmittelbar am Eingang zum Kanal vor die *Aigle* der Kaiserin gesetzt. Lautlos und hinterlistig wie ein (in diesem Fall nach Ruhm) hungerndes Nilkrokodil. Jetzt, wo die Parade losgehen soll, gibt es kein Zurück. Vor allem kein Vorbei. Der Kanal ist mit seinen 22 Metern Bodenbreite zu eng, als dass Eugénies imperiale Yacht sich wieder an vorderste Stelle hätte setzen können. Stattdessen muss die Kaiserin *diesem Barbaren*

hinterherfahren. Was für eine Schmach! Was für ein, wie sagen die Franzosen noch mal? Wie hat er es in seinen Jahren als Diplomat in Paris immer wieder gehört? Ach ja.

Was für ein … quel affront!

Oh nein! Der Khedive schüttelt den Ärger von sich. Selbst das würde er verkraften. Er lässt den Blick über die Spitze des Schiffskonvois schweifen, blendet den missliebigen Briten aus, besinnt sich der langen Vorgeschichte des Suezkanals, die erst jetzt so richtig glorreich geworden ist. Bilder steigen in ihm empor. Solche, die er sich aus Erzählungen ausgemalt hat. Solche, die er selbst eingefangen hat.

Schon die Pharaonen, heißt es, bauten vor fast 4000 Jahren an einem Kanal vom Roten zum Mittelmeer. *Bubastis* hieß der, verlief jedoch größtenteils auf anderer Strecke. Dann versuchten die Venezianer ihr Glück, um 1500, kamen aber nicht weit. Bis Bonaparte um 1800 anrückte, um Ägypten als Brückenkopf zum Angriff auf Britisch-Indien zu nutzen. Vermessungen ergaben einen Niveauunterschied der Meeresspiegel von fast zehn Metern. Also ließ man es bleiben.

Dann, unbedeutende Anläufe später, schlug die Stunde von Onkel Said. Inzwischen war klar, dass die alten Messungen falsch waren und die Spiegelhöhe beider Meere nahezu ident. Und so trat der Franzose Lesseps auf den Plan, ein alter Jugendfreund des Onkels. Man war sich rasch einig. Und pfiff auf die Genehmigung aus Konstantinopel.

Seither, weiß Ismail Pascha, haben vor allem die Engländer nichts unversucht gelassen, den Bau zu torpedieren, stattdessen ihre Eisenbahnlinie durchzuboxen. Intrigen ohne Ende, übelste Stimmungsmache beim Großwesir. Ja, all das hat auch er bereits mitangesehen. Und natürlich die Bauarbeiten selbst.

Die zigtausenden Arbeiter (allein im letzten Jahr 34.000). Gewiss, die meisten nicht ganz freiwillig, das schon, doch immerhin gegen Bezahlung. *Corvée* nennt sich diese Art von Dienst. Auch dagegen haben die Engländer gewettert. Er wüsste jetzt gerade nicht, was daran so falsch gewesen wäre. Schließlich ist die Corvée geltendes Recht, weil Gesetz.

Wenn er an die neuartigen Baggerschiffe aus Frankreich denkt, bleibt ihm jetzt noch der Mund offen. Dazu die dampfbetriebenen Erdbaumaschinen. Was für eine Technologie! Und dieses Meer an Steinblöcken, hergestellt aus dem, was die Franzosen *béton* nennen, um genau hier, in Port Said, den Nilschlamm ab-zuhalten, den die Meeresströmung ansonsten in Riesenmengen hereinschwemmte.

Und auch dies hat er in lebhafter Erinne-rung: endlose Karawanen mit Trinkwasser. Bis zu 1600 Kamele pro Tag. Ja, gewiss, auch die vielen Toten. Die, sagt er sich, sind nicht zu verhindern gewesen. Unfälle geschehen. Und wenn die Kamele tagelang ausbleiben und die Menschen verdursten, was sollte er da machen? Vorbei und vergessen. Alles Geschichte. Und was vor ihm liegt, will er ohnedies nicht wissen. Abgesehen von seinem Platz in den Geschichtsbüchern.

Tatsächlich sollte es anders kommen als erträumt. Ägypten würde bankrott sein, er selbst würde abdanken müssen und ins Exil gehen. Und schlimmer noch: Die Englän-der würden große Anteile der Gesellschaft aufkaufen und eines Tages (1882) sogar einmarschieren, um vierzig Jahre zu blei-ben. Eine Invasion durch die Israelis auf dem Sinai (Stichwort Sueskrise 1956) stünde ins Haus. Bis die Gesellschaft verstaatlicht und, wiederum mehr als ein halbes Jahrhundert später, eine zweite Rinne (2014) gebaut und der ägyptische Nationalstolz wiederhergestellt

sein würde. Doch von alledem hängt am 17. November 1869 nichts in der Morgenluft über Port Said. Auch nicht, dass Ismails geliebter Fes, den er mit so viel Stolz trägt, einmal per Hutgesetz verboten werden könnte. Von einem gewissen Kemal Atatürk, der in dieser und anderen orientalischen Kopfbedeckungen Symbole der Rückständigkeit sehen würde.

Nein, nichts von alledem. Jetzt, wo die Parade der Schiffe südwärts an ihm vorü-berzieht, herrscht in Ismail, dem Prächti-gen, allein die Aussicht auf unsterblichen Ruhm. Und auf ein unvergessliches Mahl in nicht einmal zwölf Stunden. Dort unten, außer Sicht, auf halber Strecke. In prachtvol-len Zelten in der Wüste, mit Blick auf den Kanal. Zwei Speisen sind ihm nun doch noch eingefallen. Sie stehen ihm fast symbolisch vor Augen: als Tribut an die Franzosen eine dritte Galantine, die vom Fasan (*galantine de faisan*). Und, weil die Vereinigung der beiden Meere nicht nur über und auf dem Wasser erfolgt, sondern auch unter Wasser: *poisson à la réunion des deux mers*. Fisch zur Vereinigung der beiden Meere.

Hier die Rezepte.

Pastete vom Fasan

Traditionell wird eine Galantine aus ganzen, entbeinten Tieren zubereitet (meist Geflügel, aber auch Frischlinge). Oder aus Schulterteilen größerer Tiere (Lamm, Kalb, Reh und so weiter). Die Zubereitung ist in jedem Fall üppig.

Den damaligen Gepflogenheiten und modischen Trends (1869) folgend, stand in Kairo alles, was nach Frankreich roch, hoch im Kurs. (Zumal der Kanal von den Franzosen geplant und, mit regionalen Arbeitskräften, gebaut wurde. Die Architektur, wie auch die Art Straßen und Parks anzulegen, prägten weite Teile des Stadtbildes. Dieser damaligen Frankophilie wurde anlässlich der Eröffnung auch auf der Speisekarte Tribut gezollt.)

Zutaten für 6–8 Personen:

Für die Pastete:

1 Fasan (ca. 900 g)
200 g Speck
200 g Kalbfleisch (Schale)
100 ml Obers
2 Eier
50 ml Cognac
50 ml Madeira
Salz, Pfeffer, Muskatnuss
2 Wacholderbeeren
2–3 Pimentkörner
1 Gewürznelke
Majoran, Thymian
Pistazien
Weintrauben (rot und weiß, geviertelt und entkernt)

Für den Wildfond:

Knochen vom Fasan
Suppengemüse (Karotten, Sellerie, Gelbe Rüben, Petersilienwurzel, Lauch)
2 l Hühnerfond
2–3 Lorbeerblätter (je nach Größe)
Unbehandeltes Salz
Pfefferkörner schwarz
Wacholderbeeren (nicht mehr als 3 oder 4)

Vorarbeiten:

Lösen Sie Flügel und Keulen vorsichtig aus, sodass die Haut nach Möglichkeit nicht verletzt wird (oder Ihr Fleischhauer macht Ihnen das). Das Fleisch soll ohne Knochen und Haut sein.
Die Brust aufschneiden und aufklappen, damit die Haut sie möglichst gleichmäßig bedeckt. Auf beiden Seiten mit Salz und Pfeffer leicht würzen.
Das Brustfilet, die Flügel und das Keulenfleisch beiseitestellen.

Die Farce, erster Teil:

Faschieren Sie das Brustfilet, die Flügel und das Keulenfleisch mit dem Speck und dem Kalbfleisch möglichst fein. Geben Sie die Masse in den Tiefkühler, bis sie gefroren ist. (Achtung: Das Brustfleisch mit Haut ist später wichtig und darf nicht faschiert werden.)
Inzwischen können Sie Gelee und Wildfond zubereiten.

Der Wildfond:

Braten Sie die Fasanenknochen in einem Topf mit etwas Öl an.
Das Wurzelwerk gut waschen und dazugeben, kurz mitrösten.
Mit Hühnersuppe ablöschen, Gewürze dazu und für ca. eine Stunde vor sich hin köcheln lassen. Dabei immer wieder den Schaum von der Oberfläche abschöpfen.
Den Wildfond abseihen und beiseitestellen.

200 ml Johannisbeersaft
1 EL Honig
Rosmarin (am besten frisch)
20 ml Madeira
10 Blatt Gelatine

Das Gelee:

Die Gelatine in kaltem Wasser einweichen. Nach ein paar Minuten sollte sie weich sein (bleibt sie zu lange im Wasser, löst sie sich schnell auf bzw. zerfällt in Stücke). Wasser abgießen und die Gelatine ausdrücken.
Den Johannisbeersaft mit Honig und einem Zweig Rosmarin kurz aufkochen, dann 5 Minuten ziehen lassen.
Rosmarinzweig herausnehmen und den Madeira beigießen. Kurz durchrühren.
Die ausgedrückte Gelatine in der warmen in der warmen Johannisbeersaft-Honig-Mischung auflösen.
In eine Schüssel abfüllen und abkühlen lassen.

Die Farce, zweiter Teil:

Das angefrorene Fleisch aus dem Tiefkühler holen.
Wacholderbeeren, Pimentkörner und die Nelke in einem Mörser zerstampfen. (Alternativ können Sie auch ein fertiges Pastetengewürz verwenden, ich bevorzuge allerdings die frisch zubereitete Mischung.)
Die zerstoßenen Gewürze mit Salz, Pfeffer, Majoran und Thymian sowie dem gefrorenen Fleisch in einen Food Processor (Zerkleinerer) geben. Madeira und Cognac dazugeben, desgleichen die Eier und das Obers. Alles fein mixen und danach durch ein Passiersieb streichen.

Die Galantine:

Legen Sie die bereitgestellte Fasanenbrust mit Haut auf das eingefettete Papier (wie oben beschrieben). Es sollte groß genug sein, um den Fasan gut einrollen zu können.
Verstreichen Sie die fertige Farce gleichmäßig auf das Fasanenfleisch, dann die aufgetragene Farce mit Thymian bestreuen. Pistazien und Weintrauben darauf verteilen.
Die Enden einschlagen, den Fasan einrollen, in Papier wickeln und mit dem Bindfaden binden (nicht zu fest).
Die Rolle in den heißen Wildfond geben, zugedeckt bei 80 °C im Rohr für ca. 60–90 Minuten ziehen lassen.
Galantine aus dem Fond nehmen und etwas abkühlen lassen.
Den Bindfaden entfernen, auswickeln und aufschneiden.
Das Gelee aus der Schüssel stürzen, würfelig schneiden.
Die Galantine mit dem Gelee garnieren und servieren.

Frischhaltefolie

Ich selbst verweigere mich nach Möglichkeit dem Umweltsünder Plastik. Alternativ – und außerdem dem Rezept getreu ganz nach alter Schule, weil es damals weder Kunststoff noch beschichtetes Backpapier in seiner heutigen Form gab – können Sie Papier mit Butter oder Baumöl einfetten. Das verhindert auf ähnlich effektive Weise das Ankleben und hat sich über Jahrhunderte bewährt.

Fisch zur Vereinigung der zwei Meere

Fisch zur Vereinigung der zwei Meere – so stand es auch zuoberst auf der ausschweifend langen Menükarte an jenem 18. November 1869. Grand Souper war darüber in fetten, in leichtem Bogen angeordneten Lettern zu lesen. Genau für diese Vereinigung der Meere steht auch das passende Gericht: die Bouillabaisse. Eine einzige Speise, in zwei Gängen verzehrt. Erst Suppe, dann Hauptgang.

Die südfranzösische Hafenstadt Marseille reklamiert in diversen Reiseführern beharrlich die Autorenschaft dieser ehemaligen »Arme-Leute-Speise«. Keine sechzig Centimes (die Stücklung der vormaligen Währung Franc also) soll sie seinerzeit (1860) gekostet haben als Ableger einer simplen Fischsuppe, erstmals zubereitet von Fischersfrauen über dem offenen Feuer, weil die Familien eben nichts hatten als das: Fisch, insbesondere den unverkäuflichen Beifang. (Die Arme-Leute-Version gab es natürlich, doch die hieß damals matelote de poissons. Heutige Varianten sind aber auch alles andere als armselig bestückt.)

Weniger romantisch verklärt ist ein anderer historischer Bericht, der die »Bouille-à-baisse« schon vor fast 200 Jahren (1830) als überliefertes Rezept der Oberklasse darlegt. Wolfsbarsch und Langusten waren darin unter anderem zu finden. Das genaue Gegenteil also von Fischresten und Ausschussware. Dafür eines Ereignisses wie der Eröffnung des Suezkanals durchaus würdig.

Bouillabaisse für 10 Personen:
Für das Gemüse:

2 schöne Knoblauchknollen
8 mittelgroße Zwiebeln
1 dutzend reife Tomaten
2 dicke Stangen Lauch
2 mittelgroße Fenchelknollen
10 Stängel glatte Petersilie
1 ½ TL Safranfäden
8 Stängel Thymian
½ Lorbeerblatt
¼ l naturreines Olivenöl
¾ EL grobes Salz
15 Pfefferkörner
Getrocknete Schale von ¼ Orange

Der Fond:

Zwiebeln schälen und fein hacken. Knoblauchzehen schälen und zerdrücken.
Tomaten abziehen, entkernen und grob zerkleinern. Die weißen Teile des Lauchs in feine Ringe schneiden.

Für die Fische
(möglichst mit Kopf):

3 kg Fisch (Mischung aus Fischen aus dem Mittel- und Roten Meer, zum Beispiel Drachenkopf, Knurrhahn, Petersfisch, Nilbarsch)

Die Fische:

Die Fische ausnehmen und schuppen. Köpfe und Schwänze abschneiden. Die Fischlebern hacken und kühl stellen.

Das Gemüse, die Fischköpfe und -schwänze in einen Topf geben und das Olivenöl angießen.

Lorbeer, Fenchel, Petersilie, Pfefferkörner und Orangenschale hinzufügen.

In einem anderen Topf 5 l Wasser zum Kochen bringen.

Währenddessen den Fond mit geschlossenem Deckel und bei mittlerer Hitze ca. 15 Minuten köcheln lassen und gelegentlich umrühren. Dann die Temperatur hochschalten, das kochende Wasser zum Fond geben und salzen.

Nach dem ersten Aufkochen die Temperatur wieder reduzieren und den Fond 20 Minuten kochen lassen. Den Schaum abschöpfen und den Fond durch ein Sieb passieren, dabei das Gemüse und die Fischreste zerdrücken. Den Safran hinzufügen.

Das Garen:

Die Fische entweder in gleich große Stücke schneiden oder die größten Fische in zwei oder drei Teile zerlegen, oder aber die Fische im Ganzen garen, indem man sie nach und nach in den Sud gibt. Letztere Methode hat den Vorteil, dass der Kochvorgang nicht unterbrochen wird, erfordert allerdings auch eine gewisse Erfahrung. Bei allen Methoden muss der Kochvorgang sorgfältig überwacht werden.

Garzeiten (Richtwerte):
Nilbarsch/Tilapia: ca. 10 Minuten
Drachenkopf: 3–4 Minuten
Knurrhahn: 2–3 Minuten
Petersfisch: 5–6 Minuten

Den Fond bei größter Hitze zum Kochen bringen. Nach und nach die Fischstücke oder ganzen Fische in die Bouillon geben, die während des gesamten Vorgangs kochen muss. Darauf achten, dass die Fische nicht ganz gar gekocht werden. Bis zum Servieren garen sie noch nach.

1 Eigelb

8 Knoblauchzehen

2 kleine rote Peperoni

20 cl Olivenöl

1 EL entrindetes und in Milch einge-
weichtes Weißbrot

¼ l Milch

Die Rouille:

Eigelb mit Olivenöl zu einer Mayonnaise verrühren.
(Genaueres zu selbstgemachten Mayonnaisen finden
Sie auf Seite 222 bei den Bacon Bars.) 8 Knoblauchzehen schälen, den Keim entfernen und im Mörser fein
zerstoßen.

2 kleine rote Peperoni entkernen und zusammen mit
dem in Milch eingeweichten Weißbrot hinzugeben. Die
Mischung weiter zerstoßen und das Olivenöl hinzufügen. Abschmecken.

Zum Schluss 1 EL Bouillon unterrühren.

1 Kartoffel pro Person

Landbrot in Scheiben

Das Anrichten:

Zuerst die Bouillon (die im letzten Moment mit der pürierten Fischleber gebunden wird) in einer vorgewärmten Suppenterrine servieren, dazu reichen Sie Landbrot
in Scheiben (die nach Geschmack mit Knoblauch eingerieben werden) und die Rouille als Brotaufstrich.

In der Zwischenzeit eine Platte und tiefe Teller vorwär-
men und weitere Brotscheiben rösten. Den Fisch auf
der vorgewärmten Platte anrichten und etwas Bouillon
darüber gießen.

Dazu reicht man mit etwas Öl beträufelte Brotscheiben,
die übrige Bouillon in einer Terrine, den Rest Rouille
und eventuell die in der Bouillon gekochten Kartoffeln.

1886

Suffragetten. Das Kochbuch, das die Frauenrechtlerinnen herausgaben, um Stimmung für ihre Sache zu machen.

Mit gebackenem Rhabarber zum Wahlrecht

Können Kochbücher taugliche Waffen sein? Nein, natürlich nicht (wo denken Sie hin?) als Wurfgeschoße gegen neugierige Nasen oder Lästermäuler in der Küche, sondern als Mittel im Kampf gegen Unterdrückung und für Gleichberechtigung? Als Instrument, um das Wahlrecht für Frauen durchzusetzen? Diese Geschichte hat mich von der ersten Sekunde an elektrisiert. Es ist dies die Geschichte einer Frauenbewegung namens Suffragetten, und das Kriegsgerät, mit dem sie in die Schlacht gegen das Unrecht ziehen, trägt Namen wie: indischer Kuchen, Buttermilch-Juwelen. Oder baked pie plant, zu Deutsch: gebackener Rhabarber.

Reisen Sie mit mir nach Boston ans Ende des Jahres 1886. Boston, an der Ostküste der USA gelegen, etwa 350 Kilometer nordöstlich von New York, explodiert regelrecht. Allein in den vergangenen fünfzehn Jahren ein Plus von 150.000 Zuwanderern, die Fläche der Stadt hat sich seit ihrer Gründung durch europäische Siedler verdreifacht, teils durch Landgewinnung, indem man drei große Hügel fast zur Gänze abgetragen und den Charles River oder die Massachusetts Bay aufgeschüttet hat.

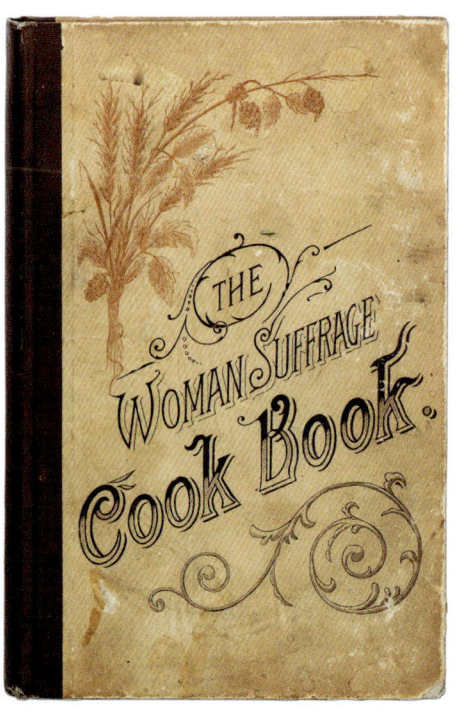

Der Winter steht vor der Tür. Es ist der Abend des 13. Dezember. Ein Montag. Draußen geht ein eisiger Nieselregen nieder. Drinnen jedoch, in der *Boston Music Hall,* dem Konzerthaus, dampft und brodelt es. Zum Bersten voll ist die Hütte und die Stimmung am Kochen. Riesige weiße Spruchbänder dekorieren die Halle. Sie sprechen von Mann und Frau und Herrschaft. Die Anwesenden? Fast ausnahmslos Frauen. Und das, was sie heute und hier zu sehen und zu lesen bekommen, wird Stunden später restlos ausverkauft sein: *The Woman Suffrage Cook Book.*

Das erste seiner Art überhaupt.

Wie kam es dazu, habe ich mich gefragt. Welchen Sinn soll es haben, dass Frauen ihre Hoffnungen auf Gleichberechtigung ausgerechnet in ein Kochbuch setzen, also in ein Produkt, das ihre Stellung in der Gesellschaft doch geradezu mustergültig spiegelt und ihre Rolle einzementiert? Ihren Platz im Heim und hinterm Herd?

Boston in der zweiten Hälfte des 19. Jahrhunderts kämpft, wie viele andere Städte auch, nicht bloß mit massiv steigenden Einwohnerzahlen. Brennendstes Problem seit langem ist der Alkoholismus. *Intemperance* lautet das Schlagwort der Stunde. *Zügellosigkeit.* Und Frauen haben vermehrt begonnen, sich dagegen aufzulehnen, abzulesen unter anderem an diesen Zeilen im Vorwort eines Buches, das kurz nach dem ersten, soeben erwähnten erscheinen wird:

»Worin besteht unsere Arbeit? ... Wir arbeiten, um ein furchtbares Unheil zu bekämpfen. Oder nennen wir es, wie manche es gerne tun, Krankheit. Welchen Namen auch immer es trägt, welche Verkleidung auch immer es annimmt, es ist eine schreckliche Kraft in unserem Land: dieser Dämon Zügellosigkeit.«

Auch im Jahr 1886 führen Frauen im Allgemeinen ein eingeschränktes Leben. Zumeist verfügen sie weder über eigenes Geld, noch haben sie maßgeblichen Einfluss auf das Schicksal ihrer Kinder. Ganz zu schweigen vom eigenen. Frauenbewegungen, die sich bis dahin gebildet hatten, dienten niemals eigenen, immer nur fremden, karitativen Zwecken. Etwa für Opfer des US-Bürgerkriegs oder für die Kirche. Dafür wurde Geld gesammelt, oft auch mit Hilfe von Kochbüchern, die genau das waren: Sammlungen von Rezepten, sonst nichts.

Nun jedoch ist das Vorgehen ein anderes: Ihr Kampf gegen den Alkoholismus, gegen die Zügellosigkeit, hat insbesondere den Frauen einer zunehmend gebildeten Mittelschicht gezeigt, dass sie etwas bewegen können. Wenn sie sich nur vehement genug auf die Beine stellen. Auch haben sie es satt, den ganzen Tag am Herd zu stehen, Kinder zu hüten und vielleicht noch in Benehmens-Fibeln für den Haushalt zu schmökern, verfasst in der Regel von Männern.

Die Frauen wollen mehr. Und sie wollen endlich auch das eine: wählen dürfen. Die Bewegung, die sich aus diesem brennenden Verlangen bildet, nennen sie Suffragetten, hergeleitet vom französischen Wort *suffrage*, was so viel bedeutet wie: Stimme, Zustimmung. Und auch: Wahlstimme, Wahlrecht.

Rasch werden die Suffragetten quer durchs ganze Land bekannt. Rasch werden sie stärker und stärker, halten Demos und Sitzstreiks auf offener Straße ab, zertrümmern Auslagenscheiben. Bis nach Großbritannien schwappen ihre Ideen über.

Dennoch wissen sie, dass ein Dasein auf Augenhöhe mit den Männern noch in weiter Ferne ist. Also besinnen sie sich in ihrem Kampf auf jene Möglichkeiten, die ihnen zur Verfügung stehen. Sie wollen, wie ich in einem amerikanischen Kommentar gelesen habe, *auch als Suffragetten weiterhin als Frauen wahrgenommen werden, schlüpfen genau darum als Wolf in den Schafspelz und verschreiben sich der traditionellsten weiblichen Betätigung: dem Kochen.*

Darum wählen sie ein Mittel, das sie meisterhaft beherrschen. Darum muss es gerade ein Kochbuch sein. Mit ihm wollen die Frauen möglichst viel Geld lukrieren, um ihren erbitterten Kampf für das Wahlrecht weiterzuführen.

Aber: Es ist nicht irgendein Kochbuch. Vordergründig ja, doch in Wirklichkeit steckt ein zutiefst politisches Statement dahinter, mit teils auch ganz offenen Provokationen gegen die Männer. Schon *The Woman Suffrage Cook Book* als Pionier zeigt, wohin die Reise gehen soll. Und schon bald würde ein gutes halbes Dutzend weiterer Bücher folgen, in ihrer Gangart nicht länger unterschwellig wie vielleicht noch zu Beginn.

Die Autorinnen begnügen sich nicht länger damit, als Epilog am Buchende Philosophen wie einen Platon zu zitieren oder Aufklärer wie einen Abraham Lincoln. Nein, sie treten immer radikaler und angriffiger gegen die Vorherrschaft der Männer auf. Hass und Spott, die den Suffragetten entgegenschlagen, da man sie als *verantwortungslose Mütter* und *küchenfeindliche Vetteln* diffamiert und ihnen vorwirft, sie würden vor lauter *politischem Aktionismus ihre Kinder verhungern lassen,* beantworten sie auf ihre Weise: So erscheinen mittendrin zwischen harmlosen Schönheitstipps und gewöhnlichen Rezepten auch welche mit solchen Titeln: *Torte für den zweifelnden Ehemann einer Suffragette.* Oder auch provokante Backanleitungen für eine fiktive, ungenießbare und die herrschenden Zustände anprangernde Speise aus folgenden Zutaten: *1 Viertel Milch menschlicher Güte; dazu Weiße Sklaverei; Kinderarbeit; 800.000 arbeitende Frauen; schlechte Straßen; giftiges Wasser; unreine Lebensmittel;*

Nicht zu vergessen dieser Eintrag aus einem der Folgebücher. Er behandelt das richtige Verhalten in der Küche, bedient sich der üblichen Küchensprache und verfolgt doch nur den Zweck, die männlich dominierte Oberschicht der Gesellschaft bloßzustellen: *Mixen Sie die Kruste mit Takt und Samthandschuhen, ohne Sarkasmus, vor allem bei der Oberkruste. Oberkrusten müssen mit extremer Sorgfalt angefasst werden, weil sie bei rauer Behandlung rasch sauer werden.*

Ebenfalls zu finden, eingebettet zwischen kandierte Früchte und Austern, Eierlimonade und Invaliden-Lebkuchen, Tipps zur Geburtenkontrolle, garniert mit Tiraden gegen die, einmal mehr, Zügellosigkeit oder das christliche Moralisieren und besonders gerne auch gegen die Erziehung von Frauen, wie die Männer vom alten Schlag sie gerne hätten. Dabei helfen den Suffragetten immer öfter auch bekannte Persönlichkeiten, Männer, die sich nicht gegen den Fortschritt stellen wollen, unter ihnen Richter, Doktoren, Gouverneure und, nun bereits zu Beginn des 20. Jahrhunderts, berühmte Schriftsteller wie Jack London.

Neben dem Setzen politischer Statements und dem, wie wir heute sagen, Fundraising hat das Engagement der zahllosen Frauen für ihre *subversiv* genannten Kochbücher aber auch noch diesen positiven Effekt: Die meisten schnuppern zum allerersten Mal in ihrem Leben ins Geschäftsleben, sammeln erste Business-Erfahrungen, indem sie sich vernetzen, Anzeigen verkaufen, mit Druckereien verhandeln und auch Verkaufsveranstaltungen organisieren. Und noch etwas bringt die Suffragetten-Bewegung hervor: Immer mehr Frauen, ermutigt durch den Straßenkampf ihrer mutigen Leidensgenossinnen, organisieren sich nun auch für andere Anliegen, sei es im Dienste von Waisenhäusern, Büchereien und Siedlungsvereinen oder gleich für tiefgreifende Reformen quer durch die Gesellschaft, von der Schulbildung bis hin zu Gewerkschaften.

Doch bleiben wir noch kurz beim Abend dieses 13. Dezember 1886. Herausgeberin von *The Woman Suffrage Cook Book* ist Mrs. Hattie A. Burr. Nicht alle Frauen, die ihre Rezepte in das Buch einfließen lassen, wollen darin als Mistress abgedruckt sein, zum Zeichen, dass sie verheiratet, dass sie die Frau eines Mannes sind. Manche sehen in dieser doch sehr speziellen Zeit selbst darin eine Form von Unterdrückung, verzichten bewusst darauf, wollen allein mit Namen angeführt werden. Allen voran eine der schillerndsten Figuren der Bewegung überhaupt: Dr. Alice Bunker Stockham (eines ihrer Rezepte, den gebackenen Rhabarber, stelle ich Ihnen hier vor).

Stockham ist die erst fünfte Frau in den USA mit einem lizensierten Doktortitel. Schon früh lehnt sie sich gegen Zwänge der Gesellschaft auf, verweigert mit 16 Jahren das Tragen eines Korsetts, ist glühende Prohibitionistin, Gegnerin des *Dämons Alkohol* also, lehnt daher vergorenen Messwein vehement ab. Für Empörung sorgt sie, als sie sich öffentlich für die Masturbation ausspricht. Weil dies gesund sei, wie sie sagt. Für Männer wie für Frauen. Eine geradezu ungeheuerliche Gegenthese zu jener der Presbyterianer, die im ganzen Land predigen, sexuelle Begierden wären am besten mit reichhaltigem Essen zu zügeln. Ein Anführer dieser Bewegung, Sylvester Graham, wettert auch gegen eines von Stockhams Rezepten, den *Coraline Cake* (ein mit Erdbeeren und Himbeersaft versetzter Kuchenteig, geteilt und gefüllt mit Pudding), der nichts als *positiv orgiastisch* sei.

Einen ersten Erfolg gibt es 1893 zu verzeichnen, als der Bundesstaat Colorado sich in einer (ausschließlich von Männern abgehaltenen) Volksabstimmung für das Frauenwahlrecht entscheidet. Sie erhalten das so genannte aktive Wahlrecht, dürfen also wählen, sich jedoch nicht selbst als Kandidaten aufstellen lassen (passives Wahlrecht).

Natürlich bleiben die Suffragetten mit ihren aufrührerischen Kochbüchern auch im fernen Europa nicht unbemerkt. Dort setzen die Frauen aber eher auf *klassische* Strategien und Kampfmethoden. Sie erheben ihre Forderungen in Zeitungen und eigenen Mitteilungsblättern, vernetzen sich international, betreiben Lobbyismus, sammeln Unterschriften, erwirken Petitionen und Gesetzesinitiativen. Ohne Kochbücher.

Deutschland spricht Frauen das Wahlrecht 1919 zu. In Österreich erfolgt dies einige Monate früher mit Ende des Ersten Weltkriegs. Ebenso in Großbritannien, dort jedoch eingeschränkt auf Frauen über 30 und auch nur, wenn sie selbst oder ihre Ehemänner bereits über ein kommunales Stimmrecht verfügen, das an Besitz gebunden ist. In Russland dürfen die Frauen ab 1917 wählen. In der Schweiz hingegen dauert es bis 1971 (!), und bis in den letzten Kanton hinein (Appenzell Ausserrhoden) überhaupt, kaum zu glauben, bis 1990.

In den USA ist es jedenfalls 1920 so weit: Das flächendeckende Wahlrecht für Frauen (aktiv wie passiv) ist durch, zu einem Gutteil erwirkt mit ungewöhnlichen Mitteln. Mit Anleitungen zum richtigen Teebrauen und Reiskochen, mit Tipps zum Einfrieren von Schaumgebäck, mit plakativen Rezepttiteln wie *Emergency Salad*, mit einem perfekten Mandelparfait oder eben einem *baked pie plant*, dem gebackenen Rhabarber.

Hier ist er.

Gebackener Rhabarber

Aus The Woman Suffrage Cook Book von 1886, eingereicht von Alice B. Stockham.

Zutaten für 6–8 Personen:

1 kg Rhabarber
1 Tasse Zucker (200 g)
2 EL Mehl (20 g)

Zubereitung (im übersetzten Originalwortlaut):
»Schneiden Sie zwei Pfund Rhabarber in eine Pudding-schüssel*, besprenkeln ihn halb mit einer Tasse Zucker und zwei EL Mehl, oder besser noch einer halben Tasse gewalzter Brotkrümel**, geben Sie Wasser bei, bis der Rhabarber zu zwei Dritteln bedeckt ist, und backen Sie ihn in einem Schnellofen*** dreißig oder vierzig Minuten lang. Diese Methode der Zubereitung von Rhabarber behebt den Medizingeschmack und ergibt ein annehmbares Frühlingsgericht.«

Alice B. Stockham, M.D.

* Gemeint ist eine runde, hohe Auflaufform.
** Gemeint sind Semmelbrösel.
*** Gemeint ist der damals in jedem Haushalt zu findende Backofen für Brot – unser Nachkochen hat ergeben: am besten bei 180 °C.

1911

Marie Curie. Das Bankett anlässlich der Vergabe des zweiten Nobelpreises an die Physikerin.

Galadinner für eine Königin der Wissenschaft

Nur drei (Männer) haben seither geschafft, was Marie Curie als erstem Menschen gelang: zwei Nobelpreise in zwei Kategorien. Jede Faser ihres Lebens im Zeichen der Erforschung von chemischen Elementen und Radioaktivität scheint erkundet, jeder Winkel ausgeleuchtet. Ist da überhaupt noch Raum für Fragen? Aber ja! Wie diese: Stimmt es, dass Geistesgrößen oft ein spezielles Verhältnis zu Nahrung haben? Stimmt es, dass Gästen des Nobelpreis-Banketts eine exakt ausgemessene, sehr bescheidene Zentimeterzahl an Tischplatz zusteht? Und: Wie war das bei Marie Curie, als sie 1911 bei Artischockenböden nach Herzoginnenart feierte?

»Ich arbeite den ganzen Tag im Laboratorium. Es ist alles, was ich tun kann.« Als Marie Curie diese Zeilen 1910 in ihr Tagebuch kritzelt, blickt sie mit 43 Jahren auf ein Leben zurück, das gepflastert ist mit Stolpersteinen und Ungeheuerlichkeiten, ob Kollegenneid, ob sexistische Unterdrückung. Das alles ist gang und gäbe, ein Spiegelbild des so genannten Zeitgeists.

17 Jahre zuvor, damals noch als die in Warschau geborene Maria Skłodowska, lernt sie ihren späteren Mann Pierre Curie in Paris kennen und lieben. Mit der Stunde der Hochzeit (1895) wird die polnische Maria zur französischen Marie, und noch im dunkelblauen Brautkleid, praktischerweise aus strapazierfähigem Baumwollstoff, eilt sie zurück ins Labor, Schulter an Schulter mit ihrem frisch angetrauten Mann. Beide folgen von nun an unter einem Nachnamen dem, was sie als *antinatürlichen Pfad* bezeichnen, was tatsächlich aber die Erfüllung zweier Lebensträume ist.

Marie und Pierre wollen nur das eine: forschen. Beide gehen diesen Weg ohne Rücksicht auf ihre Gesundheit. Es ist ein Weg von kaum vorstellbarer Härte und voller Entbehrungen, die auch vor den Töchtern Irène und Ève später nicht Halt machen. Doch Verzicht ist, was Marie wie einen zweiten Vornamen trägt, was sie aus ihrer Studienzeit an der

Sorbonne kennt. Oft lebte sie wochenlang von Brot und Butter, rationierte das Wenige obendrein und brach wiederholt vor Erschöpfung und Unterernährung über den Büchern zusammen.

Fotografien wie jene, die Pierre und Marie in freier Natur bei einem Radausflug zeigt, sind Abbilder einer Ausnahme. Vielmehr spielt sich die Welt der Curies über Jahre in einer windigen Baracke in Fußnähe ihrer Wohnung im Quartier Latin ab, dem heute schicken Künstlerviertel von Paris. Dort hat Pierre, jetzt Professor an der Sorbonne, sein Labor eingerichtet. Die Fenster sind teils geborsten, die Lüftung ist miserabel, die Bezahlung für seine Arbeit (6000 Francs Jahresgage, heute circa 25.000 Euro) gerade noch annehmbar. Die Arbeit seiner Frau wird nicht entlohnt. Marie muss dankbar sein, überhaupt an seiner Seite forschen zu dürfen. Nur Pierres Einfluss an der Universität hat ihr diesen einen Raum ermöglicht.

Als Marie und Pierre zu forschen beginnen, ist die Wissenschaft in Aufruhr. Wilhelm Röntgen hat die X-Strahlen entdeckt (1895), Henri Becquerel im Folgejahr die Uranstrahlung, nachdem er präpariertes Material auf eine Fotoplatte gelegt und bemerkt hat, dass sie sich auch ohne äußere Lichtquelle schwärzt. Und ein gewisser J. J. Thomson stößt, wiederum ein Jahr später, auf negativ geladene Teilchen, die wir heute als Elektronen kennen.

Aufbauend auf Becquerels Forschungen, die sie als Thema ihrer Doktorarbeit gewählt hat, entwirft Marie, nun bereits Mutter, eine zutiefst beunruhigende, ja unerhörte These: Die Atome beziehungsweise Atomkerne bestimmter Elemente wie Uran können von selbst zerfallen und dabei eine ionisierende Strahlung aussenden. Ein revolutionärer Gedanke, denn Atome gelten als die kleinsten, unteilbaren Einheiten. Und dann, abermals ein Jahr später, 1898 also, macht Marie Curie die erste große Entdeckung ihres Lebens: ein neues chemisches Element, das sie nach ihrem Heimatland benennt: Polonium.

Nur fünf Monate danach stößt Curie auf das Element Radium, aufgrund seiner enormen Radioaktivität nach dem lateinischen Wort *radius* für Strahl benannt. Tonnen uranhaltigen Materials, der so genannten Pechblende, herbeigeschafft aus einem böhmischen Bergwerk, reinigt Curie in tausendfach wiederholten Kristallisationsprozessen so lange, bis sie nach vier Jahren (!) endlich reines Radium hat. Gerade genug, um einen Fingerhut damit zu füllen.

Sie ahnt nicht, dass eines Tages die auf Basis ihrer Arbeit entwickelte Radiotherapie weltweit Standard in der Krebsforschung sein würde. Und natürlich ahnt sie nicht, dass 1914, nur wenige Jahre nach ihrer Entdeckung, zwanzig radiologische Fahrzeuge hinter die Front des Ersten Weltkrieges gebracht würden, um Verwundete vor Ort zu untersuchen und zu behandeln. Erste mobile Röntgenwagen also, gebaut nach ihren Anregungen.

Aber wie hätte sie das auch vorhersehen sollen? Welche Gelehrtenphantasien damals,

1903, nur Monate vor dem ersten Nobelpreis für Curie, rund um das neue Element Radium geisterten, zeigt uns ein Blick in die April-Ausgabe von *Archives of the Roentgen Ray*, der weltweit ersten Zeitschrift für Radiologie:

»Wenn man über genügend Radium verfügte, könnte man London mit Calciumsulfid streichen, in allen Straßenlaternen Radium anbringen und so überall ein mildes Mondlicht bei Einsparung an Gas und Elektrizität erzeugen. Doch könnten auf Teint bedachte Leute Bedenken wegen der Wirkung auf die Haut haben.«

Dass sie sieben Monate danach mit Henri Becquerel und ihrem Mann Pierre den Nobelpreis in Physik für die Erforschung der Radioaktivität erhält, ist keineswegs selbstverständlich. Nicht im dritten Jahr der Verleihung, und schon gar nicht angesichts ihres Geschlechts. Erst als Pierre Curie die außerordentliche Rolle seiner Frau herausstreicht und auch andere Wissenschaftler sich für sie stark machen, wird sie als Dritte an Bord geholt.

Was das Patriarchat der Wissenschaft davon hält (bis heute wurden übrigens in den Naturwissenschaften gerade mal 18 Frauen ausgezeichnet, bei 581 Männern), wird in der Rede des Präsidenten der Schwedischen Akademie unmissverständlich klar. Er zitiert das Wort Gottes aus dem Alten Testament: »Es ist nicht gut, dass der Mensch allein sei. Ich will ihm eine Gehilfin machen, die um ihn sei.« (1. Mo 2:18)

Zur *Gehilfin* degradiert man sie also, nichts weiter. Dennoch macht Marie Curie weiter, so wie sie immer weitermachen würde, weil sie auch bisher immer weitergemacht hat: Schon als Schülerin in Polen, wo der verbotene Unterricht aus Angst vor den russischen Besatzern in *fliegenden Klassen* gehalten wurde, immer an anderen Orten. Später an der Uni in Paris, wo Frauen so selten wie ungern gesehen sind. Immer hat sie weitergemacht. Auch, längst in der Forschung, als erste Körperbeschwerden auftauchen. Auch, nachdem ihr geliebter Mann an einem Frühlingstag 1906, verloren in seinen wissenschaftlichen Träumereien, die Rue Dauphine in Paris überquert, von einem Pferdefuhrwerk überrollt wird und stirbt.

Ja, und auch jetzt, als sie in ihr Tagebuch schreibt und zurückblickt, macht sie unermüdlich weiter. Erste Gerüchte eines zweiten Nobelpreises an sie im kommenden Jahr haben bereits die Runde gemacht. Diesmal für Chemie, weil es ihr gelungen ist, das von ihr entdeckte Radium in seiner reinsten Form nun auch zu isolieren. Und so ist Marie Curie bei allen Widrigkeiten, trotz Verlustes ihres Partners, trotz einer zunehmend angeschlagenen Gesundheit zuversichtlich, als sie schreibt: »Hier geht es mir besser als überall sonst.«

Hier, das sind die ersten Pavillons des erst im Vorjahr errichteten *Institut Curie* in Paris, wo sie endlich so etwas wie Anerkennung erfährt. Auch wenn die Herren der Sorbonne sich nicht gleich durchringen können, ihr den Lehrstuhl ihres toten Mannes zu übertragen, obwohl sie die mit Abstand beste Kandidatin ist. Dieses *Hier*, von dem sie schreibt, ist tatsächlich der Ort, wo sie die glücklichsten Jahre ihres Lebens verbringt.

Dann folgt das Frühjahr 1911. Andere Gerüchte machen sich breit. Die von ihrer Affäre mit Paul Langevin, einst Student ihres Mannes. Ihre Liebesbriefe verschwinden aus der gemeinsam angemieteten Wohnung, Monate später spielt vermutlich Langevins Gattin die Dokumente einer Zeitung zu. Eine Medienschlacht entbrennt, ja, sogar fünf (!) Duelle sind die Folge (zumeist mit Degen und ausgefochten zwischen Redakteuren oder Di-

rektoren verfeindeter Zeitungen, die pro oder contra Curie schreiben und einander beleidigen). Die Akademie schickt den schwedischen Botschafter los, um die Angelegenheit im fernen Paris zu prüfen und Argumente beizubringen, um die intern gefällte Entscheidung zugunsten von Marie Curie doch noch plausibel rückgängig machen zu können. Sogar von Attentatsplänen der gehörnten Ehefrau gegen die Rivalin wird berichtet. Am Ende bleibt es dabei: Marie Curie erhält den Nobelpreis für Chemie.

Am 9. Dezember, dem Vortag der Preisverleihung, bringen die Zeitungen seitenweise Berichte über den aktuellen Stand ihrer Affäre, Gerichtsverhandlung inklusive. Kaum ein Wort über Curies Leistungen. Ihr Ruf ist arg angeschlagen, und die britische Physikerin Hertha Ayrton, eine Freundin Curies, meint, Fehler seien so schon schwer genug auszumerzen. Der Fehler einer Frau jedoch habe mehr Leben als eine Katze.

Vertreter der Akademie fordern Curie auf, den Feierlichkeiten fernzubleiben. Trotzdem reist sie nach Stockholm. Ihr zur Seite Schwester Bronia und Maries 14 Jahre alte Tochter Irène, auch sie eine künftige Nobelpreisträgerin. Als betont gelassen wird sie beschrieben, wie sie dasteht, das Haar kraus und aschblond, und ihre Rede hält, in der sie von ihrem *Kind Radioaktivität* spricht:

»Die Radioaktivität ist eine sehr junge Wissenschaft. Sie ist ein Kind, dessen Geburt ich gesehen und zu der ich beigetragen habe. Mit all meinen Kräften. Das Kind ist gewachsen, ist schön geworden.«

Auch sie spricht davon zu wissen, dass man diese Ehre (in Anspielung auf ihren toten Mann) nicht allein ihr zuteilwerden lässt. Und dann, abends, nach aller geistigen die körperliche Zehrung, das Festbankett. Doch wie ist das nun mit den Geistesgrößen und dem Essen? Hat eine wie Marie Curie überhaupt Interesse daran?

Vielen genialen Köpfen wird in puncto Essen ein Verhalten abseits der Norm nachgesagt, was immer diese Norm sein soll. Sei es, weil strikte Vegetarier (von Gandhi über Newton bis da Vinci), sei es, weil sie Essen als Maßstab zum Urteil über andere heranziehen (zum Beispiel Thomas Edison, der Gesprächspartnern eine Suppe vorsetzte. Wer ohne zu kosten nachwürzte, war untendurch, brauchte ihn gar nicht erst anzusprechen.). Honoré de Balzac schrieb bei bis zu fünfzig Tassen Espresso in der Nacht, Schiller wiederum soll beim Kreativakt stets einen Karton mit angefaulten Äpfeln unter dem Tisch stehen gehabt haben. Und Marie Curie? Sie hielt es wie Michelangelo, aß zumeist nur, wenn es gar nicht anders ging.

Und der Platz an der Festtafel für Nobelpreisträger? Am 10. Dezember 1911 werden 150 Gedecke aufgelegt, der Platz ist komfortabel. Jedenfalls im Verhältnis zu heute, wo sich 1.300 Gäste 1500 m² teilen (etwa ein Fünftel eines Fußballfeldes) und exakt bemessene 62 Zentimeter Tischbreite pro Laureat vorgesehen sind. Ebenso für das königliche Paar. Alle anderen müssen mit 57 Zentimetern auskommen.

Wie sehr Marie Curie das Menü genossen hat, ist nicht überliefert. Doch wir kennen die Speisenabfolge mit ihren wunderbar klingenden Komponenten:

Consommé Doria (Kraftbrühe Doria)
Suprême de turbotin cardinal (Feinstes vom Steinbutt nach Kardinalsart)
Poularde fermière (Geflügel vom Land, gemeint ist Brathuhn)
Chaud-froid de cailles (Kalt-Warmes von der Wachtel)
Salade mâche (Feld- oder auch Vogerlsalat)
Fonds d'artichauts duchesse (Artischockenböden nach Herzoginnenart)
Charlotte Râchel (Biskuit Rachel)
Fruits (Obst)

Nicht zu verachten auch die Weinkarte: Golden Cherry, Château Montrose 1896; Liebfrauenmilch (ein lieblicher Weißwein aus Rheinhessen) aus 1904; Charles Heidsieck Sec. 1900; Champagner Extra Dry, Jahrgang 1900, aus dem Hause Charles Heidsieck, Portwein von Sandeman. Alles in allem eine Vielzahl von Köstlichkeiten an der königlichen Tafel. Eine davon möchte ich Ihnen nun präsentieren: Artischockenböden auf Herzoginnenart.

Fonds d'artichauts duchesse.

Artischockenböden nach Herzoginnenart

Zutaten für 6 Personen:
Für Artischockenböden:

12 Artischocken (Es gibt unzählige Artischockensorten, und zahlreiche gedeihen auch in Mitteleuropa bestens. Wer jedoch nahe am Original der Nobelpreisverleihung von 1909 sein möchte, dem empfehlen französische Kenner die Sorte »Petit Violet« (sie ist schmal tailliert, wird gegart oder roh verzehrt). Oder – bedeutend zeitgemäßer – die Sorte »Camus de Bretagne«. Sie ist die heute in Frankreich beliebteste und bekannteste Sorte. Wegen ihrer großen, kugeligen Form trägt sie den Spitznamen Stupsnase.)

1 reife Avocado (entkernt und in kleine Stücke geschnitten)

2 Schalotten, fein gehackt

600 ml Weißwein, trocken

70 ml Zitronensaft

1–2 EL Amaretto (oder Avocado – bzw. Nusslikör)

125 g Frischkäse (mit geriebenen Haselnüssen)

1 TL Butterschmalz

Salz, weißer Pfeffer aus der Mühle

12 Muffinförmchen

Kleine Blätter vom Lollo rosso (als Beigabe in die Förmchen)

Melissenblättchen und Mandeln zum Verzieren

Prinzipiell gilt: Seien Sie beim Putzen der Artischocken eher großzügig als sparsam. Nur die hellgelben bis hellgrünen Teile sind wirklich zart und gut essbar. Alles Übrige muss weg, ansonsten laufen Sie Gefahr, ständig auf »Pelziges« zu beißen. Befreien Sie also die Artischocken vom Strunk (»Griff«), kürzen Sie die äußeren Blätter mit der Schere und entfernen Sie das Heu (Staubfäden) aus der Mitte des Distelgemüses.

Jetzt in einem großen Topf mit Salz, Zitronensaft, Wein und so viel Wasser übergießen, dass sie bedeckt sind. Zum Kochen bringen und danach bei reduzierter Hitze ca. ½ Stunde köcheln lassen. Danach im Sud auskühlen lassen. (Sollten Sie über keinen ausreichend großen Topf für alle Artischocken verfügen, kochen Sie in Etappen.)

Lollo rosso waschen, sehr gut schleudern. Zusätzlich die Blätter einzeln mit Küchenrolle trocken tupfen.

Verteilen Sie 12 Muffinförmchen auf einem ausreichend großen Blech und legen Sie in jede Form ein kleines Blatt Lollo rosso.

Aus den übrigen Zutaten (Avocado, Schalotten, Frischkäse, Salz, Pfeffer und Schmalz) rühren Sie eine Crème und füllen damit aus dem Spritzbeutel die Artischockenböden.

Mit Mandeln und Blättchen von Melissen garnieren.

Duchesse (Französisch für Herzogin) steht in der Küchensprache für eine besondere Zubereitungsart von Kartoffeln. In Frankreich ist sie weit verbreitet, in deutschsprachigen Ländern hingegen kaum. Hergestellt wird eine Duchessemasse prinzipiell aus gekochten, geschälten und gestampften (oder gepressten) Erdäpfeln, die mit Ei gebunden werden. Diese Grundmasse wird dann weiterverarbeitet – entweder zu Kroketten, für Macaire-Kartoffeln oder eben für Herzoginkartoffeln. Dafür benötigen Sie:

Für Herzoginkartoffeln:

500 g Kartoffeln
3 Eidotter sowie 1 ganzes Ei
1–2 Eidotter fürs Bestreichen vor dem Backen
30 g Butter (in kleinen Stücken)
Mehl (oder Brösel)
Salz, Pfeffer
Muskatnuss

Kartoffeln schälen, in große Stücke schneiden und weichkochen, abseihen und kurz trocknen lassen (am besten im Ofen oder auf der Herdplatte).

Kartoffeln zerstampfen (oder durch die Presse lassen) und noch heiß mit Butter, Eidotter, dem einzelnen Ei durchrühren (je weniger Sie rühren müssen, desto besser wird die Masse). Dabei mit Salz, Pfeffer und Muskatnuss würzen.

Je nach Konsistenz strecken Sie die Duchesse mit etwas Milch oder machen sie mit Mehl (oder Brösel) etwas fester.

Für die Herzoginkartoffeln füllen Sie die Duchessemasse noch im heißen Zustand in einen Spritzsack, dressieren sie auf ein mit Backpapier belegtes Ofenblech in ca. 4 cm hohen, spitzen Türmchen.

Die Türmchen mit Eigelb bestreichen und im vorgeheizten Ofen (180 °C) ca. 12–15 Minuten backen und heiß zu den Artischockenböden servieren.

1926 **Gertrude Ederle.** Das Gericht, mit dem sie sich belohnte, nachdem sie als erste Frau der Welt den Ärmelkanal durchschwamm.

Erst durch den Ärmelkanal, dann Omas Schweinsbraten

Wer würde heute noch wagen anzuzweifeln, zu welchen extremen Leistungen Frauen auch körperlich in der Lage sind? Vor neunzig Jahren sah die Welt anders aus. Gertrude Ederle, deutschstämmige Amerikanerin, zeigte es allen. Als erste Frau durchschwamm sie den Ärmelkanal von Frankreich nach England. Endloser Ruhm prasselte auf die damals berühmteste Frau der Erde ein, doch wohin zog es sie zuallererst? Nicht etwa heim nach New York, sondern zu ihrer Oma nach Bayern. Um sich mit deren legendärem Schweinsbraten verwöhnen zu lassen.

Ganz ehrlich: Hätten Sie gewusst, wer Gertrude Caroline Ederle war? Diese so unglaublich starke Frau, Tochter des in die USA ausgewanderten Fleischergesellen Heinrich »Henry« Ederle, die ihrer Zeit trotzte, alle Widerstände überwand und eine Zeitlang den Ruhm einer Königin genoss?

Als ihr Vater, nachdem er in den USA einen Fleicherei-Großbetrieb aufgebaut hatte, erstmals mit der 1905 in New York geborenen Tochter die alte Heimat Bissingen am Fuße der Schwäbischen Alb besuchte, warf er die damals achtjährige Nichtschwimmerin, so erzählt man es sich von Generation zu Generation, mit einem Seil um den Bauch in den Bissinger See und rief: »Nun zeig mal, was du kannscht, Trudy!« Und auch: »Schwimm, Mädle, schwimm!«

Und Gertrude alias Trudy schwamm. Sehr bald schon sehr gut. Mit zwölf (!) Jahren querte sie nicht nur den Hudson River, sondern knackte auch ihren ersten Weltrekord über 800 Meter Freistil. Weitere elf Rekorde würden folgen, und zu Olympia 1924 in Paris reiste die damals 19 Jahre junge Athletin mit dem großen Vorhaben an: »Ich will dreimal Gold holen.«

Doch es wurde nur eine Goldene, dazu zwei Medaillen in Bronze, dem enorm hohen Druck von außen und innen geschuldet. Bitter enttäuscht suchte Gertrude Ederle nach neuen Perspektiven. Und fand sie zwischen den Küsten Frankreichs und Englands. Der Ärmelkanal, eine Art Mount Everest für Schwimmer. Ihn wollte sie als erste Frau überhaupt durchqueren.

Zwei Zeitungen, die *Daily News* aus New York und ein Blatt aus Chicago, sponserten Ederle. Ein anderes Blatt finanzierte eine von drei Konkurrentinnen, die ebenfalls als Erste den Kanal bezwingen wollten. Gertrude war jedoch im Ablauf ihrer Vorbereitungen die schnellere, und so warf sie sich, eingerieben mit einer Mischung aus Schmalz und Wollfett und Olivenöl zum Schutz vor Kälte und Quallen, am Morgen des 6. August, Ortszeit Schlag sieben Uhr, im nordfranzösischen Cap Gris-Nez in die Fluten. Hier, an der Landspitze, verläuft die *Straße von Dover*, die Entfernung auf die Inseln ist mit nicht ganz 34 Kilometern die geringstmögliche, und an klaren Tagen kann man hinüber nach England sehen.

In den ersten Stunden kam Ederle sehr gut voran, doch dann schlug das Wetter um. Regen und Sturm kamen auf, der Wellengang wurde meterhoch, und irgendwann wurden Trudys Bewegungen eckiger und weniger gleichmäßig. Sie erlitt einen Krampf im linken Fuß. Und irgendwann wurden auch die besorgten Stimmen lauter: »Sie schafft es nicht! Holt sie doch um Himmels Willen endlich raus!«

Genau hier möchte ich, gewissermaßen Seite an Seite mit Gertrude Ederle, eine kleine Verschnaufpause einlegen, denn natürlich hat sich mir als Frau, die sich viel mit vernünftiger Ernährung beschäftigt, die Frage gestellt: Wie hat Gertrude Ederle diese 14:31 Stunden, die sie letztlich schwimmen sollte (zwei Stunden schneller als der bis dahin beste Mann), unter so extremen Bedingungen überstanden?

Die Forschung ist heute enorm weit, und wenn wir Experten für Wettkampfernährung beim Schwimmen befragen, werden die Antworten rasch und präzise erfolgen: Weder nüchtern noch mit vollem Magen an den Start gehen, die letzte Mahlzeit zwei, drei Stunden vor dem Start einnehmen; nur leicht Verdauliches zu sich nehmen, wenig Fett, mageres

Eiweiß und komplexe Kohlenhydrate, wie Vollkornprodukte; Gase Bildendes (zum Beispiel Hülsenfrüchte) vermeiden, ebenso stark Gewürztes und alles, was hohes Volumen hat (zum Beispiel Eierspeise); aufpassen bei konzentrierten Zuckerlösungen wegen möglichen Durchfalls und so weiter.

Und für den Wettkampf selbst? Als Zwischenverpflegung, werden wir zu hören bekommen, eignen sich bestens Kohlenhydrate, Mineralstoffe und natürlich Flüssigkeit. Und dann wird man uns alles aufzählen, von Bananen und Datteln und Reisschnitten und Müslibarren bis hin zu verdünnten Obstsäften oder bloß Wasser. Endlos scheint das aktuelle Wissen darüber.

Aber was wusste man damals, im August 1926, über die Zusammenhänge von Körper und Spitzensport, ganz abgesehen davon, dass Frauen, so das Verständnis jener Zeit, *aufgrund ihrer körperlichen Unterlegenheit* ohnedies nicht geeignet waren, solche Leistungen zu vollbringen, abzulesen am Spott, den manche Zeitungen im Vorfeld über Ederles Pläne vergossen, was sich auch massiv in den Quoten der Wettbüros niederschlug und die Vorurteile nährte, die sich noch jahrzehntelang halten sollten: Spitzensport (in diesem Fall Schwimmen) wirke sich negativ auf den Frauenkörper aus und schädige sogar die Fortpflanzungsorgane. Und selbst danach wurde Ederles Triumph, wie zum Beispiel im österreichischen *Neuigkeits-Welt-Blatt*, zwar zur Kenntnis genommen, doch sofort in Frage gestellt:

»... ein Bravourstück, das zeigt, was Training und Disziplin aus dem Körper herauszuholen vermag, aber es fehlt ihm der praktische Sinn, denn schließlich wird das Schwimmen über den Kanal doch niemals die normale Art des Verkehrs sein ... sind aber die Boote in der Nähe, dann hat es normalerweise der Mensch ... nicht notwendig zu

schwimmen, weil er eben in die Boote einsteigen und bequem über das Wasser fahren kann.«

Doch wie war das nun mit der Ernährung? Berichte von getrockneten Feigen als Treibstoff reichen in die Antike zurück. Charmis von Sparta soll im Jahr 668 v. Chr. der Erste gewesen sein, der mit einer Form von Sportdiät erfolgreich war (er gewann den Stadionlauf in Olympia), indem er getrocknete Datteln aß. Landsmann Pheidippides wiederum lief als Bote von Athen nach Sparta und wieder zurück (in Summe 480 Kilometer), um Hilfe im Krieg gegen die Perser zu erbitten. Mit ähnlichem »Doping«. Ein anderer Held der Antike, Milo von Kroton, soll überhaupt neun Kilo Fleisch, ebenso viel Brot und mehr als acht Liter Wein zu sich genommen haben, ehe er seine Gegner als Ringer bezwang.

Ernsthaft beschäftigte man sich erst Mitte des 19. Jahrhunderts damit. Mit der Entwicklung von Mikroskopen wurden die Proteine entdeckt. Stoffwechsel und Muskelkontraktion wurden zum Thema. 1920 wusste man, dass Proteine für die Energiedeckung der Muskelzelle keine große Rolle spielten, und die Theorie kam auf, Kohlenhydrate könnten bei körperlicher Anstrengung von Nutzen sein. Eine Theorie, mehr nicht. Versuche mit Schlittenhunden, denen man mal Kohlenhydrate gab und mal nicht, und auch die Untersuchungen des Blutzuckers von Teilnehmern am Boston Marathon 1923 deuteten ebenfalls in diese Richtung. Sehr junges Wissen, das in Wirklichkeit über Vermutungen nicht hinauskam.

Und nun zurück ins Jahr 1926 zu Trudy Ederle ins eiskalte Wasser, wo sie unermüdlich die stürmischen Fluten des Ärmelkanals durchpflügte, voraus ein Boot mit teils schon arg seekranken Journalisten, und ihr zur Seite die *Alsace* mit ihrem Vater an Bord, der sie

die ganze Zeit über auf seine Weise anzufeuern verstand. Sei es mit bloßen Schreien, sei es mit Tafeln, die er seiner Tochter vor die Nase hielt, darauf zu lesen die Namen verschiedener Autoteile (Hintergrund: Er hatte ihr für den Fall, dass sie es an Englands Küste schaffte, einen knallroten Sportwagen versprochen.). Oder er spielte per Reisegrammophon ihre Lieblingslieder ab: *Let Me Call You Sweetheart*, die US-Nationalhymne und auch, wie zur Bestätigung der soeben angesprochenen, geringen Ernährungserkenntnisse, den Song: *Yes! We Have No Bananas*.

Ja, vielleicht keine Bananen. Doch dafür anderes Obst. Immer wieder sprang ihre Schwester Margaret ins Wasser, schwamm neben ihr her und stopfte Trudy Ananasstücke in den Mund. Auch bekam sie mittels Babyfläschchen Hühnersuppe verabreicht. Oder Fleisch von Hühnerkeulen. Den verzweifelten Bitten ihres Trainers Thomas W. Burgess (er hatte die Querung 1911 nach 16 (!) Versuchen geschafft), Trudy aus dem Wasser zu holen, erteilte der Vater eine Abfuhr. Zu gut hatte er noch die zornigen Schreie seiner Tochter im Ohr, als man sie beim ersten Versuch ein Jahr zuvor gegen ihren Willen aus dem Wasser holte, weil alle dachten, sie wäre bewusstlos. »Ich wollte mich nur ausruhen«, schrie sie ihn damals unter Tränen an und nahm ihm diesmal das Versprechen ab, sie nur zu retten, wenn sie es ausdrücklich verlangte.

Wie nah doch Sieg und Niederlage oft beisammen liegen. Und wie schnell die Euphorie ins Drama umschlagen kann. Beides sollte Trudys Leben noch im großen Stil für sie bereithalten: Auf dem Times Square in New York würde ihr Triumph mit Leuchtschriften verkündet und Ederle Tage später von zwei Millionen Begeisterten empfangen werden. Präsident Calvin Coolidge würde ihr eine

Privataudienz und den Beinamen *America's best girl* geben. Hollywood würde eine (heute verschollene) Stummfilmkomödie über sie drehen, ein Schlager würde für sie komponiert, ein Tanzschritt nach ihr benannt und das Land von einer regelrechten Schwimmeuphorie erfasst werden. Und dann das jähe Drama als sie ihr seit einer Masernerkrankung in der Kindheit angeschlagenes Gehör verlor. Mit all seinen bitteren Folgen.

All das lag jedoch in jenem Augenblick in endloser, grauer Ferne, als sie völlig ausgepumpt (wegen der starken Strömung hatte sie anstatt 34 gleich 56 Kilometer zurückgelegt) um 21:40 Uhr Ortszeit in Kingsdown, Grafschaft Kent, nahe den berühmten weißen Klippen von Dover, englischen Sand unter die Füße bekam und sich die mit Paraffin versiegelte Motorradbrille von ihrer roten Badekappe riss. Sie hatte es gegen allen Widerstand geschafft, hatte allen bewiesen, dass Frauen sehr wohl in der Lage waren, solche Leistungen zu vollbringen.

Anders als vermutet, kehrte Gertrude Ederle nicht sofort in die USA zurück. Vielmehr führte sie die erste Reise über den Umweg eines gigantischen Empfanges in Stuttgart, wo sie als plötzlich berühmteste Frau der Welt im offenen Wagen durch ein Spalier von Zigtausenden rollte, in die Heimatstadt ihres Vaters, Bissingen, und dort direkt zu ihrer Großmutter Margarete Ederle, der Wirtin im Gasthaus *Lamm*.

Der Schweinsbraten der Lamm-Wirtin (traditionellerweise serviert mit einem Glas Most) war in der Region legendär, und ihn setzte sie auch ihrer Enkelin zur Feier des Tages vor. Ich kenne kaum eine Speise, von der alle, die ich frage, das perfekte Rezept zu besitzen glauben: nämlich das eines herrlichen Schweinsbratens.

Leider ist das Originalrezept von Oma Ederle nicht überliefert, und das von Generation zu Generation weitergegebene Wissen der Großmutter ging spätestens verloren, als die Nichte der berühmten Schwimmerin als letzte Lamm-Wirtin aufhörte, das Gasthaus zusperrte und vor ein paar Jahren starb.

Aus hunderten, oft ähnlichen Varianten habe ich Ihnen aber ein Rezept zusammengestellt, das den Kochgewohnheiten der Zwanzigerjahre in Bayern sehr, sehr nahekommt. Hier ist sie also, die Siegerspeise der Ärmelkanal-Bezwingerin Gertrude Ederle: Schweinsbraten auf bayerische Art, mit Semmelknödeln und Speckkraut.

Schweinsbraten mit Semmelknödeln und Speckkraut

Zutaten für 8 Personen:
Für den Schweinsbraten:
2 kg Schweinebauch mit Schwarte (Lassen Sie sich vom Metzger Ihres Vertrauens ein Stück geben, das an der einen Seite mehr und an der anderen weniger durchzogen ist – so ist für jeden Geschmack das ideale Fleisch dabei. Prinzipiell brät sich ein größeres Stück besser als bloß ein kleines von unter 1 kg.)
8 Knoblauchzehen (gepresst, nicht gehackt)
Kümmel (gerieben und ganz)
Unbehandeltes Salz, Pfeffer, Cayennepfeffer (je nach Geschmack)
8–10 EL Öl (zum Beispiel Maiskeimöl)
6–8 EL Butter
1 l Weißbier (Ersatzweise Gemüsefonds oder Wasser. Mit dem Bier wird es jedoch am deftigsten und echt bayerisch.)

Legen Sie das Bauchfleisch am Vortag ein. Dazu mischen Sie das Öl mit dem Knoblauch, dem geriebenen Kümmel sowie Salz und Pfeffer, reiben das Fleisch von allen Seiten ein und kneten es 5 Minuten kräftig durch (wie beim Masseur). Danach in einer Schüssel mit Deckel in den Kühlschrank, die Gewürzmischung bis zum Folgetag einziehen lassen (Sie können auch ganze Knoblauchzehen ins Fleisch spicken, das vertieft das Aroma!).

Los gehts mit dem Braten – und rechnen Sie bei dieser Fleischgröße mit min. 3 Stunden Bratzeit: Den Ofen auf 180 °C Umluft vorheizen. Gießen Sie das Bier (die Suppe) in einen großen Bräter und legen Sie das Fleisch mit der Schwarte nach unten hinein. Die Flüssigkeit muss die Schwarte zur Gänze bedecken – nur so erhalten Sie später eine herrlich krachende, gleichmäßig knusprige Kruste.

Wichtig: Auch wenn man Ihnen anderes erzählt – übergießen Sie den Braten zu keiner Zeit mit dem Saft. Sonst ist es vorbei mit der Knusperkruste.

Lassen Sie den Braten fürs Erste eine ¾ Stunde auf der Kruste schmoren. Braten aus dem Ofen holen, umdrehen, die weichgekochte Schwarte mit einem scharfen Messer übers Kreuz (Karo- oder Würfelmuster) in ca. 1-cm-Streifen einschneiden. Vorsicht: Schneiden Sie nicht zu tief, also keinesfalls durch die Fettschicht ins Fleisch hinein!

Jetzt die Schwarte herzhaft salzen. Seien Sie unbesorgt und nicht sparsam – das Salz dient, die Flüssigkeit zu binden und sorgt für die krosse Kruste. Jetzt den Braten mit ganzem Kümmel bestreuen – und zurück in den Ofen.

Stellen Sie die Heißluft auf Ober-/Unterhitze um und reduzieren Sie auf maximal 160 °C. Pro kg Fleisch müssen Sie mit 1 Stunde Ofenzeit rechnen.

Die Bratenkruste ist fertig, wenn sie gleichmäßig aufgesprungen ist. Sollte sie gegen Ende der Bratzeit noch nicht knusprig sein – drehen Sie den Ofen auf Grillfunktion (220 °C). Aber höchstens 15 Minuten. Und bleiben Sie in der Nähe, damit der Braten nicht verkohlt. Dafür werden Sie beim Aufpoppen der Kruste mit einem Schauspiel verwöhnt. Wie bei Popcorns.

Etwaige Knochen vor dem Aufschneiden entfernen. Den Braten ca. 20 Minuten zugedeckt außerhalb des Ofens nachziehen lassen. So nimmt das Fleisch noch mehr vom Saft auf. **Variante:** Geben Sie nach dem Wenden des Fleisches grob geschnittene Karotten, Sellerie und Zwiebelhälften in den Sud und schmoren Sie alles mit. Das verleiht zusätzlich Aroma und ergibt eine köstliche Gemüsebeilage.

Zutaten für 8 Personen:
Für die Semmelknödel:

500 g Semmeln, grob geschnitten

120 g Butter

6 Eier

1 ½ Zwiebeln (fein gehackt)

6 EL Petersilie (fein gehackt)

½ l Milch

6 EL Mehl

Unbehandeltes Salz

Butter schmelzen, die Zwiebeln darin glasig rösten und gut auskühlen lassen.

Inzwischen die Eier aufschlagen und kräftig verquirlen. Milch und Salz beigeben und über die Semmelwürfel leeren. Abschmecken, bei Bedarf nachwürzen und zugedeckt stehen lassen.

Die gewaschene und gehackte Petersilie mit den Zwiebeln (und der Butter vom Anschwitzen) zur Semmelwürfelmasse geben. Alles gut vermengen und ½ Stunde ziehen lassen. Am Ende das Mehl untermengen.

Wasser in einem großen Topf aufkochen lassen, leicht salzen und auf mittlere Hitze zurückdrehen. Hände mit kaltem Wasser befeuchten und gleichmäßige, kompakt geformte, nicht allzu große Knödel machen (zu groß geraten sie leicht etwas wässrig) und ins siedende Wasser geben. Achtung: Das Wasser niemals zu stark aufwallen lassen, sonst zerfallen die Knödel. Ca. 12–15 Minuten kochen, aus dem Wasser nehmen und beim Servieren mit etwas frischer Petersilie garnieren.

▷ **Tipp:** Noch besser, noch flaumiger werden die Knödel im Dampfgarer (ca. 20 Minuten auf dem zuvor eingefetteten Locheinsatz).

Für das Speckkraut:

500 g Sauerkraut (am besten frisch vom Markt)

3 EL Butterschmalz

1 Zwiebel (mittelgroß)

2 Knoblauchzehen

2 EL Mehl

120 g Bauchspeck

1 l Gemüsesuppe

2 Lorbeerblätter

½ TL Wacholderbeeren

Salz, Pfeffer

Zwiebel und Knoblauch schälen und fein hacken. Den Speck würfeln und das Sauerkraut in einem Sieb waschen.

Butterschmalz in der Pfanne schmelzen lassen und Zwiebel und Knoblauch anbraten. Dann den Speck beigeben und kross braten (die Zwiebel sollte inzwischen schön glasig sein).

Alles mit Mehl bestäuben, durchrühren. Nach und nach das Kraut einrühren und ganz kurz und vorsichtig anbraten.

Jetzt mit der Suppe aufgießen. Wacholderbeeren und Lorbeerblätter beimengen und das Kraut ca. 1 ½ Stunden bei geringer Hitze sanft dünsten, bis es eine weiche Konsistenz erreicht hat. Immer wieder umrühren, damit sich das Kraut nicht am Pfannenboden anlegt.

1928

Hirohito. Das Festessen anlässlich der
Thronbesteigung des japanischen Herrschers.

Ochsenfilet für die Gäste des Gottgleichen

16 Tage dauerten 1928 die Feierlichkeiten anlässlich der Thronbesteigung durch Hirohito, Japans neuem Tenno. Ein Blick auf die Zeremonie, das Drumherum, ist wie der Blick in ein Buch mit sieben Siegeln. Eine Vielzahl mysteriöser Riten begleiten den Weg des Herrschers an die Macht. Manches verlangt uns viel Vorstellungskraft ab, weil es von Abläufen und sakralen Gegenständen weder Bilder noch Beschreibungen gibt. Nur eine Handvoll Priester bekommt sie je zu Gesicht. Lassen Sie sich entführen in einen Kosmos, wo Mensch und Gott verschmelzen. Wo Reis und Sake, Hirse, Fisch und Fleisch heilig sind und ein ganzes Volk in derselben Sekunde weltweit dasselbe Wort ruft, wo aber auch recht Profanes auftaucht: ein Filet de bœuf à la jardinière beispielsweise. Mit Sellerie in Sauce Mœlle.

10. November 1928. Kyoto, 460 Kilometer westlich von Tokyo. In der Welt des 27 Jahre jungen Tennos zählen nur diese beiden Städte: Tokyo, weil er dort residiert. Und Kyoto, weil die Tennos vor ihm dort residiert haben. Kyoto ist also die ehemalige Kaiserstadt.

Hiermit sind wir Nicht-Japaner in die erste Falle getappt. Bei *Kaiser*. Ein Tenno ist kein Kaiser. Wir sagen das bloß, weil wir kein Wort haben, das beschreiben könnte, wofür Tenno steht: für *himmlischer Herrscher, Erhabener des Himmels, Gottgleicher*, einer, der als Mittler zwischen der Sonnengöttin *Amaterasu* und den Menschen auftritt. Eine Herrscherdynastie seit 2600 Jahren. Das alles und noch mehr schwingt im Wort Tenno mit. Im Japan der 1920er-Jahre weiß das jedes kleine Kind.

Vor vier Tagen, am 6. November, ist der Tenno von Tokyo hierher aufgebrochen. Mit dem Zug. Der Tag seines Auszugs aus der Residenzstadt war der glanzvolle Auftakt der 16-tägigen Feierlichkeiten. Schon im Morgengrauen versammelten sich die Menschen zu Zigtausenden, um … ja, um was zu tun? Um … zu warten. Stundenlang. Inzwischen hielt man im Palast ein geheimes Ritual ab. Shintō-Priester öffneten die Türen eines Schreins, zogen sich unter Verbeugungen

zurück. Archaische Musik. Gebete. Essensopfergaben werden dem Innersten des Schreins vorgelegt, heiliger Wein. Als säße jemand darin, den es zu besänftigen galt. Eine Gottheit?

Hinterher wurde der mannshohe Schrein verschlossen, mit schneeweißer Seide bedeckt und zu einer Sänfte getragen. Darin, eskortiert von acht berittenen Priestern, ging es zum Bahnhof, gefolgt von seiner Herrlichkeit selbst, Hirohito. Dem Herrscher zur Seite Nagako, seine Frau. Wo immer die Prozession vorbeikam, warfen sich die Menschen zu Hunderten in den Staub, beteten sie an. Erst den Schrein. Dann den Tenno. Genauso, dachte ich mir, muss es bei uns im Mittelalter gewesen sein, wenn die Relikte von Heiligen durch die Straßen getragen wurden.

Heute, am 10. November, ist es also so weit: die Krönung. Womit wir abermals in die Falle tappen. Ein Tenno wird nicht gekrönt. Krönungen sind etwas für den Westen. Für Kulturen, die prachtvolle Insignien brauchen, äußere Zeichen der Macht, um sie herzuzeigen. Funkelnde Kronjuwelen, die in Türmen schwer bewacht werden. Reichsäpfel aus Gold. Und ein diamantenbesetztes Zepter.

Aber auch Japan hat Insignien. Die jedoch sind das Heiligste überhaupt und nicht für fremde Augen bestimmt. Nur der Tenno und eine Handvoll Shintō-Priester, deren oberster Priester er selbst ist, dürfen sie je sehen. Und das soll auch bis in alle Ewigkeit so bleiben. Den Menschen muss es genügen zu wissen, dass es die Insignien gibt: eine Kette (manchmal heißt es auch, es wäre ein Krummjuwel, der aussieht wie ein Miniatur-Kipferl), ein Schwert, ein Spiegel. Sie den Menschen nicht zu zeigen, weiß der Tenno, verstärkt ihre Wirkkraft. Somit auch die Tugenden, für die sie stehen und die auf ihn, den Gottgleichen, übergehen: die Güte der Kette, die Tapferkeit des Schwerts, die Weisheit des Spiegels.

Bekannt ist allein die Geschichte ihrer Herkunft. *Amaterasu,* die Sonnengöttin selbst, hatte sich einst vor ihrem gewalttätigen Bruder, dem Ozeangott Susanoo, in einer Höhle versteckt. Um sie hervorzulocken, boten andere Gottheiten Tänze dar. Und: Man schenkte ihr ... Kette, Schwert und Spiegel. Diese übergab sie später ihrem Enkel Ninigi. Er solle damit über die Erde wachen. Dessen Sohn wurde erster Tenno Japans. Seit damals werden Kette, Schwert und Spiegel getrennt aufbewahrt. Jedes in einem Schrein. Jedes in einer anderen Stadt.

Ein Symbol der Machtergreifung kennen wir aber doch. Es ist eine Art Zepter, ein schlichter Holzstab zum Zeichen seiner Priesterwürde. Der Amtsstab. Ihn hält der Tenno (Foto) in der Hand, wenn er den Thron besteigt und in seiner sperrigen Kleidung aussieht, als wäre er eine hölzerne Skulptur und nur sein Gesicht aus Fleisch und Blut.

Als ich davon gelesen habe, hat meine Fantasie wilde Sprünge gemacht. Das kann doch nicht sein! Wie sehen diese Dinger aus? Irgendwo muss es ein Foto geben ... ein Gemälde ... eine Skizze ... oder eine Beschrei–? Nichts. So was von nichts, dass böse Zungen behaupten, es gäbe sie gar nicht. Andererseits

liegt nicht darin das Wunderbare an diesem über Jahrtausende bewahrten Geheimnis? Jeder kann sich sein Bild machen, und jedes ist stimmig. Es gibt kein Richtig oder Falsch, weil es nicht vorgesehen ist, sie zu zeigen: nicht Kette, nicht Schwert, nicht Spiegel.

Dennoch wissen wir einiges wie: Die Inthronisation ist in drei Teile gegliedert. Deren erster liegt am 10. November 1928 bereits zwei Jahre zurück. Er erfolgte gleich nach dem Tod seines Vorgängers, Vater Taishō. Da wurden ihm, dem jetzt 124. Tenno, die Heiligtümer eins und zwei präsentiert. Erst die Kette. Dann das Schwert. Güte und Tapferkeit. Das wichtigste allerdings, der Spiegel, blieb im Schrein. Er würde erst für die Zugfahrt nach Kyoto, von der wir anfangs gehört haben, hervorgeholt werden. Fast zwei Jahre später.

Womit wir nahtlos von Teil eins zu Teil zwei kommen. In diesen zwei Jahren scheint nicht viel zu geschehen. Sollte man meinen. Tatsächlich läuft die Maschinerie des Zeremoniells hinter den Kulissen auf Hochtouren. Unantastbare werden gesucht. Bauern, würdig dank Lebenswandel, Moral, Herkunft, auf ihren Feldern heiligen Reis anzupflanzen. Der Reis ist unverzichtbar für Teil zwei und drei, Thronbesteigung und Gottwerdung des Tennos. Die Bauern und ihre Familien müssen höchsten Ansprüchen genügen. Ist der Reis einmal gereift und geerntet, wird jedes Korn einzeln von Hand poliert. Aus einem Teil wird Sake gebraut, der andere in einem Schrein für den großen Tag aufbewahrt.

Auch im Kaiserpalast (der ja keiner ist) laufen die Vorbereitungen längst. Zwischen den Palastmauern und dem *Shinshin-den* (der altehrwürdigen Thronhalle, einem offenen Bau mit geschwungenem Dach so groß wie ein Hangar) werden Pavillons für die Gäste errichtet, ausländische Gesandte und heimische Würdenträger. Alle Beteiligten, vom Holzfäller bis zum Zimmerer, sind ebenfalls Makellose und von Priestern rituell gereinigt.

Später bauen sie zwei kleine Hütten, Herzstück der Gottwerdung des Tennos. Ihr Dach ist aus unbehauenen Stämmen, die Stützen aus Weichholz samt Rinde. Anstelle von Wänden gibt es Vorhänge. Kein einziger Nagel steckt im Holz, geflochtene Weinranken halten die Balken zusammen. Ein strohgedeckter Korridor verläuft zwischen den Hütten, eine jede mit halbhohen Binsenschirmen umzäunt und eine jede mit zwei Räumen. Darin ... nein, das würde jetzt zu schnell gehen.

Schön der Reihe nach. Bleiben wir bei Teil zwei: Der 10. November, Tag der Thronbesteigung: Der Morgen steht im Zeichen der Toten. Es gilt, den Geistern der Ahnen von der Ankunft des neuen Tenno zu berichten.

Der Kieselboden auf dem Palastgelände ist geharkt und geglättet, als wären es Edelsteine. Jede Linie ist in perfektem Verlauf. Zwischen den neuen Pavillons sehen wir eine Bühne. Shintō-Tänze werden dargeboten. Weiter hinten bewacht eine Ehrengarde in alten Kostümen die Palasttore. Lanzenträger. Bogenschützen. Im Vordergrund, erhöht, steht ein Schrein. Ein Prunkstück schlichter Eleganz.

Der Tenno erscheint, begleitet von seiner Frau Nagako. Beider Hände sind mit geweihtem Wasser gewaschen. Hirohito nimmt den Amtsstab entgegen. Trommeln und ein Gong schlagen an. Dreimal. Musik. Dann öffnen verschleierte Diener die Türen des Schreins. Nur der Tenno kann den Inhalt sehen.

Der Spiegel.

Essen wird auf einen Altar gelegt. Das Murmeln von Gebeten. Kämmerer legen Kette und Schwert neben den Herrscher. Er selbst geht zum Altar, betet zur Sonnengöttin. Und er verliest die *Proklamation*, einen jahrhun-

tealten Text, der seine Ankunft, die Ankunft des Tennos zum Inhalt hat. Herrscherin und Gefolge ziehen sich zurück. Die Opfergaben werden entfernt, der Schrein geschlossen.

Am Nachmittag ist die eigentliche Thronbesteigung, ein politischer Akt mit großem Publikum. Wir befinden uns beim *Shinshin-den,* der Thronhalle. Auf einem Podest (für die Gäste durch Vorhänge verdeckt) stehen zwei Throne, betont schlicht, schwarz lackiert. Darüber ein gefirnisster Baldachin, überragt von einem Phönix. Draußen auf dem Vorplatz werden Wappen präsentiert, die Brokatbanner von Sonne, Mond und Chrysantheme. Neben den Stufen zum Podest zwei Bäumchen. Kirsche. Orange. Zuoberst auf den Stufen des Podests der Premierminister. Er steht hier als Vertreter des japanischen Volkes.

Gongs und Trommeln werden angeschlagen. Boten kündigen den Herrscher an. Von hinten, außer Sicht der Gäste, betritt der Tenno das Podest, in einer Robe aus dumpfem Orange, Symbol der frühesten Farbe der aufgehenden Sonne. Er setzt sich auf den Thron, Schwert und Kette werden neben ihn gelegt. Nun folgt die Herrscherin. Jetzt erst gehen die Vorhänge zurück. Tiefe Verbeugungen allseits. Den Priesterstab in Händen, erhebt sich der Tenno. Abermals verliest er die *Proklamation*. Nun an den Premierminister. Nein, er liest nicht, er schreit die Sätze regelrecht. Begleitet von Bitten ans Volk, es möge ihm helfen, seine schweren Aufgaben zu erfüllen.

Dann der Höhepunkt: der Hochruf auf den Tenno. Ein dreimaliges »Banzai!« Was so viel heißt wie: »Mögest du zehntausend Jahre leben!« Besonders ist, dass der Ruf möglichst von allen Japanern in aller Welt in derselben Sekunde erfolgt. Das Protokoll, das diesen Moment auf die Sekunde festlegt, macht's möglich. Und: Erstmals werden 1928 die drei

Banzais im Radio übertragen. Eine Neuheit. Ja, selbst Tennos gehen mit der Zeit.

Auch ausgewählte Pressevertreter sind erstmals zugelassen. Aber nur bis hierher. Denn was jetzt noch fehlt, ist das Allerheiligste überhaupt: Teil drei.

Der erfolgt vier Tage später in der Nacht zum 15. Jetzt sind wir bei den mysteriösen Hütten. Was in ihnen geschieht? Niemand außer dem Tenno hat es je erlebt, je gesehen. Nach einem rituellen Bad ist es nach Einbruch der Dunkelheit so weit: Barfuß wandelt der Tenno auf die erste Hütte zu. Er schreitet zwischen Himmel und Erde. Binsenmatten werden unter seinen Füßen entrollt. Zu keiner Zeit darf die Haut den Boden berühren. Ein Schirm überkopf hält andere Gefahren von Verunreinigung fern.

Dann, im Fackelschein von Soldaten, betritt er die erste Hütte. Opfergaben erwarten ihn. Fisch, Fleisch, Hirse, getrocknete Früchte. Reis und Sake von den heiligen Feldern. Nun ist es Zeit, die Göttlichkeit zu erlangen, in Verbindung zu treten mit Urahne *Amaterasu*. Die Musik verstummt. Was der Tenno sieht? So viel wissen wir: Alles ist ur-japanisch, befreit von chinesischem Einfluss. Tradition pur. Aus Eichenblättern geflochtene Schüsseln. Wein. Weinschalen. Die Opfergaben. Eine Binsenmatte. Schlichteste Einrichtung. Eine Art Couch. Und: der Schrein mit dem Spiegel.

Vorhang zu.

Hier vollzieht sich das nicht Fassbare. Hier ergreifen Mythos und Altertümlichkeit und Gottgleichheit Besitz vom Tenno. Die Jahrhunderte fliegen an ihm vorüber. Er an ihnen. Drei Stunden in stummer Anbetung. Dann die zweite Hütte. Dasselbe Prozedere. Nach einem weiteren Tag in mystischer Zurückgezogenheit ist es, als würde ein Schalter umgelegt. Plötzlich sind Jubel und Ausgelassenheit angesagt. Es geht ans Feiern, und da sind wir natürlich wieder mit dabei.

Die Banketthalle ist ein quadratischer Bau. Gigantisch groß. An den Wänden Tische. In der Mitte eine kleinere Halle. Hier erfreut der neue Herrscher seine Gäste mit alten Tänzen. Zu sehen ist eine Bühne mit zwei gewaltigen Trommeln in Halterungen aus geschwungenem Holz, zinnoberrot bemalt. Sie erinnern ans göttliche Feuer. Hinter den Musikern ein Vorhang aus breiten Streifen. Scharlachrot. Schwarz. Eine verwirrende Harmonie.

Glasklar hingegen die Abfolge der Banketts - drei in zwei Tagen. Das erste im japanischen Stil. Besonders daran: die Dominanz der Farben schwarz und weiß. Sie stehen für das Wechselspiel von Trauer und Jubel. Frei nach unserem Motto: Der Kaiser ist tot. Lang lebe der Kaiser. Bloß – es gibt ja keinen Kaiser.

Das zweite Bankett (215 Personen) ist Familie und Adel vorbehalten.

Und das dritte? Das ist in europäischem Stil. Für 3000 Geladene. Für die Irdischen aus aller Welt. Mit einer Speisenfolge allerdings, die man als himmlisch bezeichnen könnte:

Klare Schildkrötensuppe
Lachsforelle in Sauce Diplomate (eine Fischrahmsauce mit Hummerbutter, Hummer- und Trüffelwürfeln)
Kalte Wachtel auf Sauce Belle Vue (cremig, mit Gelatine, Crème fraîche, Mayonnaise, Petersilie, Estragon und Zitronensaft)
Filet de bœuf à la jardinière (Ochsenfilet mit Gartengemüse)
Sellerie in Sauce Mœlle
Gegrillter, getrüffelter Truthahn
Pudding à l'Impériale (mit Vanille, Früchten)

Zweierlei, das Ochsenfilet und den Sellerie Mœlle, möchte ich Ihnen hier vorstellen:

Ochsenfilet mit Gartengemüse

Zutaten für 4 Personen:

600 g Ochsenfilet (in einem Stück)

400 g junge Karotten, geschält und geschnitten

400 g Fisolen, geschnitten

250 g Spargelspitzen

250 g Erbsen

1 große Zwiebel

50 g Butter

Unbehandeltes Salz, Pfeffer

1 Lorbeerblatt

1 Thymianzweig

1 Glas Portwein

Den Ofen auf 200/210 °C vorheizen.

Eine Bratpfanne stark erhitzen und Butter beigeben.

Das Ochsenfilet scharf auf allen Seiten anbraten (2–3 Minuten), sodass es eine schön gleichmäßige Färbung erhält.

Das angebratene Fleisch salzen und pfeffern und in eine ofenfeste Form legen und für ca. 20 Minuten in den Ofen schieben.

Inzwischen die Zwiebel in Butter anschwitzen, Karotten, Fisolen und Erbsen dazugeben und kurz dünsten. Mit Kalbsfond aufgießen.

Lorbeerblatt und Thymian beigeben und bei reduzierter Hitze köcheln lassen.

Kurz bevor das Gemüse bissfest ist, die Spargelspitzen beimischen.

Mit Salz abschmecken.

Eine große Platte für Fleisch und Gemüse herrichten. Drapieren Sie das Gemüse kreisförmig und lassen Sie in der Mitte Platz für das Filet.

Ist das Filet nun – je nach Wunsch – *au point* (medium) oder noch *saignant* (rare), holen Sie es aus dem Ofen.

Schneiden Sie das Filet auf und platzieren Sie die Scheiben inmitten der Platte mit dem Gemüse.

Den Portwein in den Bratensaft gießen und mit dem Kochlöffel gut verrühren.

Mit der Hälfte der Sauce übergießen Sie nun das Fleisch, den Rest stellen Sie in einer Sauciere bei. Fertig – und sofort servieren.

▷ Tipp: Wenn Sie den Portwein zugießen (Schritt 12), können Sie die Sauce sogleich auch mit Butter »aufmontieren«, sprich: den Wein erhitzen und dann einige Butterflocken beigeben und kräftig einrühren. Das macht den Saft sämiger.

Sellerie in Sauce Mœlle

Zutaten für 4 Personen:
Für den Sellerie:

300 g Knollensellerie (fein säuberlich geschält und in 2–3 mm dünne, fingerbreite Streifen geschnitten)
Wasser
Unbehandeltes Salz

Leicht gesalzenes Wasser zum Kochen bringen.
Den Sellerie darin 10–15 Minuten auf kräftiger Flamme kochen, bis er al dente, also bissfest ist.
Den Sellerie abseihen und beiseitestellen.

Für die Sauce Mœlle:

200 ml Rotwein (am besten ein schöner Bordeaux)
400 ml Kalbsfond
100 g Knochenmark vom Ochsen oder Rind
10–15 g Schalotten, fein gehackt
1 EL Butter (zum Anschwitzen der Schalotten)
1 Lorbeerblatt
1 Thymianzweig
1 Limettenscheibe
1–2 EL kalte Butter (in kleinen Stückchen)

Schalotten in Butter leicht anschwitzen, mit Wein ablöschen, die Flüssigkeit um 2/3 reduzieren lassen. Thymian und Lorbeerblatt beigeben.
Kalbsfond dazugießen und um die Hälfte einköcheln lassen.
Gegen Ende das Knochenmark beigeben, ebenso die Limettenscheibe.
Fond durch ein Käsetuch abseihen.
Erst jetzt die Butterflocken in den Fond einrühren – fertig ist Ihre köstliche Sauce Mœlle. Mit dem im Wasserbad oder Dampfgarer aufgewärmten Sellerie servieren.

▷ Tipp: Sie können auch eine Demi-glace zubereiten und diese anstelle des »einfachen« Kalbsfond verwenden – das bedeutet zwar etwas zusätzlichen Aufwand, verleiht der Sauce allerdings eine herrliche Raffinesse.

Für die Demi-glace:

3–4 Karotten (oder gleich einen Bund Suppengrün mit Sellerie, Lauch, Petersilienwurzel und so weiter)

250 g Bauchspeck, gewürfelt (Lassen Sie sich vom Metzger Ihres Vertrauens Wurst- und Fleischreste geben, und am besten noch ½ kg Knochen von Rind und Schwein dazu.)

1 Zwiebel, fein gewürfelt

2–3 l Kalbs- oder Rinderfond

½ l Portwein (Sie können aber auch gewöhnlichen Rotwein verwenden)

1 EL Mehl

3–4 EL Tomatenmark (sollte ca. der Menge einer halben Tube entsprechen, am besten aber selbst gemachtes, die Anleitung dazu finden Sie auf der Seite 284)

Pfefferkörner, Lorbeerblätter, Kümmel, Majoran, Wacholderbeeren

Das Wurzelwerk waschen und nötigenfalls schälen. Alles grob schneiden (die Karotten etwa in 4–5 Stücke, je nach Größe).

Knochen und Fleischreste in einen großen Bräter geben. Zwiebel mitsamt der Schale, doch halbiert, ebenfalls in den Bräter. Desgleichen das Wurzelwerk. Nun alles bei 200 °C im Backofen für ca. eine ¾ Stunde rösten lassen. Austretendes Fett nach Möglichkeit abschöpfen.

Jetzt das Tomatenmark dazugeben, alles einmal gut durchmischen und für weitere 20 Minuten rösten. Dann aus dem Ofen nehmen und auskühlen lassen (das hat zur Folge, dass das übrige Fett stockt und sich leichter entfernen lässt).

Nun den Speck und die Wurstreste in einen großen Topf geben. Geben Sie die gerösteten Knochen, die Fleischabfälle und das Gemüse dazu und würzen Sie nach Belieben (Achtung: Nicht mehr als 3 Wacholderbeeren!).

Nun den gesamten Rotwein zugießen und so viel vom Kalbs- oder Rinderfond, dass alles schön bedeckt ist. Zum Köcheln bringen.

Lassen Sie alles schön einkochen, also 3–4 Stunden. Dabei immer wieder mit dem übrigen Fond aufgießen und umrühren. Ist der gesamte Fond aufgebraucht, reduzieren Sie ihn abermals – ca. auf die Hälfte. Dabei immer wieder umrühren, damit nichts anbrennt.

Seihen Sie die Demi-glace nun durch ein grobes Sieb in einen zweiten Topf und danach durch ein feines Sieb. Die Sauce sollte nun eine kräftige, dunkelbraune Farbe angenommen haben, aber noch recht dünn sein.

Nun die dünne Sauce abermals zum Köcheln bringen und so lange reduzieren, bis sie die gewünschte Konsistenz hat.

▷ Tipp: Diese Demi-glace lässt sich auch wunderbar einfrieren und bei jeder Gelegenheit (etwa als Basis für weitere Saucen) verwenden

1929

Die erste Oscar-Nacht. Das Essen, das es bei dem damals noch vergleichsweise bescheidenen Ereignis gab.

Second Ann
Academy of [
BLOSS
HOLL

ary and Awards Banquet
Picture Arts and Sciences
M - ROOSEVELT HOTEL
MAY 16 1929

Als der Oscar (beinahe) auf den Hund kam

Was würden Sie sagen, wenn ich Ihnen erzähle, dass der erste Oscar der Filmgeschichte im Jahr 1929 (Kategorie: bester Hauptdarsteller) um ein Haar nicht an einen Hund ging? Und dass Emil Jannings, der den Preis letztlich erhielt, auf einem Schiff nach Europa saß, während seine Kollegen bei Frittatensuppe, Seezunge und Huhn auf Toast ohne ihn feierten? Überhaupt birgt diese Award-Premiere einige Überraschungen. Kein Presserummel. Eine nur 15-minütige Zeremonie. Und eine Statue namens Oscar, die lange gar nicht Oscar hieß und dann plötzlich gleich von vier Menschen so benannt worden sein soll. Hier die Geschichte dazu.

Emil Jannings

Verlag „Ross" Berlin SW 68.

einzige Deutsche bleiben, dem diese Auszeichnung zugesprochen würde (ja, natürlich, der Deutsch-Österreicher Christoph Waltz, übrigens lange Zeit Stammgast in meinem ehemaligen Lokal »Speisezimmer« im Hinterhof der alten Lokfabrik in Berlin, hat sogar zwei erhalten, 2010 für *Inglourious Basterds* und 2013 für *Django Unchained*, doch beide für die beste Nebenrolle).

Die Recherchen zu dieser Geschichte haben mir die Tore zu zwei völlig unterschiedlichen Welten aufgestoßen, die letzten Endes aber in einer mündeten. Zum einen die Welt der 34 Zentimeter hohen, 3,85 Kilo schweren Statuette namens Oscar. Und zum anderen die Welt des kleinen Theo, Sohn eines US-Kaufmannes mit einer Deutschen mit jüdisch-russischen Wurzeln. Mit ihm und seinem kometenhaften Aufstieg möchte ich beginnen.

Theodor Friedrich Emil Janenz heißt er genau genommen, als er 1884 in der Schweiz zur Welt kommt (doch von Anfang an die deutsche Staatsbürgerschaft besitzt). Irgendwann schmeißt Theo das Gymnasium, wird Schiffsjunge und gegen den Willen der Eltern Volontär am Theater in Görlitz an der Lausitzer Neiße im Osten Deutschlands, scharf an der Grenze zu Polen. Er habe keinerlei Talent, bescheinigt man ihm. Theodor Janenz gibt nicht auf, zieht mit Wanderbühnen durchs

Emil Jannings?

Kaum jemand kann sich heute noch an den Namen erinnern. Dabei war er der erste beste Schauspieler der Welt. Ihm wurde zuallererst für filmische Leistungen jene Ehre zuteil, die heute Wochen im Voraus globale Hysterien erzeugt und jedermann als Oscar bekannt ist, damals aber nicht Oscar hieß. Überhaupt sollte Jannings bis zum heutigen Tage der

Land, heißt eines Tages plötzlich (niemand kann sagen, wann genau und warum) Emil Jannings und kommt mit bekannten Persönlichkeiten in Kontakt. Er schafft es zu einem Engagement am Königlichen Schauspielhaus in Berlin. Und feiert plötzlich Riesenerfolge.

Jannings ist das geborene Scheusal. Verführer, Lüstling, Tier, alles in einem. Und die Deutschen lieben ihr Scheusal, ihren wuchtigen Bühnentyrann. Wenn er in Kleists *Der zerbrochene Krug* als Dorfrichter Adam dort oben steht und eine Leberwurst um die andere im Ganzen verschlingt und schmatzt und grunzt und hinterher rülpst, gibt es auf den Rängen kein Halten mehr. Der Stummfilm entdeckt ihn, und Jannings für sich die *UFA* (Universum Film AG) als erstklassige Geldquelle. Plötzlich sieht er sich auch international begehrt, nicht zuletzt dank Historiendramen, etwa *Die Augen der Mumie Ma.* Und als er 1926 auszieht, um dem Ruf der *Paramount Pictures* nach Amerika zu folgen, ist die Trauer im Land unermesslich groß, auch medial. *Unser Bester geht nach Amerika,* titelt etwa der *Film-Kurier,* Deutschlands erstes tägliches Filmblatt.

Dort, jenseits des großen Teichs, formiert sich zur selben Zeit die *Academy of Motion Picture Arts and Sciences* (AMPAS), heute zumeist nur *The Academy* genannt. Louis B. Mayer, Kopf der Filmgesellschaft Metro-Goldwyn-Mayer, will ursprünglich eine Organisation gründen, die zur Beilegung von Arbeitsstreitigkeiten beiträgt, sein Image als Unternehmer verbessert und zugleich ohne Gewerkschaft auskommt. Er und Gleichgesinnte rufen eine Art Eliteclub mit einem jährlichen Bankett ins Leben, deren Mitglieder ausnahmslos diesen fünf Berufsgruppen der Filmbranche angehören müssen: Schauspieler, Regisseure, Autoren, Techniker, Produzenten.

36 potentielle Mitglieder treffen sich im Jänner 1927 im Ambassador Hotel in Los Angeles, und kurzerhand erklärt Mayer sie alle zu Gründungsmitgliedern von *The Academy,* die er soeben aus der Taufe hebt. Bald verfällt Mayer auf die Idee eines jährlichen Preises, erklärt seine Motivation so: »Der beste Weg Filmschaffende zu zähmen, ist sie von oben bis unten mit Medaillen zu behängen. Gebe ich ihnen Pokale und Preise, bringen sie sich dafür um und produzieren, was ich möchte.«

Als Gastgeber der ersten Zeremonie wird Douglas Fairbanks auserkoren, Schauspieler, Drehbuchautor, Regisseur und Produzent, genannt: *König von Hollywood,* ein Spitzname der später auf Clark Gable übergehen sollte. Auch das Datum wird fixiert: der 15. Mai 1929. Obendrein die Zahl der Kategorien (zwölf) wie auch die Modalitäten: Der Preis soll Leistungen der vergangenen beiden Jahre würdigen. Und zugleich für mehrere Leistungen gestiftet werden können (was im Folgejahr bereits nicht mehr gehen wird). Bei Jannings würde aber genau das der Fall sein, indem man ihn für *Sein letzter Befehl* (*The Last Command*) auszeichnet wie auch für *Der Weg allen Fleisches* (*The Way of All Flesh*), übrigens der einzige oscarprämierte Film der Geschichte, der als verschollen gilt.

Der Preis ist also initiiert. Nun muss eine Trophäe zum äußeren Zeichen der Ehrung her. *Academy Award of Merit* soll sie heißen. Mayer bittet Austin Cedric Gibbons, Art-Direktor und Filmarchitekt, um einen Entwurf. Gibbons, ein großer Freund des gerade hippen Art-déco-Stils, in dem er auch sein Haus designen lässt, und noch im Eindruck einer Parisreise, wirft seine Ideen zu Papier. Und der Künstler George Stanley formt für 500 Dollar Gage den Prototypen jener Skulptur, die wir heute (kaum verändert) kennen: ein goldener Adonis, der als Schwertträger auf einer Filmrolle steht und symbolisch über die Branche wacht.

Genau hier beginnen sich die ersten Legenden rund um die Statuette zu ranken. Dolores del Río, glamouröser Stummfilmstar jener Tage, behauptet nämlich eines Tages, ihr mexikanischer Freund Emilio Fernández habe für den *Academy Award of Merit* splitternackt Modell gestanden (womöglich, um dessen Karriere als Schauspieler voranzutreiben). Lachhaft heißt es damals schon dazu. Der Körper der Figur sei viel zu abstrakt, die Muskeln viel zu definiert, als dass irgendwer hätte als menschliches Vorbild dienen können.

Und dann, Jahre später, als der Oscar endlich Oscar heißt (ab 1939), geht es mit der Namensgebung los. Gleich vier Menschen werden Anspruch erheben: Bette Davis, die wiederholt sagt, die Statue erinnere sie an ihren ersten Mann Harmon Oscar Nelson Jr. Darum der Name. Der Klatschkolumnist Sidney Skolsky, der darauf besteht, der Name sei allein auf seinem Mist gewachsen. Walt Disney persönlich, weil er den Vorschlag aufgegriffen und durchgesetzt habe, nachdem er von irgendwem davon gehört hat. Und Margaret Herrick, damals Chef-Bibliothekarin der Academy und später Executive Director, eine Art CEO im Filmbusiness, die beim Anblick der Statue gerufen haben soll: »Der sieht ja aus wie mein Onkel Oscar!« Ihre Version ist jedenfalls die offizielle, von der Academy autorisierte.

Und dann wäre da noch die Sache mit dem eingangs erwähnten Hund: Sein Name ist *Rin Tin Tin*, ein deutscher Schäferrüde, den ein US-Soldat im Ersten Weltkrieg als Welpe aus einem zerschossenen Stall in Frankreich rettete und mit nachhause nahm. 26 Filme später ist Rin Tin Tin in den USA der Me-

gastar, und als nun der erste *beste Schauspieler der Welt* zur Wahl steht, fällt die Mehrheit der Stimmen auf ihn: Rin Tin Tin.

»Wir können den ersten Preis nicht an einen Hund vergeben«, wird Academy-Gründer Louis Mayer zitiert, dem da schon eine glorreiche Zukunft des Awards vorschwebt, »das würde einen falschen Eindruck vermitteln.« Also muss erneut abgestimmt werden. Diesmal für einen menschlichen Kandidaten (mit durchaus tierischem Potential). Und der heißt Jannings.

Dann ist es so weit. Der Abend des 15. Mai 1929. Die Türen des festlich geschmückten Blossom Room im Hollywood Roosevelt Hotel von Los Angeles springen auf und 270 Gäste strömen an die 36 Tische (pro Gründungsmitglied der AMPAS einer). Mitglieder der Academy können Gäste für 5 Dollar Gebühr mitbringen (nur zum Vergleich: Eine Kinokarte kostet damals 25 Cent, ein Transatlantik-Gespräch New York/London allerdings 75 Dollar, für drei Minuten).

Die Zeremonie, abgehalten von Douglas Fairbanks, dauert eine Viertelstunde, erfolgt weitgehend unter Ausschluss der Öffentlichkeit. Kein roter Teppich. Kein Radio. Kein Fernsehen (das steckt gerade in den Kinderschuhen). Keine Reporterhorden. Zeitungen wie The Bakersfield Californian würden zwei Tage später titeln: *Jannings' Honored; Performance Best.* Darunter eine bessere Kurzmeldung zum Thema. Sonst nichts. Andere würden überhaupt bloß vom neuesten Jannings-Film berichten, *Betrayal*. Von seinem grandiosen Auftritt als alternder Liebhaber in den Schweizer Alpen. Keine Silbe von der Verleihung. Doch das sollte sich, wie wir wissen, in den Folgejahren dramatisch ändern.

Während also die Kollegen am Abend des 15. Mai im *Blossom Room* feiern und speisen, speist Emil Jannings anderswo: an Bord eines Schiffes, das ihn heim nach Europa bringt. Im Gepäck seine Statue aus vergoldeter Bronze (spätere Modelle sind aus Kupfer, Neusilber und im Zweiten Weltkrieg sogar, wegen Metallknappheit, aus Gips gefertigt). Vom Gewinn hat man ihn drei Monate (!) zuvor per Telegramm informiert. Auch hat er die Statue vorab erhalten, einigermaßen formlos (stellen Sie sich das heute mal vor, bei all dem Aufsehen, all der Geheimniskrämerei rund um die Verleihung!).

Jannings hat zu dieser Zeit bereits mit Amerika abgeschlossen. Sechs Filme in drei Jahren, in denen er vom Poltergeist auf der Bühne zum Charakterdarsteller mutiert ist, belohnt mit zu jener Zeit astronomischen Gagen (5000 Dollar die Woche). Ein ausschweifender Lebensstil mit Villa am Hollywood Boulevard, in der ein dressierter Papagei Gäste mit dem Schrei »Nutte!« empfängt. Dennoch will er weg. Auch aufgrund der bitteren Erkenntnis, die das *German Film Genius* (The New York Times) gewonnen hat, dass der Stummfilm (»Ein Auslaufmodell … wie ein kalter Arsch mit Birnenkompott!«) nichts für ihn ist. Weil er seine vielseitige Stimme nicht wie im Theater einsetzen kann. Außerdem hat man ihm seine ausladende, als exaltiert bezeichnete Art zu spielen immer öfter vorgehalten. Und die Paraderolle, in die er sich gedrängt fühlt (ein ewig leidender Mann, den die Umstände und die Frauen ins Verderben ziehen, sodass er unglücklich stirbt) hat auch längst aufgehört ihm zu schmecken.

Darum hat er für sich und seine Frau Gussy Holl, Schauspielerin und *Diseuse* (Sängerin), eine Passage in die alte Heimat gebucht. Dass dies der Auftakt eines Selbstverkaufs an die Nazis unter Propagandaminister Goebbels sein und ihm nach Kriegsende ein Berufsverbot eintragen würde, das ihn zeitlebens in seiner Villa am Wolfgangsee in Strobl (Salzburg) hadern lässt, steht auf einem anderen Blatt Papier. Zu dieser Stunde jedoch ist Jannings, weil auf dem Heimweg, guter Dinge. Und die anderen Preisträger sind es auch, allen voran die erste beste Schauspielerin der Welt, Janet Gaynor wie auch Charlie Chaplin (er erhält den Ehren-Award). Bestimmt hätte das Menü (oder wenigstens Teile davon) auch Jannings, diesem Hundert-und-mehr-Kilo-Mann, zugesagt. Neben diversen Hors¬d'œu¬v¬res, von Brötchen über Oliven und Sellerie bis hin zu Nüssen, stehen in Butter geschwenktes Seezungenfilet und Huhn auf Toast bereit. Begleitet von Fisolen und gebratenen Erdapfelspalten (heute würden wir sagen: Wedges), Kopfsalat mit Tomaten und French Dressing, Eiscreme (Vanille, Schoko) und diversen Kuchen nebst Mokka.

Jannings liebt es aber vorwiegend deutsch. Und deftig. Auch belegt dadurch, dass er sich am Set in Hollywood oft Sauerbraten hat servieren lassen. Oder Königsberger Klopse. Vermutlich bei wehmütigen Gedanken an die Berliner Bühnen mit ihren Leberwürsten. Aber: Wenigstens diese eine Speise am Abend der *First Annual Academy Awards* hätte Heimatgefühle in ihm wecken müssen, wäre gewiss nach seinem Geschmack gewesen, wäre er nur zur ersten Oscar-Verleihung der Filmgeschichte erschienen: *Consommé Célestine*, Frittatensuppe beziehungsweise Kraftbrühe mit Pfannkuchenstreifen.

Hier das Rezept.

Halbes gebratenes Huhn auf Toast und Fisolen

Zutaten für 4 Personen:
Für das Brathuhn:

1 ganzes Bio-Huhn (halbieren können Sie es hinterher immer noch, doch das ganze Huhn brät sich bedeutend besser)
1 Bund Petersilie, frisch gehackt (es darf auch ruhig mehr sein)
50 g Butter (ungesalzen)
Unbehandeltes Salz, Pfeffer aus der Mühle

Das Huhn 1 knappe Stunde vor dem Braten aus dem Kühlschrank holen. So nimmt es Raumtemperatur an. Reiben Sie es außen und innen kräftig mit Salz und Pfeffer ein, dann mit Petersilie füllen (das gibt nicht nur Geschmack, sondern zusätzliche Feuchtigkeit, die sonst beim Braten fehlt).

Wer das Glück hat, einen Drehgrill zu besitzen, heizt ihn auf 220 °C vor, spießt das Huhn auf und brät es ca. 1 Stunde.

Andernfalls: Einen Bräter mit Butter ausstreichen, den Ofen auf 200 °C vorheizen und das Huhn zunächst mit der Brustseite nach unten ins Rohr geben. (Achtung: Schalten Sie nicht auf Heißluft, so wird das Huhn zwar gleichmäßig braun, dafür aber auch rasch zu trocken. Mit Ober-/Unterhitze gelingt es richtig.)

Nach ca. 30 Minuten von der Brustseite auf den Rücken drehen und fertig braten. (Prinzipiell, wie bei jedem anderen Geflügel auch, gilt als Faustregel: 1 Stunde Bratzeit pro kg.)

Etwa ¼ Stunde vor Ende der Garzeit das Huhn mit cremiger, doch nicht flüssiger Butter bestreichen (3–4 Mal).

Gar ist Ihr Huhn, wenn es nicht mehr blutig ist (auf jeden Fall testen!) und der Saft aus dem Bauchraum austritt.

Das Huhn tranchieren, die Bruststücke zur Seite legen und in mundgerechte Stücke schneiden.

Auf die fertigen, mit Barbecuesauce bestrichenen Toasts drapieren. Mit den Fisolen umkränzen und servieren.

Für den Knoblauchtoast:

8 Scheiben Toastbrot
Knoblauch (gepresst, nach Belieben)
Butter, zerlassen
Salz, Pfeffer

Knoblauch und Butter in einer kleinen Schüssel verrühren und würzen. Je 1 Seite des Toastbrotes mit der Mischung bestreichen und mit der bestrichenen Seite nach oben im Backrohr (Grill, 200 °C) 2–3 Minuten backen.

Wenden und noch 1 Minute im Rohr lassen.

Amerikaner lieben bekanntlich fertige Saucen. Ich würde allerdings zur selbstgemachten greifen. Hier das passende Rezept:

Für die Barbecuesauce:

1 kg erntereife Tomaten
4 Knoblauchzehen (nicht zu klein, geschält und fein gehackt)
6 EL brauner Zucker
6 EL Bienenhonig
3–4 EL Tomatenmark
4 EL Worcester Sauce
1 EL Öl
100 ml Apfelessig
2 TL Cumin (gemahlener Kreuzkümmel)
Unbehandeltes Salz, Pfeffer aus der Mühle und Chili nach Belieben

Knoblauch in einem größeren Topf in etwas Öl goldgelb andünsten.
Tomaten, Honig, Zucker und Kreuzkümmel beigeben. Ebenso Salz, Pfeffer und Chili. Alles kurz aufkochen lassen. Dabei die Sauce so lange abschmecken, bis der gewünschte Schärfegrad erreicht ist.
Für eine sämige Sauce die Masse nun mit dem Pürierstab mixen (ist aber kein Muss, viele lieben ihre Barbecuesauce auch mit etwas Struktur).
Bei mittlerer Hitze gut 30 Minuten einkochen lassen. Gerät die Sauce dabei zu dick, etwas Wasser beigeben. Ebenfalls den Essig und die Worcester Sauce.
Nun die Hitze reduzieren und die Sauce für weitere 45 Minuten weiter köcheln lassen.
Sauce, die nicht sofort benötigt wird, lauwarm in Gläser abfüllen und gut verschließen. Jene zum sofortigen Verzehr restlos abkühlen lassen und verarbeiten.

▷ Tipp: Bereiten Sie die Sauce am besten am Vortag zu. So kann sie noch ein Weilchen ziehen und die Aromen entfalten sich noch besser.

Für die Speckfisolen:

300 g Fisolen
60 g Bauchspeck (in kleine Würfel geschnitten)
1 Zwiebel (fein gehackt)
1 EL Butter
1 Prise unbehandeltes Salz und Pfeffer

Fisolen waschen, putzen, in 1 cm große Stücke schneiden.
Salzwasser zum Kochen bringen, die Fisolen darin weichkochen (ca. 10–12 Minuten).
Fisolen abseihen, mit eiskaltem Wasser abschrecken.
Butter in einer Pfanne zergehen lassen, Zwiebel glasig dünsten.
Speck dazugeben und sanft anbraten.
Fisolen beigeben, gut durchschwenken und mit Salz und Pfeffer abschmecken.

▷ Tipp: Alternativ können Sie natürlich auch die Fisolen als Ganzes kochen und danach, zu kleinen Bündeln formiert, in Speckscheiben einwickeln, die Sie dann sanft rundum anbraten.

Consommé Celestine

Frittatensuppe heißt sie in meiner Heimat Österreich, Kraftsuppe mit Pfannkuchenstreifen in Deutschland. Klingt nach einem fast schon bescheidenen Mahl anlässlich einer Filmpreisverleihung á la Oscar, ABER: Eine wirklich gelungene Suppe hat es durchaus in sich.

Zutaten für 6–8 Personen:
Für die Brühe:

1,5 kg Suppenfleisch (Querrippe ist empfehlenswert und aufgrund des hohen Knochenanteils hervorragend geeignet. Ebenso gut können Sie Hochrippe nehmen, in Österreich vor allem als Rostbraten bekannt.)
1–2 mittelgroße Zwiebeln
2–3 Lorbeerblätter
1–2 Nelken
1 fingerdickes Stück Ingwer (ca. 2 cm)
1 TL Pfefferkörner schwarz
½ Bund Estragon
1 Bund frisches Suppengrün

Zum Klären der Brühe:

200 g Mirepoix (Röstgemüsemischung mit jeweils 1–2 Zwiebeln und Karotten, möglichst fein gewürfelt. Sie können auch 1 Stück Sellerie dazu schneiden, ebenso Wurzelpetersilie.)
350 g Hackfleisch/Faschiertes vom Rind
3–4 Eiweiße (je nach Größe)
3–4 Messerspitzen unbehandeltes Salz

Spülen Sie das Fleisch kräftig kalt ab. Danach geben Sie es in einen großen Topf mit gut 2 l Wasser. Langsam zum Kochen bringen. Halbieren Sie die Zwiebel(n), bespicken Sie sie mit Nelken und Lorbeerblättern. Geben Sie die Zwiebeln, den Ingwer (ungeschält) und die Pfefferkörner dem Fleisch bei. Nach dem Aufkochen die Hitze reduzieren, alles nun 1 Stunde köcheln lassen. Bei Bedarf Wasser nachfüllen.

Zwischenzeitlich das Suppengrün putzen, waschen und in Stücke schneiden. Geben Sie nun das Gemüse bei und köcheln Sie das Fleisch 1 weitere Stunde. Danach die Brühe durch ein Sieb gießen, anschließend einkochen lassen auf rund 1 ½ l Flüssigkeit. Lassen Sie die Brühe nun völlig erkalten, dann heben Sie die feste Fettschicht ab.

Mirepoix: Sie können das Gemüse in heißem Fett anrösten. Die Außenschicht des Gemüses trocknet dabei aus, der Wassergehalt reduziert sich, herrliche Röstaromen entstehen, obendrein werden Zuckerstoffe karamellisiert (erstmals dokumentiert ist diese Technik übrigens durch den Koch des Herzogs von Mirepoix, der unter König Ludwig XV. im 18. Jahrhundert lebte).

Mischen Sie nun Hackfleisch, Mirepoix und Eiweiß. Mit Salz und Pfeffer würzen. Das Gemisch in die erkaltete Brühe geben, langsam aufkochen. Nicht vergessen, ab und an umzurühren. Bildet sich an der Oberfläche eine weiche, graue und zusammenhängende Schicht, so hören Sie auf zu rühren. Von nun an ca. 30 Minuten bei reduzierter Hitze ziehen lassen, danach den Topf vom Herd ziehen. Legen Sie ein ausreichend großes Sieb mit einem Mulltuch aus. Dann die Brühe durchgießen.

Wichtig: Drücken Sie die Zutaten nicht aus!

Für die Frittaten (Palatschinken):

125 g Mehl (Universal)

Ca. 200 ml Milch*

50 g Butter

3 Eier (mittelgroß)

3 Eigelbe

Pfeffer (frisch gemahlen)

3–4 Messerspitzen unbehandeltes Salz

3 Stängel Petersilie (glatt)

* Idealerweise Heumilch

Verrühren Sie Milch, Eier, Eigelb und Mehl. Mit Salz und Pfeffer würzen. Petersilie waschen, trocknen und fein hacken. Nun in einer beschichteten Pfanne die Butter zerlassen. Rühren Sie flüssige Butter und Petersilie in den Teig ein.

Nach und nach in der Pfanne dünne Palatschinken herausbacken. Übereinanderlegen, einrollen und in feine Streifen schneiden.

Estragon abspülen, der heißen Consommé beigeben und eine knappe ¼ Stunde ziehen lassen. Estragon wieder entfernen, die Suppe bei Bedarf mit Salz abschmecken. Nun die geschnittenen Frittaten in vorgewärmte Teller drapieren, mit Consommé übergießen und sofort servieren.

1929
Frida Kahlo. Das Mahl, das sie ihren Gästen
bei ihrer Hochzeit mit Diego Rivera servierte.

Die Hochzeit von Taube und Elefant

Trauungsfeiern, wo der Bräutigam einen geladenen Revolver trägt, haben bei uns keine große Tradition. Aber wie sieht es in Mexiko Ende der 1920er-Jahre aus? Noch dazu, wenn es die Ehe zweier Maler betrifft, die einander in Verrücktheiten um nichts nachstehen? Ja, dort ist alles, wie es nun mal ist. Auch mit Schießeisen an der Hüfte. Wir befinden uns auf einer Steinterrasse. Dekors in kräftigen Farben. Irdenes Geschirr. Darin köstliche Speisen. Austernsuppe (sie regt, so der Volksglaube, nicht nur den Appetit des Paares an), dann Reis mit Kochbananen, Chiligerichte. Willkommen bei der Hochzeit von Frida Kahlo und Diego Rivera.

Die Taube mit dem Elefanten.

So nannte Matilde Kahlo, geborene Calderón, jene am 26. August 1929 amtlich besiegelte Verbindung, die sie keinesfalls gutheißen wollte. Und es war das mit Abstand Höflichste, was sie über den Bräutigam, den Mann ihrer Tochter, zu sagen hatte. Elefant. Als sie erfuhr, dass Frida sich in den da schon berühmten Wand- und Tafelbildmaler Diego Rivera verliebt hatte, ja, diesen um fast 21 Jahre älteren Mann sogar heiraten wollte, fand sie Worte, von denen sie niemals abrücken würde: »Er ist zu alt. Er ist zu fett, sieht aus wie ein vollgefressener Breughel. Er hat kein Benehmen. Außerdem ist er Kommunist. Und Atheist.«

Keine guten Voraussetzungen für ziemlich beste Freunde. Darum zieht Mutter Matilde auch die Konsequenzen, bleibt der Hochzeit ihres Kindes fern. Guillermo Kahlo, der Brautvater mit Wurzeln im deutschen Pforzheim (wo er noch Carl Wilhelm hieß, ehe er auswanderte), sieht die Sache pragmatischer, möchte, dass sein Kind gut versorgt ist. »Meine Tochter ist krank und wird es immer sein«, sagt er zu Diego, als der um ihre Hand anhält. »Sie ist intelligent, aber nicht hübsch.«

»Sie ist ein Teufel«, erwidert Diego.

»Ich habe dich gewarnt«, sagt Guillermo.

Was beider Aussehen betrifft, so nehmen sich auch Frida und Diego kein Blatt vor den Mund. Sie meint, er gleiche einem Frosch. Er, sie habe (auf ihre buschigen, tiefschwarzen, über der Nase zusammengewachsenen Brauen anspielend) ein Hundegesicht. Und dann heiraten Hundegesicht und Frosch. Taube und Elefant. Womit wir auf der festlich geschmückten Terrasse in Coyoacán gelandet sind.

Coyoacán, diesen südlichen Stadtteil von Mexico City, müssen wir uns damals so vorstellen: größtenteils niedere Häuser mit Flachdächern. Erdige Farben, fröhlich gemischt. Jede Menge Kirchen. Ein Rathaus. Zahlreiche Brunnen. Wuchernde Botanik überall. Pralles Leben in den Straßen. Irgendwo auch die *Casa Azul,* das Blaue Haus also, Fridas Elternhaus, heute ein Museum und berühmtestes Bauwerk des Bezirks.

Die Liste ehemaliger Bewohner Coyoacáns liest sich wie das *Who is Who* der Prominenz aus Kunst und Politik. Literaturnobelpreisträger Gabriel García Márquez, Filmemacher Luis Buñuel, der spanische Eroberer (in direkter Nachfolge von Columbus) Hernán Cortés, der russische Revolutionär Leo Trotzki, Carol II., König von Rumänien, und Unzählige mehr.

Und natürlich diese beiden: Frida Kahlo und Diego Rivera.

Mittendrin in Coyoacán auch jenes Miethaus, wo Tina Modotti, Brautjungfer und Freundin Fridas, den Hochzeitsempfang ausrichtet. Wir sehen einen an sich bescheidenen, nun allerdings verzauberten Ort. Hunderte Wimpel und Luftschlangen, die von den Schnäbeln von Pappmaché-Tauben hinabhängen. Tischdecken aus Papier in knalligen, kontrastierenden Farben. Gelb. Blau. Rot. Grün. Alles satte Töne. Irdenes Geschirr aus Michoacán von jener Art wie es auch heute noch auf dem Markt ums Eck zu kriegen ist. Flache Steintröge, um darin Teig zu kneten. Mörser aus Lavastein zum Zerreiben von Chilis. Wohin das Auge reicht feiernde Menschen in bunten Gewändern.

Besteck gibt es, ausgenommen die blauen, emaillierten Löffel für die Austernsuppe, keines. »Viel zu bourgeois«, hat Diego vorab gesagt. Er, der wuchtige Revolutionsmaler, lehnt solches Bürgertumszeugs ab. Rivera ist eine Art Künstlerheld der mexikanischen Revolution, berühmt für seine riesenhaften Wandbilder, teils comichaft angelegt, sodass auch die zigtausenden Analphabeten die Geschichte ihres Landes daraus ablesen können. Die Geschichte der Revolution, die 1910 begonnen und bis in die späten Zwanzigerjahre angedauert hat. Fast bis zum heutigen Tag, dem Tag seiner Hochzeit mit Frida.

Nein. Kein Besteck. Es wird auf traditionelle Art gegessen, alles in Tortillas eingewickelt.

Wenn Sie *Frida* gesehen haben, den mit zwei Oscars prämierten Film aus 2002, dann wissen Sie um die wildromantische, oft ausschweifend irre Liebe dieser beiden Großen der modernen Malerei. Sie wissen, sie werden einander betrügen. Er sie bedeutend öfter und unter anderem mit ihrer Schwester (der

Grund der Scheidung nach zehn Jahren), sie ihn unter anderem mit Leo Trotzki und der Sängerin Chavela Vargas, berühmt für ihre tiefe Stimme. Dennoch werden sie ein zweites Mal Ja zueinander sagen. Diesmal für immer.

Doch wie kommen zwei solche, fast möchte ich sagen: Paradiesvögel überhaupt zusammen? Wo sind jene frühen Spuren zu finden, die der Film nicht oder nur am Rande zeigt?

Sie reichen zurück in Fridas Kindheit. Mit sechs leidet sie an Kinderlähmung. Ein dünneres Bein bleibt davon, lässt sie humpeln und trägt ihr, weil Kinder in der Wiedergabe ihrer Wahrnehmung so ehrlich wie brutal sind, viel Spott ein: *Frida, pata de palo*, rufen sie. Frida Holzbein. Sie kaschiert den Mangel mit mehreren Paaren Socken übereinander, später mit langen Röcken.

Als Frida Diego zum ersten Mal sieht, ist er bereits berühmt. Er malt ein Fresko in der Aula ihrer Schule. Trotz Verbots schleicht sie sich immer wieder zu ihm, bewundert seine Arbeit, stiehlt ihm aber zugleich das Essen, ruft auf das Gerüst zu dem Mann in den schweren Stiefeln empor: »Fettwanst!«

Hier setzt der Film ein. Fridas schrecklicher Unfall mit 18. Eine Straßenbahn rammt den hölzernen Bus, in dem sie sitzt. Eine eiserne Griffleiste durchbohrt ihren Körper. So kommt jener Schmerz in ihr Leben, der sie nie wieder loslässt, der sie jahrelang in Korsette zwingt und ihre Kunst so entscheidend beeinflusst.

Alejandro Gómez Arías, Fridas Jugendliebe (auch er bleibt ihrer Hochzeit mit Diego fern), fährt an diesem Tag mit ihr im Bus. Er schildert den Unfall, seine Eindrücke, als er sie sieht, nachdem die Wucht des Aufpralls sie quer durch den Bus katapultiert hat: »Sie war fast nackt. Bei dem Zusammenstoß waren ihr die Kleider vom Leib gerissen worden. Jemand im Bus, wahrscheinlich ein Anstreicher, hat ein Paket mit Goldpulver bei sich gehabt, das aufgesprungen war. Und nun war das Gold über Fridas blutenden Körper gestäubt ...« Sie habe ausgesehen wie eine Ballerina.

Die Ärzte prognostizieren ihr, nie wieder gehen zu können. Frida schafft es dennoch, beginnt noch im Krankenbett zu malen. Aus Langeweile. Dann, sie ist jetzt zwanzig, das zweite Treffen mit Diego. Diesmal sucht sie ihn gezielt auf, als er in einem Ministerium malt. Diego würde später in seinem Tagebuch ihre Selbstsicherheit bei der bereits ersten Begegnung in der Schule bewundern, an die er sich beim zweiten Mal sofort erinnert: »Wie wenn sie sich ihres Wertes bewusst wäre. Und ihre Augen sprühten ein seltsames Feuer.«

Diesmal tritt Frida offensiv an ihn heran, mit einem konkreten Wunsch: »Ich bin nicht zum Spaß gekommen«, sagt sie. Sie wolle ihm ihre Bilder zeigen, wünsche sich ehrliche Kritik, denn sie wolle damit Geld verdienen, könne es sich nicht leisten, »einfach bloß aus persönlicher Eitelkeit weiter zu malen«.

Diego ist sprachlos wie selten. Und er ist angetan von ihrer Kunst. Ihrer natürlichen Art der Bildsprache, die ohne Anfängertricks auskommt, um Schwächen zu übertünchen. Etwa das Fehlen von Originalität. Eine Bildsprache, die auf den ersten Blick an Surrealismus erinnert, doch kein Surrealismus ist, sich weniger um Proportionen oder Perspektiven als um kleinste Details kümmert. Begeistert ist er auch von der genialen Verbindung, die sie zwischen Malerei und Volkskunst herstellt. Von den indianischen Motiven, die sie einfließen lässt. Kostüme, Pflanzen, Tiere, aber auch Körperteile, die Erotik einerseits thematisierend, den unendlichen Schmerz ihres eigenen Lebens andererseits. Viele ihrer spä-

teren rund 200 Werke werden Selbstportraits sein. Inszenierungen einer anbetungswürdigen Figur, oder Abhandlungen des eigenen Lebens. Das mehrere Fehlgeburten einschließt.

Anders als bei Diego, der seinen Ruhm zu Lebzeiten auskosten kann, kommt Fridas große Zeit erst nach ihrem frühen Tod mit nur 47 Jahren. Heute werden Kahlo-Bilder zu Millionenpreisen gehandelt und schon zu jener Zeit hat einer der Allergrößten seiner Zunft, Pablo Picasso, ihr ungeheures Talent erkannt. In seinem einzigen Brief an Diego Rivera schreibt er: »Weder Derain noch ich oder Du sind in der Lage, einen Kopf so zu malen wie Frida Kahlo.«

Frida und Diego haben enormen Einfluss aufeinander. In der Kunst ebenso wie im Alltag. Womit wir wieder bei ihrer ersten Hochzeit sind. Frida wird mit dieser Stunde ihr Erscheinungsbild radikal ändern. Obwohl in der Lage jederzeit wie eine Hofdame in Seide zu erscheinen, legt sie von nun an schlichte Kleidung an, dafür mit üppigen Stickereien und Bändern. Ihren *rebozo*, einen Schal mit fransigem Saum in leuchtendem Rot, hat sie fast immer dabei. Auch der Schmuck ist im Stil mexikanischer Ureinwohnerinnen gehalten. Sie tut es, um ihm zu gefallen. Und zum Zeichen ihrer Verbundenheit zu Volk und Heimat.

So bescheiden (abgesehen von der Austernsuppe) das Hochzeitsmenü für mexikanische Verhältnisse angesehen wird (weißer Reis mit Kochbananen, Stängelkohl in grüner Sauce, Chilis mit Käsefüllung, Chilis mit Picadillo-Füllung, schwarze Mole, Rote Pozole aus Nixtamal, das Aztekenwort für speziell verarbeiteten Mais, und zum Abschluss Karamellsauce), so prachtvoll ist die Hochzeitstorte für Frida und Diego. Kein Gast, wird berichtet, entkommt, ohne wenigstens ein

Stück verspeist zu haben. Obenauf ein Paar, dessen Outfit dem echten so gar nicht ähneln will: Die Braut in weißem Tüll, der Bräutigam klassisch in Frack und Zylinder. Ein Idyll in Zuckerguss.

Am Folgetag, wenn Frida und Diego in Gedanken schon in Cuernavaca sind (dort will Meister Rivera die Wandbilder im Palast von Hernán Cortés malen), strömen viele Gäste noch einmal herbei. Weil längst nicht alles verzehrt ist, was die vom nahen Markt weg gemieteten Köchinnen und Lupe Marín, Diegos Ehefrau vor Frida, auf die Tische gezaubert haben. Die beiden sind inzwischen fast schon Freundinnen, und Lupe hat Frida sogar Kochen beigebracht. Schließlich weiß niemand besser als sie um Diegos üble Launen. Und wie man sie durch gutes Essen zügeln kann.

Eine von Lupe Maríns vielen Spezialitäten, *arroz blanco con plátanos fritos* (weißer Reis mit Kochbananen) möchte ich Ihnen nun präsentieren. Und dazu, auch das ein Originalrezept der Hochzeit, ein wahrlich feuriges Gericht:

Mole negro de Oaxaca. Schwarze Mole aus Oaxaca.

*PS.: In einer Hinsicht jedenfalls wusste das Festmahl Diegos spontane Launen zu zügeln wie auch die seiner Freunde, die allesamt dafür gefürchtet waren, jähen Gefühlen (Zorn, Freude und so weiter) Ausdruck zu verleihen, indem sie wild in die Luft ballerten. Den ganzen Abend, die ganze Nacht blieben die Revolver stecken. Nicht ein einziger Schuss.

Weißer Reis mit Kochbananen

Die Originalrezepte zeichnete Marie-Pierre Colle (Tochter von Diego Rivera aus erster Ehe mit Lupe Marín) auf. Sie erschienen in Mexikanische Feste. Die Fiestas der Frida Kahlo bei Kaleidoskop Buch.

Zutaten für 8 Personen:
Für den weißen Reis:

240 g Reis
4 EL Schweineschmalz (oder 6 EL Maiskeimöl)
2 Tomaten
1 Zwiebel
4 Knoblauchzehen
Unbehandeltes Salz und Pfeffer aus der Mühle
2 Stangen Bleichsellerie (Staudensellerie)
2 Stängel frische Petersilie
700 ml Hühnerbrühe
Saft von 1 Limette

Tomaten, Zwiebel, Knoblauch mit Salz und Pfeffer pürieren
Den Reis ¼ Stunde in sehr heißem Wasser einweichen. Abtropfen lassen, mit kaltem Wasser nachspülen, abermals gründlich abtropfen lassen.
Nun den Reis im Schmalz (oder Öl) unter ständigem Rühren anbraten, bis er sich beim Durchmischen wie Sand anhört.
Fügen Sie das Tomatenpüree hinzu, lassen Sie alles unter stetem Rühren eindicken.
Jetzt die Selleriestangen mit der Petersilie, der Hühnerbrühe und dem Limettensaft beimengen. Alles einmal aufwallen lassen, dann zugedeckt bei geringer Hitze rund 20 Minuten köcheln lassen, bis der Reis gar ist.
Selleriestangen und Petersilienstängel vor dem Servieren entfernen.

Für die Kochbananen:
4 reife Kochbananen
Maiskeimöl

Die Kochbananen schälen, in schräge Scheiben schneiden und in heißem Öl anbraten, bis sie eine goldgelbe Färbung angenommen haben. Dabei einmal wenden.
Bananen auf Küchenpapier abtropfen lassen, auf dem weißen Reis anrichten und servieren.

Schwarze Mole aus Oaxaca

Die Mole negro de Oaxaca
für 16–20 Personen:

500 g *chiles cascabels* (getrocknete Chili, sehr scharf)

250 g *chiles mulatos* (getrocknete Chili, mild – die Samen und Scheidewände entfernen, die Samen aufbewahren)

250 g *chiles pasillas* (getrocknete Chili, würzig – auch hier die Samen und Scheidewände entfernen, die Samen aufbewahren)

380 g Schweineschmalz

2 große Zwiebeln, geschält und geröstet (Zwiebeln schälen, in einer schweren Eisenpfanne ohne Fett/Öl unter mehrmaligem Wenden rösten, bis die Haut verkohlt ist. Die verkohlte Haut abziehen. Dasselbe kann auch über dem Grill gemacht werden.)

1 ganze Knoblauchknolle, die Zehen geschält und geröstet (s. Zwiebeln)

3 altbackene Tortillas, in Stücke geschnitten

2 Scheiben Weißbrot

100 g Mandeln, blanchiert und enthäutet

80 g Erdnusskerne

1 Zimtstange

70 g Sesamsamen

60 g Kürbiskerne

1 Prise Anissamen

1 TL Kümmelsamen

1 TL getrockneter Thymian

1 TL getrockneter Majoran

1 TL getrockneter Oregano

10 Koriandersamen

10 schwarze Pfefferkörner

8 Gewürznelken

100 g Rosinen

100 g mexikanische Schokolade (die typische mexikanische Schokolade besteht aus Kakao, Zimt und Vanille. Sie können auch Halbbitterschokolade nehmen und Zimt sowie Vanille beimengen).

2 kg reife Tomaten, geröstet und enthäutet (das Rösten von Tomaten erfolgt nach mexikanischem Vorbild am besten über dem Grill. Die Tomaten auf einem Stück Alufolie auf den Grillrost legen, mehrmals wenden, bis die Haut rundum verkohlt ist. Nun die Tomaten für ein paar Minuten in einen Frischhaltebeutel legen, danach lässt sich die Haut mühelos abziehen. Auf dieselbe Weise lassen sich übrigens auch Chili und Paprika rösten.)

2 *guajolotes* (kleine Truthähne) oder 4 große Poularden (also schwere Hühner mit einem Verkaufsgewicht von mehr als 1,2 kg), in Stücke zerlegt und in eine kräftigen Brühe mit Karotten, Zwiebeln und Kräutern gegart

8 EL Schweineschmalz

Zucker und Salz, die eine oder andere Prise

Die Chilischoten in heißem Schmalz scharf anbraten, allerdings nicht anbrennen lassen. Herausnehmen und das Fett beiseitestellen.

Nun die Chilis in einem großen Topf mit Wasser bedecken. Einmal aufkochen lassen, dann leise köchelnd garen, bis sie weich sind.

Im selben Fett wie zuvor nun die Zwiebeln mit dem Knoblauch glasig schwitzen. Tortillas, Brot, Mandeln, Erdnüsse, Zimt, Chilisamen, Sesam, Kürbiskerne, Samen von Anis, Koriander und Kümmel sowie Thymian, Oregano, Majoran, Pfefferkörner, Gewürznelken, Rosinen und die Schokolade beimengen. Das Ganze ein paar Minuten unter ständigem Rühren sanft braten.

Nun die Mischung zusammen mit den Tomaten und Chilischoten pürieren. Das Püree durch ein Sieb streichen und mit 8 EL Schmalz erhitzen. Mit Zucker und Salz abschmecken, dazu ca. 500 ml der Geflügelbrühe, die Sie beim Garen der Truthähne bzw. Poularden gewonnen haben, einrühren.

Die Sauce nun 20 Minuten köcheln lassen.

Jetzt die Geflügelteile beigeben und weitere 20–25 Minuten köcheln lassen, bis sich die Aromen vermischt haben. Sollte die Sauce zu dickflüssig sein, noch etwas Geflügelbrühe einrühren.

Vor dem Servieren die tiefdunkle Masse eventuell mit Sesamsamen bestreuen.

Übrigens: In Mexiko nimmt man anstelle der *chiles cascabels* üblicherweise *chiles chihuacles* – diese besonderen Chilis aus Oaxaca sind in Europa aber nur in ausgewählten Fachgeschäften oder über das Internet zu bekommen.

▷ Tipp: Achtung, dieses Originalrezept ist extrem scharf. Sie können also ruhigen Gewissens wesentlich weniger Chili oder bedeutend mildere Sorten verwenden.

1943

Churchill, Stalin und Roosevelt. Das Essen, bei dem sie den Masterplan für die Zeit nach ihrem Sieg über Nazideutschland besprachen.

Puddingbombe als politischer Eisbrecher

Darüber, wie viel Elend Alkohol der Menschheit beschert, müssen wir nicht diskutieren. Doch es gibt auch Momente, wo er das Gegenteil bewirkt. Wo Champagner, Whisky und Bloody Mary wie aus Kübeln fließen, ein feines Menü unterschwemmen (iranische Gerstensuppe und pochierter Lachs mit Kaviar zum Einstieg, siehe Rezepte) und eine verfahrene Lage sich plötzlich aufzulösen beginnt. Wenn dann noch ein Pudding zur Bombe wird und den Falschen trifft, passieren sogar Wunder. So geschehen Ende 1943, als die Großen Drei (Churchill, Stalin und Roosevelt) sich treffen, um den Sieg über Nazideutschland zu besiegeln.

Aus internen Dokumenten, vor allem aber aus den Tagebüchern Winston Churchills wissen wir heute sehr detailliert, was sich abgespielt hat an jenem dritten Abend der so genannten Teheran-Konferenz. Das ist jenes Treffen aus einer Reihe von Treffen, das als das emotionalste und zugleich entscheidende gilt, was die Strategie der Alliierten zur Beendigung des Zweiten Weltkriegs angeht.

Das Schmökern in den Berichten dazu hat mich zum Staunen gebracht, und ich könnte mir gut vorstellen, dass es Ihnen ähnlich ergeht. Vor allem, wenn wir sehen, wie verbissen drei so mächtige Männer in ihren grundverschiedenen Haltungen sein können und wie entspannt und kompromissbereit sie sich auf einmal geben, wenn sie typischen menschlichen Regungen und Schwächen freien Lauf lassen. Getreu dem altbekannten Motto: Speis und Trank hält Leib und Seele zusammen. Weil mitunter Stimmungen entstehen, die stärker sein können als nüchternes Polit-Kalkül, Eitelkeit und Machtanspruch.

Wir befinden uns in der iranischen Hauptstadt Teheran. Es ist Dienstag, 30. November 1943, der dritte von drei Abenden, die Russlands Diktator Josef Stalin, US-Präsident Franklin D. Roosevelt und Englands Premier Winston Churchill miteinander verbringen.

Tagsüber waren harte Verhandlungen angesagt. Sah es anfangs recht gut aus, nicht zuletzt, weil Stalin überraschend offen seine kriegstaktischen Karten auf den Tisch gelegt hatte, so trübte sich die Lage rasch wieder ein. Zu gegensätzlich schienen die Prioritäten der drei. Stalin forderte im Westen eine zweite Front gegen Hitler, um die seine im Osten zu entlasten. Churchill sorgte sich um seine riskanten Unternehmungen im östlichen Mittelmeerraum. Und Roosevelts Hauptaugenmerk lag gerade außerhalb Europas, weil er Unterstützung im Kampf gegen die Japaner benötigte.

Auch herrscht alles andere als Einigkeit, was mit dem einmal besiegten Dritten Reich geschehen sollte. Roosevelt will die Zerschlagung Deutschlands in fünf Einzelstaaten. Churchill eine Nord-Süd-Aufteilung mit Österreich und Ungarn als Donauföderation. Und Stalin kocht ohnedies sein eigenes Süppchen, das entschieden anders schmeckt. Außerdem hat er davon Wind bekommen, dass die Pläne für eine Invasion in der Normandie, heute bekannt als D-Day, damals unter dem Decknamen *Overlord* geführt, bereits sehr viel konkreter sein sollen als behauptet. Auch einen Friedensvertrag mit Hitler hinter seinem Rücken traut er diesen westlichen Imperialisten zu.

Das erste Abendessen in Teheran hat Roosevelt ausgerichtet, das zweite Stalin. Nun ist Churchill an der Reihe. Es ist der Tag seines 69. Geburtstages. 34 Gäste werden erwartet. Unruhig wuselt der britische Premier in der britischen Botschaft von einem Raum in den nächsten. Um jedes noch so kleine Detail scheint er sich persönlich kümmern zu wollen, prüft noch einmal die beiden Tische mit Kandelabern, Stoffservietten und bestem Tafelsilber, lässt sich noch einmal die Menüfolge hersagen: iranische Gerstensuppe, pochierte Lachsforelle mit Beluga-Kaviar, gebackener Truthahn mit Ofenkartoffeln und Saisongemüse, persischer Safranreis, Käsesoufflé.

Auch die Getränke checkt er ein letztes Mal: als Cocktail eine Bloody Mary, der Whisky ein Johnny Walker Black Label, der Weißwein ein Chablis (Maison Louis Jadot, Jahrgang 1936), der Rote aus dem nördlichen Rhônetal (Crozes-Hermitage), Portwein von Graham's Vintage und natürlich der Champagner aus dem Hause Pol Roger.

Der Vorabend steckt Churchill noch gehörig in den Knochen. Nicht, dass er zu viel getrunken hätte. Oh nein. Er ist angeschlagen, eine Verkühlung. Dazu diese Peinlichkeit mit dem Schwert, ein Geschenk von König George VI. an Stalin in Würdigung des russischen Sieges über die Deutschen bei Stalingrad. Churchill hat Stalin des wertvolle Präsent überreicht, der küsst es, reicht es an seinen Marschall, Kliment Woroschilow, weiter. Und was macht der? Lässt es unter lautem Klirren auf den Boden krachen. Churchill weiß: Unter anderen Umständen das Todesurteil für den Marschall. Stalin ist berüchtigt für seine Gnadenlosigkeit, da muss er bloß an das Massaker von Katyn vor drei Jahren denken. Allein 4.400 polnische Offiziere hat Stalin hinrichten und verscharren lassen. Und die Deutschen haben es, die Massengräber von polnischen Zwangsarbeitern kaum freigelegt, sofort für ihre Propaganda genutzt. Dann der Eklat beim Essen, von Churchill später im Detail niedergeschrieben und hier sinngemäß wiedergegeben:

Stalin: »Wir müssen nach Kriegsende 50.000 deutsche Offiziere und Techniker erschießen. Nur so können wir die deutsche Wehrkraft ein für alle Mal zerschlagen.«

Während Churchill den Russen entsetzt anstarrt, versucht Präsident Roosevelt spontan, Stalins Anliegen auf seine Weise zu entkräften, indem er es ins Lächerliche zieht: »Um der Gerechtigkeit Genüge zu tun, würden 49.000 auch reichen.«

Roosevelts Sohn Elliott, Kapitän bei der Luftwaffe, scheint den Sarkasmus seines Vaters aber nicht zu begreifen, und er gibt Churchill den Rest, da er sich erhebt und meint: »Ein guter Plan. Ich bin sicher, die Armee der Vereinigten Staaten von Amerika wird ihn unterstützen.«

»Lieber gehe ich hinaus in den Garten«, schnaubt Churchill, »und erschieße mich selbst, als dass ich mich und mein Land mit so einer Infamie besudle.« Er springt auf, läuft aus dem Speisesaal. Wenig später im Halbdunkel eines Nebenraums, wohin er sich zum Nachdenken zurückgezogen hat, spürt er plötzlich zwei Hände auf seinen Schultern.

»Ich habe es nicht so gemeint«, sagt Stalin, ihm zur Seite sein Außenminister Molotow, alle beide übers ganze Gesicht grinsend. »Ich habe gepokert.« Churchill zögert einen Moment, dann kehrt er zu den anderen zurück, und sie bringen den restlichen Abend ohne weiteres Aufsehen hinter sich.

All das rumort nun noch im tiefsten Inneren von Englands Premier, als er der Ankunft seiner Gäste entgegenfiebert, wie auch, dass der heutige, dritte Verhandlungstag auch nicht das Gelbe vom Ei war. Ja, sie haben sich prinzipiell auf die Landung in der Normandie geeinigt, in groben Zügen, doch ansonsten lag noch vieles im Unklaren. In manchen Positionen waren sie meilenweit auch nur von einer Annäherung entfernt.

Das Essen in der britischen Botschaft verläuft ruhig, abgesehen davon, dass Stalin sich lustig macht über den verschwenderischen Einsatz von Silberbesteck, über diese typisch britische Bourgeoisie. Dann lässt er sich von Churchills Übersetzer publikumswirksam erklären, welche Gabel, welches Messer nun zu welchem Gang gehören könnte.

Churchill macht gute Miene zu Stalins Spiel und als die Geburtstagstorte herein schwebt und vor den dreien abgesetzt wird, nimmt er alle Kraft zusammen und pustet die 69 Kerzen aus. Wenn auch nicht in einem Zug. Höflicher Applaus brandet auf. Ein erster Toast wird ausgesprochen. Gläser werden gehoben, geleert, wieder befüllt. Ein zweiter Toast. Ein dritter. Ein vierter.

Und dann die Bombe. Kellner tragen herein, was *Persian Lantern* genannt wird, eine regionale Dessertspezialität, die den meisten als Pudding, einigen jedoch als Eiscreme in Erinnerung ist. Der britische Feldmarschall Alan Francis Brooke, der dem Geschehen am nächsten steht, beschreibt den Vorfall jedenfalls so:

»Als wir zur Nachspeise kamen, spielte der Küchenchef seine Trumpfkarte aus. Sie bestand aus einer Basis aus Eis, einen Quadratfuß groß (*Anmerkung*: circa 0,1 m²) und war einige Inches dick. In die Mitte war ein Loch gemacht ... darin so ein religiöses Kerzenlicht ... darüber eine perforierte Metallröhre, und obenauf, zehn Inches in der Luft schwebend, mit gefrorenem Zucker festgeklebt, eine Platte. Auf der Platte eine enorme Menge

Eiscreme ... Als die Kerze entzündet und mit behandschuhten Händen getragen wurde, war der Effekt kaum zu beschreiben. Zwei solcher prächtigen Bauwerke kamen und wurden feierlich über den Tisch gereicht, wobei jeder Gast in die Creme stach. Ich beobachtete den Turm ... und bemerkte, dass die Hitze der Kerze den Eisblock arg mitgenommen hatte. Er sah mehr und mehr aus wie der Turm von Pisa ... Ein Unfall war unvermeidbar.«

Was weiter geschieht, schildert Churchills Militär-Sekretär, Generalleutnant Sir Hastings Ismay: »Der Kellner achtete mehr auf Stalins Rede als auf seine Aufgabe ... Als er Pawlow, den russischen Übersetzer, erreichte, konnten die Gesetze der Schwerkraft nicht länger geleugnet werden, und der Pudding senkte sich wie eine Lawine auf seinen unglückseligen Kopf hinab. In ein und demselben Moment quoll die Eiscreme ihm aus Haaren, Ohren, Hemd und sogar aus seinen Schuhen. Dabei hörte er aber nicht auf zu übersetzen.«

Als Englands Luftwaffenmarschall Sir Charles Portal obendrein, mit Blickrichtung Stalin, gut vernehmbar murrt: »Missed the target«, ist das Eis in jeder Hinsicht gebrochen. Ja, die Bombe hat ihr Ziel verfehlt, doch ihre Wirkung keinesfalls. Von nun an herrscht ausgelassene Stimmung. Die Gläser klirren in einem fort. Alexander Cadogan, Permanent Under-Secretary im britischen Außenministerium, spricht von einer *nicht mehr zu erfassenden Zahl von leeren Flaschen*. Stalin wird als in bester Partylaune beschrieben. Auch werden Toasts von ungewöhnlichem Inhalt ausgebracht.

»Auf die Konservative Partei«, ruft Stalin.

»Auf die Masse des Proletariats«, ruft Churchill zurück.

Militärisches besprechen die Herren kaum noch. Dafür stichelt Churchill in Stalins

Richtung, was die Gulags in Sibirien angeht, jene Arbeitslager also, wo neben Millionen anderen auch die einigermaßen wohlhabende Schicht russischer Großbauern massenweise umkam.

»Sie waren nicht sehr beliebt bei den Menschen«, sagt Stalin.

Irgendwann nach vielen weiteren Gläsern und Toasts raunt der Engländer dem Russen plötzlich ins Ohr: »Nennen Sie mich Winston! Ich nenne Sie hinter Ihrem Rücken ohnehin Joe.«

»Nein«, sagt Stalin. »Ich möchte Sie lieber guter Freund nennen. Nein, sehr guter Freund.«

Kein Gast ist am Folgetag, dem 1. Dezember, vor dem späten Vormittag bewegungsfähig. Ausgenommen Präsident Roosevelt vielleicht, von dem berichtet wird, er hätte das Gelage sehr früh, so gegen 23 Uhr, verlassen. Später, beim Lunch, herrscht unerwartete Einigkeit über Punkte, die wenige Stunden (und viele Gläser) zuvor äußerst strittig waren. Operation *Overlord* ist nun endgültig in trockenen Tüchern. Samt Termin. Roosevelt schlägt die Bildung einer Organisation vor, die nach dem Krieg der Friedenssicherung dienen solle. Man könne sie *United Nations* nennen. Oder so ähnlich. Stalin macht seinerseits klar, wo der Westen künftig zu enden und wo der Osten zu beginnen habe. Historiker werden ihm später konstatieren, dass er die anderen beiden bei der Grenzfestlegung von Polen etwa (vielleicht nicht über den Tisch gezogen, aber doch) zu einiger Nachgiebigkeit gebracht hat.

All das als unerwarteter Nachschlag eines Abends, der politisch unter einem denkbar schlechten, kulinarisch aber denkbar guten Stern gestanden hat. Mit Zutaten wie sie kaum je zuvor oder danach die Welt verändert haben. Erst der Champagner, die Drinks, und hinterher das Mahl, beginnend mit Ash-E-Jow und pochierter Lachsforelle mit Beluga-Kaviar.

Hier die Rezepte dazu.

Pochierte Lachsforelle an Beluga-Kaviar

Zutaten für 4 Personen:

Für die Pochier-Flüssigkeit:

1 l Wasser

200 ml Weißwein

1 Zitrone, in Scheiben geschnitten

3 Knoblauchzehen

20 g frischer Fenchel

5–6 Körner schwarzer Pfeffer

1 TL Chilipulver

1 Lorbeerblatt

Unbehandeltes Salz

Für die Lachsforelle:

4 Filets von der Lachsforelle

Fleur de Sel (oder ein anderes hochwertiges Meersalz)

Schwarzer Pfeffer aus der Mühle

Für die Russischen Eier:

4 Eier

2 Stück eingelegte Sardellen

1 EL Mayonnaise

2–3 EL Frischkäse und/oder Topfen (das gibt eine festere Struktur)

Schale 1 Bio-Zitrone, in Zesten gerieben

Saft derselben Bio-Zitrone

Schwarzer Pfeffer aus der Mühle

Beluga-Kaviar (oder Kaviarersatz)

Frischer Dill

Fleur de Sel (oder Ersatz)

Alle Zutaten in einen Topf geben und aufkochen lassen. **15 Minuten** bei kleiner Hitze weiter köcheln, dann Flüssigkeit durch ein Sieb in ein Gefäß abseihen, beiseitestellen und beim restlosen Abkühlen ziehen lassen. Das verstärkt die Aromen.

Die Lachsforellenfilets herzhaft beidseitig mit Fleur de Sel würzen.

Die Pochierflüssigkeit sollte nun auf ca. 80 °C erhitzt werden (mangels Kochthermometer können Sie auch wie folgt vorgehen: 80 Prozent der Flüssigkeit zum Kochen bringen und den kalten Rest zugießen).

Pochieren Sie nun die Filets ca. 4 Minuten in der Flüssigkeit, bis eine weiße Substanz (Eiweiß) an der Oberfläche des Fisches austritt. Den Lachs abtropfen lassen, etwas pfeffern.

(Nur bei Bedarf – weil nicht explizit erwähnt bzw. überliefert ist, ob es eine reine Beluga-Kaviar-Garnitur war oder nicht doch russische Eier.)

Die Eier hart kochen, schälen und in kleine Würfel schneiden.

Mit Sardellen, Mayonnaise, Zitronenzesten und Zitronensaft vermengen. Mit Pfeffer und Fleur de Sel würzen.

Mit Kaviar obenauf garnieren.

Iranische Gerstensuppe

Zutaten für 6 Pesonen:

3 l Hühnersuppe

60 ml Olivenöl

120 g Zwiebel, fein gehackt

½ TL Kurkumapulver

6 reife oder auch überreife Tomaten, Strünke entfernt und in der Küchenmaschine püriert

170 g Kürbis (am besten die Sorte Hokkaido, geschält und gewürfelt)

100 g Graupen (ungekochte Gerstenkörner)

6 Limettenspalten

Saft von 2 Limetten

1 kräftige Handvoll Petersilie, frisch gehackt

Unbehandeltes Salz und Pfeffer

Die Hühnersuppe in einem Topf zum Köcheln bringen. Öl in einem zweiten Topf erhitzen (mittlere Stufe) und die Zwiebeln glasig anschwitzen. Die Graupe beigeben und 1 gute Minute lang mitrösten (dabei immer umrühren).

Graupe mit den Zwiebeln, Kurkuma, Limettensaft, Tomaten, Salz und Pfeffer in die heiße Hühnerbrühe einrühren. Alles kurz aufkochen lassen, Hitze reduzieren und rund 1 Stunde ziehen lassen.

Nun den Kürbis zugeben und weitere 30 Minuten köcheln lassen, bis sich die Suppe eindickt und die Graupen und der Kürbis weich sind. Sollte die Suppe zu dick geworden sein, einfach in kleinen Mengen heißes Wasser zugießen (besser noch Hühnerbrühe, sollten Sie noch welche haben).

Nun die Petersilie einrühren und mit den Limettenscheiben servieren.

▷ Tipp: Die Suppe kann übrigens auch mit Crème fraîche serviert werden. Das verleiht ihr eine zusätzliche Note. Original »Gipfeltreffen« ist sie dann allerdings nicht mehr, denn Winston Churchill stand im Ruf, cremige Suppen zu verachten.

1953

Edmund Hillary. Die Suppe, die er mit seinem Sherpa Tenzing Norgay aß, ehe sie als erste Bergsteiger der Welt den Mount Everest bezwangen.

Mit Hühner-Nudelsuppe auf den Everest

8.500 Meter Seehöhe. Ein Sturm hat in der Nacht wild an ihrem Zelt gerissen. Jetzt, am nächsten Morgen, herrscht eisige Stille. 25 Grad unter null. Es ist der 29. Mai 1953. Edmund Hillary und sein Sherpa, Tenzing Norgay, sind gekommen, um Geschichte zu schreiben. Endlich als erste Menschen den Mount Everest bezwingen. Der totale Triumph des britischen Empires. Gestärkt durch eine himalayische Hühner-Nudelsuppe, nehmen sie die letzten 350 Meter ins Visier. Dann der Schock: Hillarys Schuhe sind über Nacht gefroren, stocksteif. Die klammen Füße wollen nicht hinein. Keine gute Ausgangslage hier oben, in der absoluten Todeszone.

Als Edmund Hillary, vor gar nicht allzu langer Zeit noch Bienenzüchter in Neuseeland, an diesem Morgen seine Nase aus dem Zelt steckt und vor sich, über sich, die Spitze einer von oben bis unten machtvollen Silhouette erblickt, die sich behäbig aus dem Dunkel der zurückweichenden Nacht schält, beutelt es ihn gleich aus mehreren Gründen durch.

»Er hat so vernichtend hochmütig auf uns herabgeblickt«, würde Hillary später in seinem Tagebuch festhalten. Dieser *Bastard*, wie sie alle, die Mitglieder der 400 (!) Mann umfassenden britischen Expedition, den Mount Everest in einem Mix aus Ehrfurcht und Abscheu nennen. Immer noch ist er unbezwungen. Alle hat er abgeschüttelt. Nicht einen einzigen barmherzig aufgenommen und ans Ziel kommen lassen. In all den Jahren, in denen Menschen es bereits versuchen.

Erst vor drei Tagen hat es das erste Zweierteam ihrer Expedition versucht. Tom Bourdillon und Charles Evans. Auch sie hat der Bastard abgeschüttelt. Wenngleich im wirklich allerletzten Moment. Auf dem Südgipfel. Keine hundert Meter unter dem Hauptgipfel.

Unfassbar.

Vor drei Tagen. Der 26. Mai. Unauslöschlich hat sich dieser Moment in Hillarys Gedächtnis eingebrannt. Als er gerade an einem Stück Schokolade kaut und einer aus ihrer Mannschaft plötzlich diesen spitzen Schrei loslässt und er selbst, in einem Reflex, die fast tausend Höhenmeter von Lager 7 gebannt empor starrt.

»Sie sind gleich oben«, hat der andere geschrien.

Und er, Edmund, ist außer sich gewesen. Vor Aufregung. Aber nicht nur darum. Tenzing hingegen, gleich neben ihm, hat sich seltsam still verhalten. Tenzing Norgay. Sein Seilpartner. Dieser tibetanisch-stämmige, um fünf Jahre ältere Mann an seiner Seite, der ihm längst mehr Freund als bloß bezahlter Träger ist. Der es nicht immer leicht gehabt hat unter seinesgleichen, weil die Sherpas hier, auf der nepalesischen Seite, lieber unter ihresgleichen sind. Unter Nepalesen.

Erst nach ihrem Gipfelsieg würde Edmund Tenzings Totenstille im Angesicht des zum Greifen nahen Triumphes der Kollegen verstehen. Weil unter den Ersten, die den Fuß aufs Dach der Welt setzen, einer von ihnen sein sollte. Nein, müsste. Ein Sherpa. Weil der *Chomolungma*, Göttin-Mutter der Erde, wie sie ihn ehrfurchtsvoll rufen, ihr Berg ist. Der Berg der Einheimischen. Und nicht der irgendeiner fernen Nation mit ausreichend Geld. Andererseits ... die Briten müssen diesen Triumph einfahren. Der angeschlagene Ruf des Empires verlangt es. Beim Nordpol haben sie versagt. Beim Südpol ebenso. Es bleibt also nur noch der Everest, den sie auch den *dritten Pol* der Welt nennen. Hillary weiß: Pro Jahr gibt es nur eine einzige Lizenz. Im Vorjahr haben es die Schweizer versucht. Im kommenden Jahr würden es wieder die Schweizer sein. Also: Jetzt oder nie. Um jeden Preis.

Doch auch Tom und Charles haben es nicht geschafft. Zu wenig Sauerstoff. Zu spät dran. Und auch mit den Kräften am Ende, um rauf- und wieder runterzukommen. Beinahe wären sie in den Tod gestürzt. Erst wollte Tom unbedingt weiter, notfalls allein. Dann ließ er davon ab. Es verläuft wie immer, denkt Hillary, als er von ihrem Scheitern hört. Als wollte er für alle Zeiten die Oberhand über die Menschen behalten.

Er. Dieser Bastard.

Der Everest ist aber nicht bloß ein Bastard. Er ist auch ein Chamäleon. Mit seinen blitzartig wechselnden Farben. Seinen tausend Gesichtern. Im einen Augenblick Verlockung. Im nächsten Verderben. Mit Augen, denen nichts entgeht, während er regungslos daliegt und auf den einen Moment lauert. Augen, die zugleich in alle Richtungen rollen können und die Menschen, winzig klein wie Insekten, aufspüren und ungnädig ins Visier nehmen, wenn sie sich ihm nähern.

Wie ein Chamäleon.

Ein Bastard von einem Chamäleon also, das jene, die es allzu genau wissen wollen, nicht davonjagt, sondern mit Haut und Haar verschlingt. Sie mit seiner vorschnellenden Zunge fängt, einwickelt und in derselben Sekunde zwischen den Kiefern zermalmt.

Ja, ein Chamäleon, dieser Bastard von Everest.

Doch das ist nur einer von vielen Gründen, die Edmund Hillary am 29. Mai um vier Uhr morgens am ganzen Körper zittern lassen. 25 Grad unter null schlagen ihm entgegen. Wenigstens sind die Sturmböen der Nacht abgeklungen. Immer wieder mussten sie beide das Zelt mit ihrem Körpergewicht sichern. Dazwischen, irgendwann vor dem ersten Dösen so gegen neun am Abend, haben sie noch verzehrt, was an Suppe vorrätig war. Himalayische Hühner-Nudelsuppe nach Art der Einheimischen. Herrliche Kost. Und vor allem, was hier oben auf 8504 Meter in Lager 9 in der Todeszone am wichtigsten ist: herrlich warm. Dazu Sardinen aus der Dose, Aprikosen aus der Dose, Datteln, Biskuit und literweise heißes Zitronenwasser.

Mehrmals in der Nacht sind sie hochgeschreckt. Sie beide haben ihre Atemmasken an eine einzige Flasche gehängt, um Sauerstoff zu sparen. Bibbernd erwacht, weil die Flasche leer war, haben sie die zweite angezapft. Und irgendwann hat Edmund beschlossen, sich einen kleinen Luxus zu gönnen. Er hat die Schuhe ausgezogen. Für ein paar Stunden bequemen Ruhens.

Welch fataler Leichtsinn! Als sie sich mit schweren Gliedern aus den Schlafsäcken schälen, noch im ersten Dämmern für den Gipfelsturm fertigmachen, sind die Schuhe von oben bis unten durchgefroren. Hart wie Granit. Sie würden gegen alle Eventualitäten gewappnet sein, haben die Hersteller vorab versichert. Eis. Extrembelastung. Nässe. Was immer. Selbst ohne Erprobung dieser Prototypen, eigens für den Everest-Sturm der Briten in nur fünf Wochen entwickelt und jedem Teilnehmer an den Fuß geschneidert. Das Ausziehen über Nacht unter diesen Bedingungen zählt, wie Hillary nun weiß, nicht zu allen Eventualitäten.

Zwei Stunden lang heizt er, einen Gaskocher zwischen den Beinen, die Schuhe auf. Der Gestank von verbranntem Gummi, angesengtem Leder ist fast übermächtig. Als er endlich mit nun auch eisigen Zehen hineinschlüpft, ist das Material immer noch steif. Doch irgendwie muss es gehen.

Dass die Sherpas eines Tages fast schon zweispurig wie auf Autobahnen hier herauf pilgern könnten, mit Hightech Ende nie und mit menschlichen Anhängseln, die es lieber bleiben lassen und ihre fetten Geldbörsen anderswo leeren sollten, kommt einem Pionier wie ihm nicht in den Sinn. Nein, wie absurd das auch wäre!

Also stapfen sie los. Weit hinter ihrem Zeitplan. Hillary denkt an die langen zwei Jahre der Vorbereitung. An das Erkunden dieser Route, nachdem die Chinesen in Tibet einmarschiert sind und alles dichtgemacht haben. Er denkt an die endlosen Mühen, das viele Material von einem Lager zum nächsten hochzubringen. An die Vorsteiger, die Spuren zur Südflanke gezogen haben.

Nun aber zählt nur diese eine letzte Etappe. Anfangs kommen sie gut voran. Doch dann der Alptraum. Tiefschnee mit leicht brüchiger Kruste. Jeder Schritt hüfttief. Es folgt ein extrem steiler Anstieg. Und als Hillary die Führung übernimmt, wird es dramatisch. Ein Stück Kruste bricht schräg unter ihm weg, reißt ihn meterweit mit. Als er zu stehen kommt, vornübergebeugt, blickt er zwischen den Beinen hindurch zurück. Unmittelbar hinter ihm der Abgrund. Das Nichts. Tausende Fuß tief. Alle beide fangen sich einen Augenblick, dann:

»Sehr gefährlich«, sagt Norgay.

»Sollen wir weiter, Tenzing?«

»Wie du möchtest.«

Also ja. Es ist jetzt nach neun Uhr. Sie checken den Sauerstoff. Jeder hat fast die Hälfte des Vorrats aufgebraucht. Dennoch steht die Entscheidung: Es gibt kein Zurück. Eine halbe Stunde später erreichen sie den Südgipfel, jener Punkt, wo Tom und Charles umdrehen mussten.

Ihnen voraus liegt, wie es scheint, nur noch ein großes Hindernis. Eine zwölf Meter hohe, mehr als siebzig Grad steile Felsstufe. Nach mehreren Anläufen findet Hillary einen Weg, sich zwischen Eis und Fels hochzudrücken. Hillary Step wird diese Passage eines Tages heißen. Durch ihre Überwindung wird er Geschichte schreiben, bis der *Hillary Step* eines sehr viel ferneren Tages selbst Geschichte sein wird. Abgebrochen, wie Bergsteiger im Mai 2018 berichten.

Doch das ist Zukunftsmusik, die Noten dafür sind noch nicht geschrieben. Hier zählt gerade mal der nächste Schritt. Und der ihm folgende. Weil gerade jetzt, so kurz vor dem Ziel, Verwirrung unter den Männern aufkommt. Es scheint, als könnten sie den Gipfel nicht finden. Doch dann fällt ein Kamm vor ihnen ab. Sie sehen hinein ins tibetanische Hochland. Und dann, um 11.30 Uhr, stehen sie tatsächlich oben. Edmund Hillary und Tenzing Norgay, den sie auch respektvoll *Tiger des Schnees* rufen.

8848 Meter. Das Dach der Welt.

Hillary, selbst in diesem Augenblick größter Emotionen durch und durch Brite, reicht dem Kameraden die Hand. Der, ganz unbritisch, fällt ihm um den Hals. 15 Minuten wollen sie sich geben. Nicht länger. Eine Viertelstunde, die Hillary später als erstaunlich wenig aufregend beschreiben würde. Alle beide sind »sehr müde, und ich spürte nur ein Gefühl innerer Zufriedenheit«.

Vor ihnen, ihnen zu Füßen liegt die Welt. Doch was liegt diesen Männern voraus, wie sie dastehen, ihren Erfolg aufsaugen, den sie mit vergleichsweise einfachsten Mitteln errungen haben, mit schwerem Gepäck, Hosen aus Shetlandwolle und, undenkbar heute, so ganz ohne Helm?

Als Hillary seine *Kodak Retina* herausholt und Tenzing ablichtet, dieses eine Foto schießt, das um die Welt gehen und millionenfach reproduziert werden würde, ahnt er womöglich, was kommt: Dass sich Stimmen erheben, die ihm den Erfolg absprechen, Erster gewesen zu sein. Weil nur der andere auf dem Gipfel zu sehen ist. Und er trägt auch schon, wenngleich nicht ausformuliert, die Worte in der Brust, die er ihnen entgegenhalten wird. Dass es darauf gar nicht ankomme. Weil sie eine Zweierseilschaft seien. Und dass sie an alles gedacht hätten für diese Expedition. Bloß nicht, seinem Sherpa, nein: seinem Freund, der noch nie eine Kamera in Händen gehalten hat, genau hier oben den komplizierten Umgang mit ihr zu erklären.

Und was noch? Was liegt noch voraus?

Wer weiß. Vielleicht würde die junge Königin ihn zum Ritter schlagen? Mit erst 33 Jahren. Sir Edmund Hillary. Besteigt Elisabeth nicht in ein paar Tagen in London den Thron? Würde sie bis dahin von seinem, von ihrer beider Triumph erfahren?

Diesen Pol kann ihm niemand nehmen. Zu den anderen beiden würde er auch noch wollen. Auch wenn der Nordpol den Amerikanern gehörte, seit Robert Peary behauptete, vor mehr als vierzig Jahren dort gewesen zu sein. Und der Südpol den Norwegern mit ihrem Roald Amundsen. Egal. Weltweiter Ruhm wäre ihnen gewiss. Edmund Hillary und Tenzing Norgay. Damit will er etwas Sinnvolles anfangen.

Doch auch das ist Zukunftsmusik. Jetzt gilt es, heil wieder runterzukommen. Nur dann ist eine Erstbesteigung eine Erstbesteigung, sagt er sich. Hillary holt das weiße Kruzifix hervor, das der Leiter der Expedition, John Hunt, ihm vor zwei Tagen für den Gipfelsturm mitgegeben hat, um es hier zu lassen. Hunt, der ihn an seine *moralische Pflicht* erinnert hat, diesen Bastard endlich zu besiegen. Norgay gräbt inzwischen kleine Löcher in den Gipfelschnee, legt Schokoladenstücke hinein. Als Opfergabe an die Gottheit *Miyolangsangma*, die tibetischen Buddhisten zufolge hier oben wohnt.

Dann machen sie sich auf den Rückweg. Step by step. Stunden später kommt ihnen ein Kollege entgegen, George Lowe. Hillary empfängt ihn mit diesen Worten: »Well, we knocked the bastard off!«

Ja, sie haben den Bastard bezwungen. Lowe ist außer sich. Doch er selbst trägt etwas bei sich, das die beiden erschöpften, völlig ausgezehrten Gipfelstürmer in ebenso helle Verzückung versetzt, ihnen wie schon für den Auf- nun auch für den Abstieg neue Kräfte einschießen lässt. Feinster Treibstoff für den Turbo:

Himalayische Hühner-Nudelsuppe.

Nichts, rein gar nichts könnte in diesem Augenblick besser sein.

Himalayische Hühner-Nudelsuppe

Entwickelt von Nancy Guppy.

Wer unter den Gipfeln des Himalaya kocht, schleppt nur selten eine Küchenwaage mit sich herum. Daher erfolgen die Angaben auch in Tassen und Löffelgrößen:

3 Tassen Hühnerbrust (zum Beispiel Reste vom Brathuhn am Vortag)

6 Tassen (ca. 1,5 l) Hühnerbrühe

½ Tasse Karotten Julienne (gestiftelt)

½ Tasse Sellerie (Julienne)

½ Tasse Schalotten (fein gewürfelt)

2 Tassen frischer Blattspinat

1 ½ Tassen Reisnudeln

1 Tasse Cocktailtomaten

1 Knoblauchzehe

½ Chilischote, mittelscharf (Julienne)

1 TL Chili, feurig

2 TL Ingwer, frisch und gerieben

2 TL Koriander, frisch

1 TL Kreuzkümmel

½ TL Szechuan-Pfeffer (auch japanischer oder chinesischer Pfeffer genannt; ersatzweise können Sie frischen schwarzen Pfeffer nehmen und die Menge etwas erhöhen)

Hühnerfleisch in mundgerechte Stücke schneiden und beiseitelegen (sollten Sie kein übriges Brathuhn haben, können Sie ebenso gut frische Hühnerbrüste in der Hühnerbrühe pochieren).

Hühnerbrühe in einem großen Topf aufkochen. Reisnudeln (ohne Fleisch) beigeben und Herd abschalten. Etwa 10 Minuten ziehen lassen, dann sind sie weich. Die Nudeln aus dem Topf fischen, damit sie nicht zerkochen. Die Suppe aufheben.

Jetzt machen Sie die Suppenpaste: Dafür pürieren Sie Schalotten, Knoblauch, Ingwer, Cocktailtomaten, den feurigen und den milden Chili, Koriander, Kreuzkümmel und Szechuan-Pfeffer (wer mag, kann auch mit 1 EL Limettensaft ergänzen) mit einem Mixer oder in der Küchenmaschine (auf dem Berg mit einem großen Stein in einem Blechteller zerstampfen). Die Masse sollte jedenfalls gleichmäßig sämig sein.

Nun Öl in einem Topf erhitzen, die Suppenpaste beigeben und 30 Sekunden kräftig brutzeln lassen, dabei aber stets rühren. Mit der Hühnerbrühe löschen, das Fleisch beigeben sowie das vorgeschnittene Gemüse (Karotten, Sellerie, Spinat). Die Suppe nun gut 5 Minuten köcheln lassen, bis das Gemüse bissfest bis weich ist.

Mit Salz und Pfeffer abschmecken, die Reisnudeln in Teller portionieren, mit Suppe übergießen, etwas frischen Kreuzkümmel obendrauf zur Garnitur geben – und sofort servieren.

▷ Tipp: Achtung, diese Suppe ist ziemlich bis sehr pikant. Wer es weniger scharf möchte, sollte auf den Chili entweder verzichten oder eine mildere Sorte einsetzen. Das Gleiche gilt für den Szechuan-Pfeffer.

Die junge Königin und die Seezunge

Der 2. 6. 1953 ist der kälteste Junitag Londons seit ewig, und die Frau, die dem Vater auf den Thron folgt, mit ihren 27 blutjung: Queen Elizabeth II. Erstmals wird ein britisches Oberhaupt live im Fernsehen gekrönt, die Bilder gehen um die Welt. Alles wird seziert. Krönungskleid, Kronjuwelen, Hofdamen, kleine Pannen. Ein royales Spannungsfeld aus Anekdoten und Gerüchten. Die Fakten bekommen Sie hier: vom Mittags-Snack (Coronation Chicken) für die noblen Gäste bis zum Bankett mit Seezunge (samt Originalrezept aus dem Buckingham Palace). Wie hat die Königin diesen Tag erlebt? Nach 65 Jahren brach sie ihr Schweigen darüber.

526 Millionen Einträge liefert uns Google in 0,65 Sekunden beim Wortpaar *Queen Elizabeth*. Präzisieren wir mit *II.*, dem römischen Zweier also, sind´s 137 Millionen. Präzisieren wir weiter mit dem englischen Wort für Krönung, *Coronation*, bleiben 12,6 Millionen. Ein undurchdringlicher Dschungel poppt auf. Was ist Wahrheit? Was gut verpackte Information? Was bloßes Geschnatter? Was Fake?

Ich bin keine Royalistin, aber diese Frau hat es mir angetan. Weil sie seit mehr als sechs Jahrzehnten einen unglaublichen Job macht, jährlich 30.000 Gäste empfängt, 300 Termine abspult, nie nach außen die Beherrschung verliert (und dafür hätte es reichlich Gründe gegeben, denken wir nur an die Skandale und Skandälchen, den Tod von Prinzessin Diana, den Krieg mit Argentinien um die Falkland Inseln usw.). Sie jedoch steht für Disziplin. Für Beständigkeit. Und für Tradition, ohne dass sie sich dem Neuen prinzipiell verschließt.

Ich wollte mehr wissen. Wie war das am 2.6.1953? Wie hat die Queen diesen Tag erlebt? Sagt sie etwas dazu? Was isst so eine Queen, wenn der Krönungstag lang ist? Hat sie überhaupt einen Bissen runterbekommen? Also habe ich mich auf die Suche gemacht, durchgewühlt und dreierlei Kategorien festgelegt: Die Masse dessen, was so sein könnte, vermutlich aber nicht so ist (*soft news*). Dann, was tatsächlich so ist, weil einfach zu überprüfen (*hard facts*). Und dann der Kern: jene raren Momente, wo jemand über Queen Elizabeth II. spricht, der Berufener nicht sein könnte: die Queen selbst. Also doch! Ich stoße auf den Hinweis zu einem von nur zwei TV-Interviews, die sie je gegeben hat. Darin soll sie genau darüber sprechen: den Tag ihrer Krönung.

Will ich die *soft news* überhaupt noch? Muss ich wissen, dass damals schon, bei ihrer Krönung, alles war wie heute? Weil auch hohe Tiere Gewohnheitstiere sind? Ja, sie nimmt den Tee pünktlich um fünf. Mit Biskuits. Ihr bevorzugter Drink heißt Zara (Dubonnet, zu gleichen Teilen mit Gin gemixt, zwei Eiswürfel, eine Zitronenscheibe). Ihre Leidenschaft für Mousse au Chocolat, heißt es, sei legendär. und wir staunen auch über Elizabeths Vorlieben beim *breakfast* (Marmelade mit weißem Etikett, vermutlich von Wilkon & Sons, dazu Joghurt, Porridge, Toast).

Das wissen wir, weil ein Heer königlicher Reporter den ganzen Tag dies erforscht (und nötigenfalls das Frühstück der Königin anhand eines Gemäldes bestimmt, das sie auf Schloss Windsor bei Tisch zeigt). Weitere Undercover-Recherchen, nun aus neuerer Zeit, decken auf, dass man im Buckingham Palace im Heute angekommen ist. Beleg: Es wurden Tupperware-Boxen (!) gesichtet. Und so weiter und so fort.

Und die hard facts? Also gut, wenn ich sie schon habe. Bitte sehr.

Demnach ist Elizabeths Vater, George VI., im Vorjahr ihrer Krönung gestorben, während Elizabeth ihn, damals 25, in Kenia vertreten hat. Sechzehn Monate dauern die Vorbereitungen für die Zeremonie, die ein neues elisabethanisches Zeitalter einläuten sollen. Eine nie dagewesene Zeremonie soll es werden, das Fernsehen die Krönung übertragen. Erstmals live. Gegen den massiven Widerstand von Erzbischof Geoffrey Fischer, der sich um die Intimität des Zeremoniells sorgt und öffentlichen Spott dafür erntet. Wenigstens das erreicht er: Salbung und Sakramente, innigste Momente zwischen Monarchin und Gott unter einem purpurfarbenen Baldachin, werden nicht gezeigt, da gehen die Kameras auf Off.

Vier Tonnen, lese ich weiter, wiegt die Staatskutsche, die Elizabeth zur Westminster Abbey bringt und hinterher, geleitet von 30.000 Soldaten aus dem Commonwealth, durch halb London kutschiert. Kein Wunder, der Rahmen ist aus Massivgold. Darum Schritttempo, die acht grauen Wallache (sie tragen noble Namen, von Cunningham bis Eisenhower) könnten nicht schneller.

Das Krönungsbouquet ist aus weißen Orchideen aus England, Schottland, Wales, Nordirland und von der Isle of Man. Das Kleid der Königin aus weißem Satin mit eingewebten Fäden aus Gold und Silber, über und über mit Diamanten besetzt. Sie trägt das George IV State Diadem (gefertigt 1820, darstellend Rosen, Kleeblätter und Disteln, mit 1.333 Diamanten und 169 Perlen). Die Zeremonie beginnt um 11.15 Uhr. Dauer: drei Stunden.

Auch das Rezept für das Salbungsöl erfahren wir: Rosenblätter, Orangenblüten, Sesam- und Olivenöl, Jasmin, Zibet, Moschus und Ambra. Zwei Kronen sind bei der Zeremonie im Einsatz:

Endlos ließe sich die Aufzählung fortsetzen, recherchiert von einem Heer von Berichterstattern, unter ihnen, angereist für den *Washington Times Herald*, auch eine gewisse Jacqueline Bouvier, spätere bekannt als Jackie Kennedy und First Lady der USA.

Genug von alledem. Ich bin am Ziel: Die Queen spricht. Vor laufender Kamera. Erstmals nach Jahrzehnten. Einen ganzen Tag steht sie im Buckingham Palace dem Krönungsexperten Alastair Bruce Rede und Antwort, und vom ersten Moment an habe ich das Gefühl, in einen dieser bequemen englischen Ohrensessel zu sinken. Zurücklehnen und genießen, wie die alte, noble Dame plaudert und ab und zu sogar schelmisch grinst.

Natürlich will Mr. Bruce gleich zu Beginn wissen, wie das damals war. Als sie die Krone aufgesetzt bekam. Eine junge Frau wie sie. Mit einem Schlag Königin. Mit einem Schlag so viel Verantwortung. Dazu die 8.000 Menschen in der Abbey, die auf eigens eingebauten Holztribünen bis direkt unter die Kuppel sitzen. Gefühlt wenigstens.

»Ich kann mich kaum erinnern«, sagt die Queen. All der Trubel, die Anspannung. Wie in Trance schwebt dieser Tag an ihr vorüber. »Man nimmt das ganze Drumherum nicht wahr.«

Oh, no!

Doch dann, weil Alastair weiß, wen er wie zu fragen hat, kommt die Sprache auf ihren Vater. Er zäumt das Pferd von hinten auf, fragt, wie das bei ihm gewesen sei? Damals, als sie mit elf Jahren seiner Krönung beiwohnte?

»Natürlich kann ich mich daran erinnern«, sagt Elizabeth II. »An jedes Detail. Ich war ja bloß Zuschauer.«

Aufatmen am Bildschirm. Und als Alastair der Königin wie nebenher die Fernsehbilder ihrer Krönung vorspielt (kaum zu glauben, sie sieht sie zum ersten Mal!), sprudelt die königliche Erinnerung.

Ein Tagebuch wird gezeigt. *Ihr* Tagebuch. Dort hinein schrieb sie als Elfjährige, was sie bei der Krönung des Vaters erlebt hat. Auf seine Bitten hin, weil er sie auf ihren Weg auf den Thron vorbereiten möchte. Weil sie alles verinnerlichen, weil ihre Krönung perfekt ablaufen solle, anders als bei ihm mit all den Pannen (so hatte etwa der Erzbischof den Faden, mit dem er die Vorderseite markiert hatte, nicht mehr gefunden, sodass König George die Krone verkehrt herum aufsetzte).

Wir sehen das Deckblatt des königlichen Erlebnisberichts. »*Coronation 12th May, 1937. To Mummy and Papa. In Memory of Their Coronation.*« Darunter die Verfasserin: »*From Lilibet By Herself.*« Ein liniertes Schulheft, in dem Lilibet alles festgehalten hat.

Fünf Krönungsphasen bekommt Lilibet in der Abbey zu sehen: Die Anerkennung (*Recognition*), worin Monarch/Monarchin vor dem Adel erklärt, rechtmäßig hierzustehen, kein Betrüger zu sein); der Eid (*Oath*) auf die Bibel, bei dem alle königlichen Würden abgenommen und ein schlichtes weißes Gewand übergestreift wird; die Salbung (*Anointing*); die Krönung selbst samt Amtseinsetzung (*Investiture & Enthronement*), der Höhepunkt der Zeremonie, wo Kronjuwelen und Regalien dargereicht werden; und die Huldigung (*Homage*) durch den Adel.

Natürlich schildert sie mit den Augen einer Elfjährigen. »Ich stellte mir das alles so wundervoll vor«, schreibt sie, »und ich dachte,

die Abbey würde das auch. Die Gewölbe und Balken an der Spitze waren von einem Wunderschleier bedeckt, als Papa gekrönt wurde. Jedenfalls dachte ich das.«

Rasch folgt die Ernüchterung, Langeweile kommt auf (genau, wie es 16 Jahre später dem vier Jahre alten Prinz Charles bei der Krönung seiner Mutter ergeht). »Grannie (*Anm.*, gemeint ist Großmutter Queen Mary) und ich sahen im Programm nach, wie viele Seiten es bis zum Ende waren.« Das Wort Finis am Ende des Beihefts hilft nur bedingt. Für eine Elfjährige drei endlos lange Stunden.

Dennoch: Den Augen der Kronprinzessin entgeht nichts. Nicht, wie viele Gäste unter Kopfbedeckungen oder aus Taschen Sandwiches und Getränke (Flachmänner) hervorzaubern, weil Krönungsfeiern lang und anstrengend sind und das Fleisch schwach. Nicht, dass manchem die Butter auf dem Brot weichgeworden und an falscher Stelle davongeronnen ist. Nicht das Riechsalz, das in Handschuhen versteckt gehalten wird, und schon gar nicht, dass einer von sechs Hofdamen ihr Vorrat beim Händeschütteln mit dem Erzbischof davonfliegt, sodass es ringsum in der Abbey nach Ammoniak stinkt.

Mit diesem Kniff gelangt Alastair Bruce ans Ziel. Am Beispiel der Krönung ihres Vaters hat die Queen eine exakte Kopie des Tages vor Augen, den auch sie erlebt hat. Bloß 16 Jahre später. Auch für mich als Zuseherin ist klar: Mit jedem Detail ihrer Kindheit, unterlegt mit den Fernsehbildern der eigenen Krönung, tauchen bei der Queen verloren geglaubte Erinnerungen auf. Szene um Szene kommentiert sie. Alles ist, wie sie es schon als Lilibet erlebt hat. Abweichend nur dies: Exakt am 2. Juni 1953 erreicht das Königshaus eine Botschaft von Weltrang, die selbst an diesem Tag Wellen schlägt: Einer aus dem Commonwealth, einer der Ihren also, der Neuseeländer Edmund Hillary, hat den Everest bezwungen.

Als die frisch gekrönte Königin Elizabeth II. im engsten Kreis etwas zu essen bekommt, sind viele Stunden vergangen. Ein Vier-Gang-Menü: *Consommé Royale; Filet de Boeuf Mascotte; Salade; Glace a la Mangue.* Was enträtselt heißt: Hühner-Consommé mit Würfeln von Eier-käse (Anm.: eine im Wasserbad geronnene Eier-Milchmasse mit Salz und Zucker, die gekühlt und in Scheiben geschnitten auf Brot serviert wird); ferner Rindsfilet mit gevier-telten, in Butter geschwenkten Artischocken-böden, Braterdäpfel und Trüffelsplitter; Salat; Mango-Eiscreme.

Die Gäste in der Westminster Abbey hat man zwischendurch mit einer neuen Kreati-on verköstigt, die sich (mit Abwandlungen) bis heute gehalten hat: *Coronation Chicken.* Kalter Hühnersalat (das Huhn in Currysauce) mit gutgewürztem Mix aus Reis, Erbsen und Kräutern. Die Geschichte hinter dem *Poulet Reine Elizabeth*, wie es offiziell hieß, ist die: Der Minister persönlich (Minister of Works) wurde bei *Le Cordon Bleu London*, einer der ältesten Kochschulen im United Kingdom, vorstellig. Gefragt war ein edler Snack, der die noblen Repräsentanten der vielen Länder mit ihren unterschiedlichen Geschmäckern glei-chermaßen zufriedenstellen könnte, um sie über die stundenlange Zeremonie zu bringen. Vielleicht wollte man verhindern, dass aber-mals aus Kopfbedeckungen und Innentaschen allerlei hervorgekramt wurde, wenn es so gar nicht passte.

Wer weiß das schon. Was wir definitiv wissen: Selbst die Erlesensten unter den Er-lesenen aus Geld- und echtem Adel, Diploma-ten und Royals dürfen am 2. Juni 1953 nicht an der Tafel der Königin Platz nehmen. Dafür wird eigens für sie (je 240 Geladene) an den beiden Folgetagen dieses Krönungs-Bankett ausgerichtet:

Tortue Claire Sandringham (klare Schildkrötensuppe)
Delices de Soles Prince Charles (Seezun genfilet)
Carré d´Agneau à la Windsor (Lamm-Karree)
Haricots Verts au Beurre (Butterfisolen)
Pommes Nouvelles (Erdäpfel, Zubereitungsart geheim)
Salade Royale (Spargel mit Sauce)
Bôite de Fraises Reine Elizabeth (gemischte Leckereien, Rezeptur geheim).

Daraus darf ich Ihnen, entnommen einer Sammlung, die Charles Oliver, ehemals Die-ner bei den Windsors, über Jahrzehnte im Buckingham Palace zusammengetragen hat, die Seezunge im Originalrezept vorstellen. *Seezunge nach Art* des Hauses sozusagen. Dazu: Butterfisolen.

Seezungenfilet *Prinz Charles* und gebutterte Fisolen

Wie viele Geheimnisse der Royals werden auch die Originalrezepte der Krönungsfeiern von Queen Elisabeth II. wie der sprichwörtliche Augapfel in den Archiven gehütet. Charles Oliver jedoch, Sohn eines Lakaien, aufgewachsen im Buckingham Palast und danach selbst langjähriger Mitarbeiter (unter Königin Victoria, König George V. und Queen Elisabeth II.) machte es sich zeitlebens zur Aufgabe, minutiös Buch zu führen über sein Leben im Dienste der Royals.

Aus Tagebüchern und persönlichen Erfahrungen bzw. Erinnerungen trug er über die Jahre eine einzigartige Sammlung von Rezepten zusammen, nach denen die Königsfamilie bekocht wurde und teils immer noch wird. Oliver wollte seine exklusive Kollektion erst nach seinem Tod veröffentlicht wissen, so geschehen in dem Buch »Dinner at Buckingham Palace«. Wie üblich, sind die Originalangaben der Zutaten einigermaßen vage, waren sie doch den königlichen Köchen bestenfalls zur Gedächtnisstütze zugedacht. Das folgende Rezept ist dem der Inthronisierung aus 1953 sehr ähnlich.

Zutaten für 2 Personen:
Für das Filet de Sole Véronique:

6 Seezungenfilets
Weißwein
1 Zwiebel, fein gehackt
1 Zitrone
Butter
Petersilie
Gekühlte weiße Weintrauben, gehäutet und entkernt
Gewürze

Das Original übersetzt – und mit der einen oder anderen Anmerkung:

Klopfen, wie es im Original steht, würde ich die Filets keinesfalls, bestenfalls sanft andrücken. Danach würzen und falten und in einer gebutterten Steingutform mit etwas Weißwein begießen und bereithalten. (Anmerkung: Ich habe Röllchen gemacht, die Sie am besten mit einem Küchenfaden binden.)

Die Fischknochen (also die Gräten) mit den übrigen Fischabfällen in einen Topf geben, mit je 1 EL Weißwein und Wasser. Geben Sie nun 1 TL fein gehackte Zwiebeln bei, etwas Petersilienstängel und 1 guten Schuss Zitronensaft. Das alles für ca. 1 Minute kochen lassen, danach die Flüssigkeit über die Filets in der Steingutform gießen. Die Filets sanft dünsten.

Sind die Filets gar, so nehmen Sie sie vorsichtig aus der Form, lassen sie abtropfen und reduzieren die verbliebene Flüssigkeit durch Köcheln – bis sie eine sirupähnliche Konsistenz angenommen hat. Nun die Sauce mit 1 ½ Oz (das entspricht rund 40 g) geschmolzener Butter gründlich verrühren.

Die Filets in der Steingutform im Kreis arrangieren und mit geschmolzener Butter begießen, bis die Oberfläche glasiert ist. In der Mitte der Form die gekühlten Weintrauben zu einer Pyramide aufschichten und sofort servieren.

Für die Butterfisolen:

500 g Fisolen
1 ½ l Wasser
1 EL Butter
1 Zwiebel (mittelgroß, fein gehackt)
1 Zehe Knoblauch (fein gehackt)
1 EL Majoran (Bohnenkraut)
1 TL unbehandeltes Salz
Gemahlener Pfeffer (nach Belieben)
Petersilie (nach Belieben)

Fisolen waschen, die Enden mit einem Messer kappen.
10 Minuten in Salzwasser mit dem Majoran garen.
Abgießen und kalt abschrecken. (Sollten Sie die Fisolen nicht sofort weiterverarbeiten, empfehle ich, sie mit Eiswürfeln in einem Sieb aufzubewahren. So verlieren sie nicht ihre frische grüne Farbe.)
In einem Topf Butter erhitzen, darin die Zwiebel (und den Knoblauch) glasig andünsten.
Fisolen in der Butter mit Zwiebel und Knoblauch schwenken und kurz erhitzen.
Bei Bedarf mit grob gehackter Petersilie bestreuen und servieren.

1955

Österreichischer Staatsvertrag. Das Essen nach der Unterzeichnung, das sich die beteiligten Außenminister im Schloss Schönbrunn gönnten.

Nur ein Katzensprung bis in die Freiheit?

Katzensprung. Verbinden Sie damit auch die Redensart, dass es von da nach dort nicht weit sei? Ein Katzensprung eben? Historisch betrachtet erhält das Wort eine zusätzliche Dimension. Weil jener Wein, den Österreichs Außenminister Leopold Figl 1955 in einem Keller ausschenkte, um den Russen einen Staatsvertrag nach eigenen Vorstellungen schmackhaft zu machen, genau so hieß: Katzensprung. Bloß, dass es nicht ein einziger war, der zum Erfolg geführt haben soll, sondern Kisten davon. Von dieser und anderen Kuriositäten möchte ich Ihnen erzählen. Und natürlich von den Brandteigkrapferln mit Gänseleber beim Galadinner im Wiener Schloss Schönbrunn:

> *»Mit dem Dank an den Allmächtigen wollen wir die Unterschrift
> setzen und mit Freude rufen wir aus: Österreich ist frei!«*

Vor allem die letzten drei Worte von Österreichs Außenminister Leopold Figl sind berühmt. Tausendfach sind sie seit jenem 15. Mai 1955, einem Sonntag, ausgestrahlt worden. Die *Austria Wochenschau* zeigt ihn, wie er an diesem Sonntag um 12.15 Uhr auf den Balkon des Oberen Belvederes in Wien tritt und den Staatsvertrag mit den Unterschriften und Siegeln in die Höhe hält. Unterlegt ist die Szene mit Figls Freudenruf, der nach einem schrecklichen Krieg und zehn Jahren Besatzungszeit zu den jubelnden Menschen hinab schallt: »Österreich ist frei!«

Bloß, es gibt gar keine Lautsprecheranlage. Und den Satz hat er auch gar nicht hier gesagt. Figls Worte sind vielmehr der Abschluss einer Ansprache, die er zuvor in kleiner Runde im Marmorsaal gehalten hat, wo die vier Außenminister der Besatzungsmächte, Wjatscheslaw M. Molotow (Russland), Harold Macmillan (Großbritannien), John Foster Dulles (USA) und Antoine Pinay (Frankreich), dazu die jeweiligen Hochkommissare und Leopold Figl als Neunter im Bunde soeben den Vertrag unterzeichnet und Österreich wieder zur souveränen Nation gemacht haben. Natürlich

mit allerlei Auflagen, angefangen beim Verbot einer wie auch immer gearteten Vereinigung mit Deutschland über Minderheitenrechte hin zum Atomwaffenverbot und vieles mehr. Österreichs Bekenntnis zur immerwährenden Neutralität ist, wie oft irrtümlich zu hören, nicht Teil des Vertrags. Sie wird erst am 26. Oktober desselben Jahres vom Nationalrat beschlossen.

Doch zurück in den Marmorsaal zu Figls Ansprache. Man sagt, vor allem der zweite Teil seiner Rede habe für schiefe Blicke gesorgt, weil der Minister plötzlich nur noch vom heimischen Handwerk sprach. Von der Manufaktur, die das vor ihm liegende Vertragswerk in Leder gebunden hatte. Erst im letzten Moment kratzte er wieder die Kurve zum eigentlichen Thema, nämlich, dass Österreich jetzt frei sei. Oder wenigstens bald, denn in Wahrheit sollte es noch Monate dauern, bis die Vereinbarung in Kraft treten und der letzte Besatzungssoldat seinen Heimweg antreten würde.

Die Sache mit dem berühmten Ausruf in die Menge, der keiner war, ist jetzt nichts großartig Neues. Die geschichtlich Interessierten unter Ihnen wissen das bestimmt.

Aber wie sieht es mit den vielen Details aus, die dem großen Ganzen namens Staatsvertrag erst, wie ich finde, die Würze geben? Weil sie jenes hochoffizielle, doch etwas oberfläche Bild einer grenzenlosen Harmonie und Glückseligkeit ein wenig ... nun ja, sagen wir mal: *vertiefen?*

Beginnen wir mit etwas harmlos Heiterem, mit den kleineren Pannen oder verborgenen Eitelkeiten rund um den Vertrag. Wie etwa, dass die Russen sich auf dem Weg ins Belvedere zum feierlichen Akt mit den übrigen Konvois ein Rennen lieferten, sich an die Spitze setzten und den Zug danach demonstrativ verzögerten, sodass eine Art Verkehrsinfarkt vorm Eingang die Folge war.

Oder die anfangs falsche Sitzordnung an der Tafel im Marmorsaal, die erst im letzten Moment korrigiert wurde und Figl vom äußersten Rand in die Mitte holte. Schließlich drehte es sich ja um sein Land. Dann Russlands Minister Molotow, der eine knappe halbe Stunde vom Kalten Krieg schwafelte und fast nichts zu Österreich sagte, ehe er das Wort endlich, viel zu spät, an den US-Amtskollegen abgab. Als der zu reden anfing, verstand ihn keiner mehr, denn alle Glocken Wiens, die Pummerin im Stephansdom eingeschlossen, hatten inzwischen zu läuten begonnen und übertönten seine Worte. Was auch immer er sagen wollte, es blieb unverstanden. Und für wen der zehnte Sessel gedacht war, der einige Zeit herrenlos am Tisch der nur neun Unterzeichnenden stand, weiß bis heute niemand.

Auch die Geschichte, ganz Wien habe danach bis in die späte Nacht hinein bei spontanen Platzkonzerten auf den Straßen Walzer getanzt, wird zurechtgerückt von Zeitzeugen, die eher die Menschen in Scharen fliehen und die Notenblätter davon schwimmen sahen, als

ein Wolkenbruch über der Stadt niederging. Und auch abends sah es mit dem Wetter nicht viel besser aus.

Andererseits, ob es nun so war, wie das offizielle Österreich es darstellt oder vielleicht doch so wie andere Quellen ... was soll's. Spannend wird es bei dem Vertragswerk selbst. Vor allem beim Zustandekommen.

Leopold Figl bediente sich, wie es heißt, immer wieder einer Spezialtaktik. Spätabendliche Besuche des Außenministers im *Kellerschlössel*, dem heutigen Topweingut *Domäne Wachau* in Dürnstein, sind überliefert. Er kam im Dienstwagen mit ausländischer Herrenrunde angerauscht. Meist dann, wenn die so knochenharten wie staubtrockenen Verhandlungen im nahen Wien ins Stocken geraten waren. Mit einem guten Schluck, einem zweiten oder dritten vom *Katzensprung* (so hieß nämlich die steile, in späteren Jahren nicht mehr bewirtschaftete Riede) sollte die russische Betonierer-Mentalität aufgeweicht werden, sprich: das ständige Njet der Sowjets gegenüber dem, was Österreich gerne im Vertrag stehen hätte und vor allem, was nicht. Minister Figl hatte einen Kellerschlüssel, konnte nach Belieben kommen und gehen. Und so wird heute noch bei Führungen gerne jener Tisch gezeigt, an dem fernab jedes Protokolls um Details gerungen und gebechert wurde.

Als eine österreichische Delegation Wochen vor der Unterzeichnung nach Moskau flog, um alles klarzumachen, und als Gastgeschenk die eine oder andere Kiste Katzensprung mit sich führte, war der Grüne Veltliner den russischen Gaumen längst wohlvertraut. Es lag also auf der Hand oder Zunge, diesen und keinen anderen Wein zum offiziellen Staatsvertragswein zu küren, wenn die Herren im Mai erneut nach Wien kom-

Aber wie sieht es mit den vielen Details aus, die dem großen Ganzen namens Staatsvertrag erst, wie ich finde, die Würze geben? Weil sie jenes hochoffizielle, doch etwas oberflächliche Bild einer grenzenlosen Harmonie und Glückseligkeit ein wenig ... nun ja, sagen wir mal: *vertiefen?*

Beginnen wir mit etwas harmlos Heiterem, mit den kleineren Pannen oder verborgenen Eitelkeiten rund um den Vertrag. Wie etwa, dass die Russen sich auf dem Weg ins Belvedere zum feierlichen Akt mit den übrigen Konvois ein Rennen lieferten, sich an die Spitze setzten und den Zug danach demonstrativ verzögerten, sodass eine Art Verkehrsinfarkt vorm Eingang die Folge war.

Oder die anfangs falsche Sitzordnung an der Tafel im Marmorsaal, die erst im letzten Moment korrigiert wurde und Figl vom äußersten Rand in die Mitte holte. Schließlich drehte es sich ja um sein Land. Dann Russlands Minister Molotow, der eine knappe halbe Stunde vom Kalten Krieg schwafelte und fast nichts zu Österreich sagte, ehe er das Wort endlich, viel zu spät, an den US-Amtskollegen abgab. Als der zu reden anfing, verstand ihn keiner mehr, denn alle Glocken Wiens, die Pummerin im Stephansdom eingeschlossen, hatten inzwischen zu läuten begonnen und übertönten seine Worte. Was auch immer er sagen wollte, es blieb unverstanden. Und für wen der zehnte Sessel gedacht war, der einige Zeit herrenlos am Tisch der nur neun Unterzeichnenden stand, weiß bis heute niemand.

Auch die Geschichte, ganz Wien habe danach bis in die späte Nacht hinein bei spontanen Platzkonzerten auf den Straßen Walzer getanzt, wird zurechtgerückt von Zeitzeugen, die eher die Menschen in Scharen fliehen und die Notenblätter davon schwimmen sahen, als

ein Wolkenbruch über der Stadt niederging. Und auch abends sah es mit dem Wetter nicht viel besser aus.

Andererseits, ob es nun so war, wie das offizielle Österreich es darstellt oder vielleicht doch so wie andere Quellen ... was soll's. Spannend wird es bei dem Vertragswerk selbst. Vor allem beim Zustandekommen.

Leopold Figl bediente sich, wie es heißt, immer wieder einer Spezialtaktik. Spätabendliche Besuche des Außenministers im *Kellerschlössel*, dem heutigen Topweingut *Domäne Wachau* in Dürnstein, sind überliefert. Er kam im Dienstwagen mit ausländischer Herrenrunde angerauscht. Meist dann, wenn die so knochenharten wie staubtrockenen Verhandlungen im nahen Wien ins Stocken geraten waren. Mit einem guten Schluck, einem zweiten oder dritten vom *Katzensprung* (so hieß nämlich die steile, in späteren Jahren nicht mehr bewirtschaftete Riede) sollte die russische Betonierer-Mentalität aufgeweicht werden, sprich: das ständige Njet der Sowjets gegenüber dem, was Österreich gerne im Vertrag stehen hätte und vor allem, was nicht. Minister Figl hatte einen Kellerschlüssel, konnte nach Belieben kommen und gehen. Und so wird heute noch bei Führungen gerne jener Tisch gezeigt, an dem fernab jedes Protokolls um Details gerungen und gebechert wurde.

Als eine österreichische Delegation Wochen vor der Unterzeichnung nach Moskau flog, um alles klarzumachen, und als Gastgeschenk die eine oder andere Kiste Katzensprung mit sich führte, war der Grüne Veltliner den russischen Gaumen längst wohlvertraut. Es lag also auf der Hand oder Zunge, diesen und keinen anderen Wein zum offiziellen Staatsvertragswein zu küren, wenn die Herren im Mai erneut nach Wien kommen würden. Er sollte (neben einem Blauen Portugieser aus Retz und Sekt von Hochriegl) am Abend des 15. Mai ausgeschenkt werden: der Grüne Veltliner, Katzensprung, Jahrgang 1954. Übrigens nur eine von vielen damals bereits geläufigen, eher ungewöhnlichen Lagenbezeichnungen. Gern getrunken in den Fünfzigerjahren wurde auch der ebenfalls in Dürnstein kultivierte *Flohhaxn* oder, aus dem Weinviertel, der *Poysdorfer* Saurüssel. Wunderbar bildhaft ist übrigens auch ein Ausdruck aus diesen Tagen für einen eher uneleganten Wein: *krampensauer.*

Dass Figl diesem Tropfen zu verdanken hatte, dass er den Sowjetbeton knackte und die ursprüngliche Schlussformel aus dem Staatsvertrag heraus reklamierte, worin Österreich als Mittäter der Nazi-Verbrechen festgeschrieben werden sollte, ist bedeutend mehr als nur ein Gerücht, wenngleich nicht offiziell bestätigt. Nach zahlreichen Kellerbesuchen in der Wachau fiel der höchst unangenehme Vertragszusatz jedenfalls weg. Es wurde unterschrieben und die SPD gratulierte den südlichen Nachbarn zu ihrer »geschmeidigen österreichischen Diplomatie«.

Österreich traf hochoffiziell also keine Mitschuld, der Opfermythos war geboren. Engländer, Franzosen und Amerikaner zeigten sich zwar wenig erfreut, doch letztlich froh, die Sache vom Tisch zu haben, was die britische Zeitung *The Manchester Guardian* so kommentierte: »Österreich hat seinen Vertrag bekommen, weil es von niemandem als Alliierter gebraucht und auch von niemandem als Feind gefürchtet wird.« Die Russen wiederum ließen sich ihre Zustimmung durch eine Beteiligung an der heimischen Ölförderung abkaufen.

Natürlich hatte der Erfolg des Staatsvertrages viele Väter, doch (wie könnte es anders sein) reklamierten die beiden damaligen Großparteien, SPÖ und ÖVP, diese Vaterschaft ganz allein für sich. Österreichs westlichstes Bundesland, Vorarlberg, gab übrigens am selben Tag bekannt, nun lieber doch nicht der Schweiz beitreten zu wollen (was möglicherweise daran gelegen haben könnte, dass von dort demonstratives Desinteresse gekommen war).

Wirklich brennend und weit mehr als irgendwelches Parteien-Hickhack hat mich aber bei der Recherche diese Frage interessiert: Wie erging es der Bevölkerung damals, im Mai 1955? Hatten die Menschen immer noch unter den Kriegsfolgen zu leiden? Wie sah es mit der Versorgung aus?

Erst 1953, nur zwei Jahre zuvor also, waren die Lebensmittelkarten eingestellt worden, mit denen die Bevölkerung von staatlicher Seite versorgt worden war. Je nach Familienstand, Beruf, Zahl der Kinder und Bedürftigkeit waren nach Aufrufen in den Zeitungen ein halbes Kilo Fleisch oder ein halber Wecken Brot ausgegeben worden. Damit musste man in der Regel viel länger auskommen, als in Wirklichkeit möglich war.

Gerade in den ersten Jahren nach Kriegsende reichte es hinten und vorne nicht. Eine Semmel war absoluter Luxus, ein Stück Wurst etwas, das Kinder nur vom Hörensagen kannten. Der Schwarzhandel blühte, wobei von den Alliierten zumeist nur besonders krasse Fälle geahndet wurden, denn man wusste um die prekäre Lage und die Not des Staates, seine Bevölkerung zu versorgen. Ebenso gang und gäbe, obwohl bei hoher Haftstrafe verboten, war das Schwarzschlachten durch Bauern draußen auf dem Land.

Hamsterfahrten oder -käufe waren an der Tagesordnung, Bilder hunderter Städter mit Rucksäcken, die mit der Straßenbahn an den

Stadtrand fuhren und von dort zu Fuß aufs Land hinauszogen, um ihr letztes Tafelsilber gegen ein Stück Speck einzutauschen. Manche Familien erzählten sogar über Generationen hinweg, sie hätten durch den Schleichhandel mehr verloren als durch den Krieg selbst. Wenige andere wiederum, unter ihnen auch Vertreter der Besatzungsmächte, wurden in jener Zeit Millionäre.

1955 allerdings war ein Jahr des totalen Wandels. Weg vom Hunger hin zum Überfluss. Der Marshallplan der Amerikaner griff voll. Einerseits initiiert, um wirtschaftliche und politische Stabilität beim Wiederaufbau zu gewährleisten. Andererseits, weil die enorme Überproduktion in den USA auch nach Abnehmern verlangte. Das Konzept des US-Supermarktes schwappte bereits über den großen Teich nach Europa. Hatten kurz zuvor die Menschen noch versucht, möglichst viele Kalorien aufzunehmen, um ihren Nachholbedarf auszugleichen, wurde nun erstmals aufs genaue Gegenteil geachtet. Ja, sogar ein österreichischer Staatssekretär fühlte sich bemüßigt, zum Thema Kalorienhaushalt und -überschuss eine öffentliche Rede zu halten.

Als am Abend des 15. Mai 1955 die Unterzeichner des Staatsvertrages hinaus ins Schloss Schönbrunn zum Dinner fuhren, taten sie es demnach nicht mit dem mulmigen Gefühl in der Magengegend, die Einzigen weit und breit zu sein, die ein gutes Essen serviert bekommen würden. Nach den sehr harten Jahren brummte die Wirtschaft endlich wieder. Und so durften auch die brummenden Mägen beim Galadinner ruhigen Gewissens besänftigt werden, als erstmals die Wiener Philharmoniker in Schönbrunn aufspielten und, auf besonderen Wunsch des russischen Außenministers Molotow, *Wiener Blut* von Johann Strauss Sohn intonierten.

Nachgereicht wird noch die Menüfolge, aus heutiger Sicht für ein Staatsbankett weder opulent noch übertrieben bescheiden. Vielmehr irgendwo mittendrin: Brandteigkrapferl mit Gänseleber; Kraftsuppe mit Markscheiben; Seezungenfilets in Weißweinsauce mit Spargel; Filet mit Champignons und Erdäpfeln; gefülltes Huhn; grüner Salat mit harten Eiern; Eiscreme; und Mokka. Und natürlich, zum Fisch, der da schon legendäre Grüne Veltliner, Katzensprung.

Die Vorspeise möchte ich Ihnen nun vorstellen: *Brandteigkrapferl mit Gänseleber.*

Brandteigkrapferl mit Gänseleber

Zutaten Für 4–6 Personen:

Für den Brandteig (Profiterol):

140 g Mehl

60 g Butter

250 ml Wasser

5–6 Eier (je nach Größe)

Geriebene Muskatnuss

Unbehandeltes Salz

Wasser mit Butter, einer Prise Salz und etwas Muskatnuss kurz aufkochen. Das gesiebte Mehl mit dem Kochlöffel unterrühren, bis sich ein Klumpen gebildet hat und die Teigkugel sich vom Topfboden ablösen lässt. Die Masse mit einem Stich Butter über der Flamme kurz rundum »abrösten«.

Backblech mit Backpapier belegen. Das Backrohr auf 200 °C vorheizen.

Inzwischen die Masse abkühlen lassen. Dann die Eier einzeln unterrühren, sodass ein glatter Teig entsteht.

Nun die Masse in einen Spritzbeutel mit kleiner Lochtülle füllen und kleine Portionen auf das Backblech setzen und mit etwas Wasser besprenkeln (achten Sie auf ausreichend Abstand zwischen den einzelnen Krapferln, sie legen beim Backen um einiges an Volumen zu).

Auf mittlerer Schiene ca. 10–12 Minuten backen.

Backrohr abdrehen, in den Boden der Profiterols ein kleines Loch stechen, dann das Blech nochmal für 3–5 Minuten ins abgedrehte Rohr.

Für die Füllung:

250 g Gänseleberparfait (aus der Feinkostabteilung oder selbst gemacht, siehe unten)

2 cl Cognac oder Weinbrand

2 EL Obers

Das Parfait mit dem Cognac und dem Obers glattrühren und in einen Spritzbeutel (kleine Lochtülle) füllen. Vorsichtig durch das bodenseitige Loch der ausgekühlten Profiterols spritzen.

Für das Gänseleberparfait:

500 g Gänseleber, frisch (und von der glücklichen Weidegans)
500 g Butter (der hohe Butteranteil ist das Geheimnis eines perfekten Parfaits)
1 l Obers
1 l Milch
1–2 EL Portwein
1–2 EL Cognac
1 EL geriebene Bio-Orangenschale
1 TL Majoran (getrocknet)
3 Eier
Unbehandeltes Salz, gemahlener Pfeffer
Frische Minzblätter

Die Leber fein säuberlich putzen und für min. 4 Stunden in Milch einlegen. Aus der Milch nehmen, trocken tupfen und in nicht allzu große Stücke schneiden.

Schmelzen Sie die Butter und fügen Sie das Obers hinzu.

Nun die Leber pürieren und durch ein Sieb streichen. So entsteht eine Farce.

Orangenschale, Portwein, Majoran sowie die Eier der Farce beimengen. Nach und nach das Gemisch aus Butter und Obers (es sollte lauwarm sein) untermengen.

Würzen Sie Sie die Masse nun mit Salz und Pfeffer und füllen Sie sie in eine Terrinenform (1 l). Deckel drauf und bei 150 °C im Backofen in einer ausreichend großen Pfanne oder Kasserolle im Wasserbad (5 cm hoch) ca. 30–40 Minuten pochieren. Geben Sie Acht, dass die Temperatur keinesfalls höher ist, andernfalls wird das Parfait grau (auf den Geschmack hat das aber keinen Einfluss).

Ofen ausschalten, noch ca. 10 Minuten nachziehen lassen.

Auskühlen lassen und danach für min. 12 Stunden kaltstellen. Danach ist ihr Parfait einsatzbereit.

▷ Tipp: Anstelle von Majoran können Sie auch eine Mischung aus Koriander, Nelken und Zimt (alles gemahlen) verwenden. Und der Portwein lässt sich mit je einem Schuss Amaretto, Cointreau und Mandellikör ersetzen.

1955

Rosa Parks. Die Pfannkuchen, mit der die
Bürgerrechtlerin ihre Familie verwöhnte.

Eisenschwerer Widerstand und federleichter Pfannkuchen

Sie stand auf, indem sie sitzen blieb: Rosa Parks, schwarze Bürgerrechts-Ikone im Kampf gegen Rassismus. Parks widersetzte sich am 1. Dezember 1955 dem Befehl eines Busfahrers, ihren Platz für einen Weißen zu räumen. Ihre Verhaftung löste eine Welle nationalen Widerstands aus, die Jahre später endlich zur Aufhebung der Rassengesetze in den USA führte. Wie, habe ich mich gefragt, muss ich mir so eine Bürgerrechtlerin vorstellen? Gnadenlos kämpferisch? Rührend mutig? Einzelgängerin? Familienmensch? Welches Vermächtnis gibt es von ihr? Und: Wie passt ihr federleichter Pfannkuchen, den sie uns ebenfalls hinterlassen hat, da hinein?

Eines vorweg: Diese Rosa Parks müssen wir uns als eine Frau wie aus einem Guss vorstellen. Ihre Persönlichkeit ist keinesfalls widersprüchlich. Rosa Parks widerspricht nur gerne. Dort nämlich, wo sich etwas mit ihrem Naturgefühl für Gerechtigkeit nicht verträgt. Wo Rassismus und Unterdrückung Alltag sind, noch dazu ein gesetzlich gedecktes Gewohnheitsrecht.

Niemand weiß das Bild dieser Frau besser zu zeichnen als Sheila McCauley Keys, eine von 13 Nichten und Neffen, die jahrelang mit ihrer Tante unter einem Dach wohnte und die beiden bloß scheinbar grundverschiedenen Wesenszüge Rosa Parks' im Detail kennt: Da Familiensinn, Gottesfürchtigkeit und die Maxime niemals ein böses Wort über andere zu verlieren, auch nicht, nein, gerade nicht über jene Weißen, die ihnen Übles wollen, weil jeder Mensch Respekt verdient hat. Und dort die mutige, unbeugsame, entschlossene Aktivistin im Kampf gegen Rassismus. Letztlich sind beide Positionen Teil einer gemeinsamen Grundhaltung, die diesen Überbau hat: Glaube. Der Glaube ans Gute, ans Nötige und an die Gerechtigkeit. Sheila erinnert sich in leuchtenden Farben an ihre Tante. »Sie war

eine echte Südstaaten-Lady. Akkurat gekleidet, egal, wie knapp das Geld oft war. Die Schürze über der Kleidung frisch gestärkt. Immer langärmelig, auch sommers. Das hüftlange Haar zum Knoten gebunden und nur abends, beim Zubettgehen, offen.« Ein charismatisches Lächeln von ganz weit innen habe sie gehabt, trotz aller Stürme, denen ihr Leben ausgesetzt gewesen sei. Und sie war: »Eine unersättliche Leserin.«

Heute noch, sagt Sheila, habe sie die Gerüche der Sonntagsessen ihrer Auntie in der Nase. »Sie sah Kochen und Essen als Erbe an, das die Familie zusammenbrachte. Eine erhaltenswerte Kultur. Wir erzählten, teilten den Tag, den jeder hatte. Ob gut oder schlecht.« Außerdem sei es auch ein Mittel gewesen, um die Gemeinschaft der Schwarzen und die Kirche zu stärken.

Rosa Parks brachte jedem und allem große Achtung entgegen. Was zur Folge haben konnte, dass die durstigen Kinder ihres einzigen Bruders (Rosa Parks hatte selbst nie welche), bei dem sie ihr halbes Leben in Detroit (Michigan) wohnte, auf ihre Limo ewig warten mussten, weil die Zitronen erst zu köcheln hatten und das eben seine Zeit dauerte. »Die

Küche war Tabu für uns. Wir hörten immer nur das Klappern der Töpfe und Pfannen.«

Was dann zum Vorschein kam, hatte es in sich. Huhn und Knödel zauberte Rosa Parks bevorzugt, aber auch Kohlgerichte, Lachskroketten. Oder Maisbrot-Fladen (Cornbread Griddle Cakes), winzig, sagt Sheila, »klein wie Silberdollar«. Oder Succotash, ein indianisches Gericht aus zumeist Limabohnen und Mais, im Süden der USA (wo wir uns mit Alabama befinden) oft aber nur der Überbegriff für in Butter oder Schmalz angeschwitztes Gemüse.

Alles in allem sehen wir eine Frau, die vor Fürsorge und Liebe übergeht. Und dann ist da noch die andere Hälfte von Rosa Parks. Jene der Bürgerrechtlerin. Und als solche lernen wir sie auch kennen, als sie am 1. Dezember 1955 am frühen Abend in einem städtischen Bus sitzt, müde von der Arbeit in einem Einkaufszentrum und in Gedanken womöglich schon beim Abendmahl, das sie zubereiten muss.

Rosa Parks lebt da noch in Montgomery, der Hauptstadt des Bundesstaates Alabama, keine fünfzig Kilometer von ihrem Geburtsort Tuskegee entfernt. Parks jobbt als Assistenz-Schneiderin. In den Zeitungsberichten wird man sie immer als Näherin bezeichnen, das allein ist ein Beweis der gezielten Herabwürdigung. Ganz zu schweigen von dem damals auch in den seriösesten Medien wie selbstverständlich gebräuchlichen Wort Negro für Neger.

Der Bus ist randvoll. Zwei Drittel sind Afroamerikaner. Hier, in Montgomery, gilt das Gesetz der Rassentrennung in den öffentlichen Verkehrsmitteln. Der hintere Teil ist Schwarzen vorbehalten. Der vordere Weißen. Die Zone dazwischen ist eine Ermessensfrage des Fahrers. Je nach Kundschaft. Je nach Laune.

An der Laune von James Blake, so der Name des Fahrers, gibt es keinen Zweifel. Er sieht beim nächsten Stopp weiße Fahrgäste. Also tut er, was er in so einem Fall zu tun pflegt. Er fährt in die Station, dreht sich um und schnauzt drauflos.

»Verzieht euch nach hinten!«

Euch. Das sind vier Frauen. Unter ihnen Rosa Parks. Drei stehen wortlos auf, leisten dem Befehl Folge. Rosa Parks bleibt sitzen.

»Wirst du wohl aufstehen?!«

»Nein«, sagt Rosa. Sie fixiert James Blake mit festem Blick.

»Dann lasse ich dich verhaften.«

»Wenn Sie meinen. Gerne.«

Polizisten führen Rosa Parks wenig später ab. Sie weiß es in diesem Moment noch nicht, doch schon Tage danach wird man in ihr jenes Gesicht sehen, auf das man schon so lange gewartet hat. Eine Frau mit dem Potential zur Ikone des schwarzen Widerstands.

Nach außen versuchen die USA damals, den Vorwürfen von Rassismus zu begegnen, indem sie Jazz-Botschafter in alle Welt entsenden. Berühmtheiten wie Louis Armstrong, Benny Goodman, Dizzy Gillespie, Duke Ellington oder Dave Brubeck sollen mit ihrer Musik im Ausland die Herzen erobern und zugleich am Beispiel ihrer gemischten Bands ein reibungsloses Miteinander von Schwarz und Weiß vorgaukeln.

Doch zum einen lassen sich die Künstler bei ihren Tourneen nicht in gewünschter Form vereinnahmen, machen zur falschen Zeit am falschen Ort den Mund auf. Und andererseits ändert es rein gar nichts am Ist-Zustand. Innerhalb der USA brodelt es an allen Ecken und Enden. Erst vor wenigen Monaten, im August 1955, ist der 14 Jahre alte Emmett Till in Money (Mississippi) von einem Lebensmittelhändler und dessen Stiefbruder aus rassistischen Motiven entführt und bestialisch ermordet worden. Der Prozess wird zur Farce, die Angeklagten freigesprochen. Dabei kommt es zu grotesken Szenen, als die Geschworenen (zwölf Weiße) im Gerichtssaal ein Picknick abhalten und feiern. Massenproteste der schwarzen Bevölkerung sind die Folge. Und auch erstmals eine landesweite Debatte über die Praktiken vor allem in den Südstaaten.

Als Rosa Parks sich gegen den Busfahrer James Blake zur Wehr setzt, ist sie längst nicht die Erste. Zwei Frauen vor ihr hat man aus demselben Grund verhaftet. Beide, Claudette Colvin und Mary Louise Smith, sind jedoch in den Augen der Bürgerrechtler des NAACP (National Association for the Advancement of Coloured People) als Galionsfigur ungeeignet, weil sie als angreifbar gelten. Die eine ein Teenie, schwanger und ohne Mann. Die andere die Tochter eines angeblichen Säufers. Jemand Makelloses muss her. Rosa Parks kommt den Aktivisten da wie ein Geschenk des Himmels.

Dennoch ist Parks nicht das stille Mäuschen, das plötzlich für alle unvermutet drauflos piept. Parks ist längst (wie ihr Mann Raymond auch) im Widerstand aktiv. Im Hintergrund. Jede freie Minute arbeitet sie für den NAACP. Als Sekretärin. In der Jugendbetreuung. Und so ist es an diesem 1. Dezember einfach der berühmte Tropfen zu viel, der in das Fass Rassismus fällt. Auch wenn sie gerne mit diesen Worten zitiert wird: »Mir taten die Füße weh. Ich weiß nicht, warum ich mich geweigert habe aufzustehen.«

Martin Luther King, damals als noch unbekannter Baptistenprediger im Kampf gegen den Rassismus, erkennt ihr Potential sofort: »Ich bin froh«, wird er wenige Tage später sagen, »dass das Ganze einer Frau wie Rosa Parks passiert ist. Niemand kann ihre grenzenlose Integrität bezweifeln. Niemand ihre Charakterstärke.

Niemand ihren tiefen christlichen Glauben.« Vier Tage nach der Verhaftung kommt es zum Prozess gegen Parks. Hunderte Schwarze empfangen sie am Eingang zum Rathaus von Montgomery, skandieren Sprüche wie: »Ihr habt euch die Falsche ausgesucht!« Dennoch gerät auch diese Verhandlung zur Farce. Nach nur fünf Minuten verhängt der weiße Richter die Strafe: Zehn Dollar wegen ungebührlichen Verhaltens und hundert Dollar Kaution, die Parks Anwalt Fred Gray hinterlegt.

Inzwischen hat jedoch etwas Bedeutsames eingesetzt. Ein Busboykott durch die schwarze Community. Unmittelbar nach Parks Verhaftung hat der NAACP Flugzettel verteilt und dazu aufgerufen, zu Fuß zu gehen oder Fahrgemeinschaften zu bilden. Nach nur vier Tagen verzichten 90 Prozent aller Schwarzen auf die städtischen Busse, bald sind es alle.

In den Zeitungen dieser Tage sind Berichte zu lesen wie jener, worin die enormen Einbußen bei Fahrgeldern beklagt werden wie auch, dass die Preise für alle anderen nun erhöht werden müssten. Erstmal ins Rollen gekommen, ist die Lawine aber nicht mehr zu stoppen. Nach 381 Tagen anhaltenden Boykotts, federführend organisiert durch Martin Luther King, würde die Rassentrennung in Bussen in Alabama fallen. King, ermutigt durch den Erfolg, würde seinen Kampf auf die ganzen USA ausweiten. Und spät, aber doch, würde 1964 endlich der Civil Rights Act verabschiedet werden, jenes USA-weite Gesetz, das die Diskriminierung in öffentlichen Einrichtungen aufgrund der Hautfarbe verbietet.

Doch wie ergeht es der zur Mutter der Bürgerrechtsbewegung erhobenen Rosa Parks in der Zwischenzeit?

Während der Widerstand wächst und wächst, zahlt sie den Preis für ihren Einsatz. Sie verliert ihren Job. Wie auch ihr Mann, ein Friseur, weil er sich nicht verbieten lassen will, öffentlich über Rosa zu sprechen. Erste Morddrohungen gegen das Ehepaar werden ausgestoßen. Auch der Ku-Klux-Klan, gefürchtet wegen seiner gnadenlosen Lynchjustiz, hat die beiden im Visier. Nach einem Bombenanschlag auf das Haus von Martin Luther King ist es zu viel: Sie fliehen zu Rosas einzigem Bruder ins weit entfernte Detroit.

Dort ist Familie angesagt. Und zugleich extreme Sparsamkeit. Alles kann wiederverwendet werden. Selbst Briefumschläge einer Bank. Auf genau so einem findet sich auch Rosas Rezept für ihren Featherlite Pancake, der Teil ihres erst vor kurzem freigegebenen Nachlasses ist, bestehend aus privater Korrespondenz, hunderten Dankeskarten, Briefen von US-Präsidenten an sie bis hin zur Goldenen Ehrenmedaille des Kongresses, der höchsten zivilen Auszeichnung der USA (die sie allerdings mit 44 Jahren Verspätung bekam). Nur der Bus, in dem sie am 1. Dezember 1955 saß, ist natürlich nicht dabei. Er steht im Henry Ford Museum in Dearborn, Michigan.

Doch zurück zum Rezept, das Rosa Parks inmitten ihrer wichtigsten Unterlagen aufbewahrt hatte. Noch einmal möchte ich Nichte Sheila zu Wort kommen lassen. Denn auch sie wundert sich zu Recht über eines: »Warum in aller Welt gibt sie Erdnussbutter zu den Pfannkuchen?«

Ja, warum?

Die Antwort liegt im kulinarischen Erbe. Erdnüsse sind einst von Südamerika über die Karibik nach Afrika gelangt. Und von dort durch den Sklavenhandel in die USA. Sie dienten anfangs der schwarzen Bevölkerung, um ihren kärglichen Speisezettel ein wenig zu bereichern beziehungsweise sich viele Kalorien zuzuführen und rasch eine Sättigung zu erreichen. Einer der Ihren, der Erfinder und Botaniker George Washington Carver, brachte schwarze Farmer dazu, nicht länger nur von der Baumwollproduktion abhängig zu sein. In den 1940ern standen Erdnüsse nach der Baumwolle bereits auf Platz zwei. Allmählich begannen Erdnüsse auch der übrigen Bevölkerung zu schmecken.

Rosa Parks jedoch trug ihrer ohnehin verinnerlichten Liebe zu den Hülsenfrüchten auf diese Weise Rechnung: Sie gab die Erdnüsse (als Erdnussbutter) einer ihrer liebsten Kreationen bei: Pancake. Und nicht ohne Augenzwinkern den vorangestellten Vermerk: featherlite.

Federleichte Pfannkuchen.

Federleichter Pfannkuchen

Originalrezept aus der Verlassenschaft der US-Bürgerrechtslegende Rosa Parks: Featherlite stand als hand-schriftliche Notiz auf einem Briefumschlag aus Manilapapier, nur einem der fast 10.000 Effekten, die von Rosa Parks erhalten sind, darunter mehr als 7.000 Notizen und Papiere, rund 2.500 Fotografien, 20 Bücher, Auszeichnungen in Gold wie auch die Freiheitsmedaille des Präsidenten. Wer sich einen Eindruck vom Ori-ginalrezept verschaffen möchte, kann es auf der Homepage der Library of Congress finden.

Zutaten für 4 Personen:

1 Tasse Mehl
2 EL Backpulver
½ TL unbehandeltes Salz
2 EL Zucker
1 Ei
1¼ Tassen Milch
1/3 Tasse Erdnussbutter
1 EL geschmolzenes Backfett oder Öl

Die Backanleitung Rosa Parks mit Anmerkungen:
Mehl, Backpulver, Salz und Zucker vermengen und in eine Schüssel sieben.
Ei, Milch, Erdnussbutter und das geschmolzene Backfett zugeben und verrühren. Mixen Sie aber nicht zu kräftig, der Teig soll recht sämig sein.
Für jeden Pfannkuchen etwa ¼ Tasse auf eine vorge-heizte Gusseisenplatte (275 °C) schöpfen.
Ergibt 6 (Stück)

▷ Tipp: Verwenden Sie unbedingt ungesalzene Erd-nussbutter, andernfalls wird der Pfannkuchen zu salzig. Das Angebot an Erdnusscremen ist vielfältig, es gibt sie auch ohne Zucker und anderen Geschmacksstoffen bzw. Konservierungsmitteln.

1963

Dinner for One. Die Suppe aus dem Sketch,
der Fernsehgeschichte schrieb.

Mulligatawny-Soup für Miss Sophie

Wenn zig Millionen Jahr für Jahr zu Silvester an den TV-Schirmen hängen, auf ein Tigerfell als Stolper-
falle starren und Tränen lachen, kann das nur eines bedeuten: Dinner for One ist angerichtet und Butler
James muss wieder mal die verstorbenen Ehrengäste der einsamen Miss Sophie mimen und trinken bis
zum Anschlag, während er das Menü serviert. Beginnend mit der ebenso unaussprechlichen wie exzellenten
Mulligatawny-Soup. Der Sketch hat Fernsehgeschichte geschrieben. Einzigartig ist aber auch die Geschichte
hinter der Geschichte rund um den 90. Geburtstag der Hausdame.

Ich weiß ja nicht, wie es Ihnen ergeht, doch für die Millionen *Dinner for One*-Fans in aller Welt sind diese 18 Minuten am Abend des letzten Tages im Jahr der absolute Fixstern auf dem Fernsehhimmel, und da gibt es keinen noch so triftigen Grund, warum es einmal anders sein sollte. Nicht einen einzigen! Wir wollen eben dabei sein, wenn Miss Sophie (seit dem Jahr 1963 (!) nun schon) ihren 90er feiert und ihre vier Verehrer zum immer gleichen Menü an einer immer gleichen Festtafel Platz nehmen.

Tradition ist für eine Frau wie Miss Sophie oberstes Gebot. Darum lässt sie bei James' wiederholter Nachfrage, ob alles wie üblich ablaufen solle (»The same procedure as last year, Miss Sophie?«), keinerlei Zweifel zu: »The same procedure as every year, James!« Hier zu erwähnen ist die erste vieler Kuriositäten: Dass nämlich bis in die späten Achtziger eine Version mit Grammatikfehler ausgestrahlt wurde (weil James fragte: »The same procedure than last year, Miss Sophie?«), was dazu führte, dass der NDR, der die Sendung aufgezeichnet hatte, nach 25 Jahren anhaltender Proteste durch Lehrer und andere Englischkundige endlich klein beigab und die Passage nachsynchronisierte (zu erkennen an James' Lippenbewegungen). Doch zurück zum Menü: Zuerst also die *Mul-*

ligatawny-Soup (eine mit exotischen Aromen angereicherte Köstlichkeit, die ich Ihnen am Ende des Kapitels vorstelle, von Kokosmilch über Ananas bis Mango und so weiter). Gefolgt von North *Sea haddock* (Schellfisch aus der Nordsee), *chicken* (gefüllte Hühnerbrust) und *fruit*, Obstsalat also. Mit passender Begleitung: Sherry, Weißwein, Champagner und Portwein.

Das Geburtstags-Dinner weist indes einen Schönheitsfehler auf: Miss Sophies Ehrengäste glänzen durch Abwesenheit. Kein Wunder, Mr. Winterbottom, Mr. Pommeroy, Sir Toby und Admiral von Schneider sind tot, und so muss der arme Butler James an ihre Stelle treten, muss die alte Dame in ihrem viktorianischen Speisezimmer hochleben lassen und zwischen den Gängen Glas um Glas auf ihr Wohl heben, sodass er mit dem ausgestopften Kopf des Tigerfells vor der Anrichte (von wo er Essen und Getränke holen muss) zunehmend in Konflikt gerät.

Wir alle wissen, was kommt. Und wer nicht, dem empfehle ich, beim nächsten Mal (am besten mit einer frisch gekochten Mulligatawny-Suppe) dabei zu sein, schließlich spielt es *Dinner for One* (wie Silvester auch) nur einmal im Jahr, sieht man von den Anfängen ab, wo es als Lückenbüßer bei Programmausfällen diente. Jedes Wort der

Dialoge glauben wir zu kennen, jede von James' Tigerkopf-Pannen (elfmal stolpert er, dreimal überspringt er beidbeinig, einmal umrundet er elegant). Jede Grimasse ist uns vertraut, jeder Schluck, den er nimmt, bis er sturzbetrunken und doch mit einem Rest angeborener Eleganz das Blumenwasser in sich hineinkippt. Und sein »Skål!«, wenn er die Hacken zusammenschlägt und schmerzverzerrt zum Sessel des nächsten Gastes wankt oder nach Suppe, Fisch und Huhn endlich das Dessert serviert mit längst weit ausladenden Bewegungen. Und wenn er Wein einschenkt, als wäre es ein Schuss aus der Hüfte eines Revolverhelden. Nicht zu vergessen James' irgendwann nur noch gebrülltes Prost, also sein:

»Cheerio!!!«

Dennoch lassen wir uns ein ums andere Mal gerne überraschen, entdecken Feinheiten, die uns bei den Dutzenden Wiederholungen über die Jahre verborgen geblieben sind. Das kommt mir dann so vor wie bei stets gleich zubereiteten Lieblingsspeisen. Auch sie glauben wir in- und auswendig zu kennen, und doch wissen sie uns immer wieder aufs Neue zu begeistern.

So viele Fragen habe ich mir gestellt: Wie entstand der Hype um *Dinner for One*? Warum lassen die Einschaltquoten Bundespräsidenten oder Kanzler mit ihren im Verhältnis wenig beachteten Neujahrsansprachen verblassen (Beispiel Schröder, wo es 13:9 Millionen endete)? Wie kommt es, dass der Sketch nicht nur Deutschlands erfolgreichste Fernsehsendung aller Zeiten ist, sondern in so vielen Ländern Europas (von Österreich, Schweiz, Belgien, Norwegen und so weiter bis nach Estland) und sogar in Australien und Südafrika verehrt wird, hingegen im Mutterland des britischen Humors, demnach

Großbritannien selbst, so gut wie unbekannt ist? Noch dazu, wo alle *Zutaten* (Schauspieler, Stück, Sprache) zutiefst britisch sind? Und, allem voran: Welche Lebensgeschichten stecken hinter Miss Sophie und Butler James?

Freddie Frinton alias James hieß bei der Geburt (1909) noch Freddie Coo. Mit 14 Jahren schmiss er die Schule, jobbte in einer Fischfabrik, unterhielt dort die Mannschaft bereits mit Parodien und Witzen, ehe der Chef sich eher humorbefreit zeigte und ihn feuerte. Im Zweiten Weltkrieg tingelte er, nun schon als Freddie Frinton, mit einer Künstlergruppe der Armee zu den Truppen, um die Soldaten im Feld aufzumuntern. In den Fünfzigern entdeckte ihn das britische Fernsehen für *Meet the Wife*, eine erfolgreiche, 40-teilige Serie. Doch bereits zuvor, 1954, stieß Frinton seinerseits auf den Sketch *Dinner for One*, der seit 1948 in London auf kleineren Bühnen gespielt wurde, und kaufte die Rechte (der angebliche Verfasser, Lauri Wylie, war da schon gestorben, verarmt und allein in einem Wohnmobil in Sussex).

Zu jener Zeit, 1954 also, war May Warden alias Miss Sophie bereits mit *Dinner for One* vertraut. Besser gesagt Mays Tochter Audrey, die mit ihrem Mann auf der Bühne stand. Freddie Frinton übernahm den Part von Butler James, und wenig später schlüpfte Mutter May, zur einen Hälfte Tochter aus gutbürgerlichem Haus und zur anderen die eines fahrenden Schauspielers, an Stelle ihrer Tochter in die Rolle der 90 Jahre alten Miss Sophie.

Es war dies die Geburtsstunde des kongenialen Duos.

Als Ende 1962 der Showmaster Peter Frankenfeld mit Regisseur Heinz Dunkhase in einem der Varietés im Seebad von Blackpool auf Freddie Frinton und May Warden stieß, waren die beiden längst ein perfekt eingespieltes Gespann. Frankenfeld wollte sie live in seiner TV-Sendung *Guten Abend, Peter Frankenfeld* haben, und so kam es am 8. März 1963 zur deutschen Fernsehpremiere. Der Erfolg war überwältigend, und so folgte wenig später über fünf Tage hinweg in Hamburg jene Aufzeichnung, die wir heute kennen und über alles lieben.

Spannend die zahlreichen, teils kaum bekannten Kuriositäten rund um den Dreh. Etwa, dass der Fernsehsender NDR für die Aufnahmen das Fell eines Eisbären bereitgestellt hatte, Frinton jedoch entschieden ablehnte. Er kam mit seinem eigenen Tigerfell angerückt (das Frintons Söhne nach dessen überraschendem Herztod 1968 übernahmen und, mit ein paar ausgeschlagenen Zähnen und Reparaturen im Nackenbereich vom vielen Dagegentreten, gerne für Familienfeiern heranzogen). Freddie Frinton bestand aus gutem Grund auf seinem Tiger: Die kleinste Bewegung, der kleinste Schritt war über die Jahre perfekt auf den dreißig Zentimeter hohen Kopf abgestimmt und er duldete keinerlei Abweichung. Schon gar nicht bei einer so ausgefeilten, hart erarbeiteten Disziplin wie Präzisions-Stolpern.

Als Gage erhielten er und May Warden damals relativ üppige 4.150 D-Mark zuzüglich Spesen. Tantiemen für Wiederholungen wurden, weil unüblich, nicht vereinbart, später jedoch, als die Sendung längst ein Megaerfolg war, einigten sich Frintons Erben mit dem Sender.

Gerüchte gab es auch, Frinton und Warden hätten ein Verhältnis. Kameramann Frank Banuscher, der beide als äußerst humorvoll und bescheiden erlebte (mit der Ausnahme, dass sie den krassen Mangel an deutscher Teekultur beklagten), stellte die Sache klar: »Freddie hat ihr einmal sanft über den

Rücken gestrichen, worauf May vorsorglich meinte: ›Stop it – I like it.‹ Mehr war da nicht.« Auch hätten die zwei in der kleinen Pension, die sie bewohnten, getrennte Zimmer gehabt. Gerne erzählte er auch die Geschichte der Lacher im Hintergrund, die allesamt von kurzerhand rekrutierten Leuten der NDR-Crew in Lokstedt stammten. »Einer von ihnen, der Frau des Oberbeleuchters, drohte sogar der Rauswurf aus dem Publikum, weil sie so extrem laut lachte.«

Kurios auch, was alles rund um den Kult-Sketch inszeniert wurde. Eine Versicherung zum Beispiel errechnete den fiktiven Schaden (nach heutigen Maßstäben € 2.120), den James durch das Verschütten von Wein (Teppichreinigung) und das ständige Treten des Tigers (Restauration) verursachte und stellte auch die Haftungsfrage (in diesem Fall müsse Miss Sophie für alles aufkommen, weil James bei ihr angestellt sei und kein freier Dienstnehmer).

Tierschützer hingegen beklagten die Verwendung eines ausgestopften Tigers als »keine gute Anregung« im Umgang mit exotischen Tieren. Schauspieler Harald Juhnke, zeitlebens berühmt für seine ausschweifenden Trinkexzesse, kritisierte den massiven Alkoholkonsum im Sketch. Und, in Anspielung auf den Schluss, gab es böse Kommentare seitens einer politischen Kleinpartei in Sachen »Alterssex«.

Aufregung unter den *Dinner for One*-Puristen kam auf, als man in Deutschland begann, das Stück in Dialekte zu übertragen, von Sächsisch über Bayerisch bis Platt (es gibt sogar eine Version in Latein, mit Toga und Tunika, und – schlimmer noch – Parodien auf diese geniale Parodie, was nur schiefgehen kann). Und als indische Programmierer obendrein das Schwarz-Weiß-Original auf

Auftrag kolorierten, das Speisezimmer in gedeckte Farben im 60er-Jahre-Stil tauchten und Miss Sophie ein blaues Kleid verpassten, musste der damalige Unterhaltungschef des Senders sich die Frage eines *Spiegel*-Redakteurs gefallen lassen: »Sind Sie eigentlich verrückt geworden?«

Und jetzt noch die Frage der Fragen: Warum gibt es für die Briten kein *Dinner for One*?

Offiziell hieß es einst bei der BBC, man kenne die Sendung gar nicht (bei inzwischen fast 200 Millionen Zusehern). Dann wieder, inoffiziell, Freddie Frinton käme als Künstler aus der Gosse. Darum nicht. Dann wieder, Miss Sophie wäre eine untragbare Parodie auf das englische Königshaus. Dann wieder, es werde zu viel getrunken vor der Kamera. Oder liegt es bloß daran, dass es ein No-Go ist, britischen Humor aus Deutschland auf die Inseln zu importieren?

Wie dem auch sei. Kehren Sie mit mir noch einmal an den Beginn des Festessens zu Ehren von Miss Sophie zurück. Als Butler James, noch Herr der Lage, die Mulligatawny-Suppe servieren möchte, dazu trockenen Sherry vorschlägt und daran erinnert wird, dass alles wie immer zu sein habe.

Miss Sophie: »I think we'll have sherry with the soup.«

James: »Sherry with the soup, yes ... Oh, by the way, the same procedure as last year, Miss Sophie?«

Miss Sophie: »Same procedure as every year, James.«

James (vor sich hin brummend, ahnend, welche Dienste er am Ende ein Stockwerk höher auch noch zu leisten haben würde): »Same procedure as every year, James.«

Und dann, die Aromen der Mulligatawny-Suppe auf Miss Sophies Gaumen noch gar nicht richtig verklungen, hören wir es auch schon zum ersten Mal, ohne dass James seine Erziehung jetzt schon vergisst und lautstark aufstößt, als wäre es der allerletzte Schrei des Tigers: *Cheerio!!!*

Hühner-Curry-Suppe für Miss Sophie

Zutaten 6–8 Personen:

1 große Zwiebel (fein gehackt)

1 Stück Knollensellerie (ca. 250 g, geschält und fein gewürfelt)

1–2 Karotten (geschält und fein gewürfelt)

1–2 Zehen Knoblauch

1 Stück frischer Ingwer (ca. 2 cm, geschält und fein gehackt)

2 EL Erdnussöl

1 EL Mehl

2 TL Garam Masala (indische Gewürzmischung)

2 TL Currypulver

1 kleine rote Chili

1 reife Mango (ersatzweise Ananas)

1 Apfel (mittelgroß, leicht säuerlich, geschält, entkernt, geviertelt)

1 Liter Hühnerbrühe (wenn möglich selbst gemacht)

250 ml Kokosmilch aus der Dose

800 g Hühnerfilet (idealerweise bio, ebenso gut eignet sich aber auch Fleisch von anderen Hühnerteilen)

150 g rote Linsen

150 ml Obers (je nach Bedarf, kann auch weniger sein)

½ Bund Koriander

Saft von 1 Limette

Die Zwiebel, Karotten, den Ingwer und Sellerie hacken, den Knoblauch abziehen und durch die Presse drücken. Die Chili halbieren, entkernen und das Fruchtfleisch ebenfalls fein hacken.

Öl in einem großen Topf erhitzen, die Zutaten unter stetem Rühren glasig dünsten. Jetzt Garam Masala und Curry beigeben und kurz mitdünsten.

Die Apfelviertel in dünne Scheiben schneiden. Die Mango schälen, das Fruchtfleisch vom Stein lösen und grob würfeln. Nun das Obst in den Topf geben und kurz andünsten. Die Mixtur mit Mehl bestäuben, kurz anschwitzen lassen.

Mit der Hühnerbrühe ablöschen und kurz aufkochen lassen.

Die abgespülten und trocken getupften Hühnerfilets in die Suppe geben und zugedeckt ca. 20 Minuten bei mittlerer Hitze kochen lassen.

Die Filets mit einer Schaumkelle aus der Suppe fischen und abkühlen lassen.

Inzwischen die Suppe ohne Fleisch weitere 30 Minuten köcheln lassen und danach mit dem Stabmixer pürieren.

Limettensaft und Kokosmilch beigeben, mit Cayennepfeffer, Salz, Garam Masala und Curry abschmecken.

Die roten Linsen in kochendes Salzwasser geben, ca. 8 Minuten kochen, mit einem Sieb abgießen und mit kaltem Wasser abschrecken.

Zerpflücken Sie die Hühnerfilets mit den Fingern in grobe Stücke und geben Sie sie zusammen mit den Linsen in die Suppe. Das Ganze nochmals erwärmen.

Bei Bedarf können Sie die Suppe auch mit Obers verfeinern.

Den gespülten, abgetupften und fein gehackten Koriander unmittelbar vor dem Servieren in die Suppe streuen.

▷ Tipp: Sie können das Mehl ruhig auch weglassen. Die Stärke in den Linsen ist ausreichend. Beispielsweise einen kleinen Teil der gekochten Linsen mit dem Pürierstab mixen und wieder untermengen. Das genügt vollauf, um die Suppe zu binden. Und noch ein kleiner Hinweis für den Fall, dass Sie Ihre Gäste mit der perfekten Aussprache dieser Suppe überraschen wollen. Hier die Anleitung: Málligetavni-Soup [ˌmʌlə.gəˈtɑː.ni suːp].

1963

John F. Kennedy und Konrad Adenauer. Das Essen der beiden Staatsmänner anlässlich von Kennedys legendärer Rede in Berlin.

»Der Präsident soll kein Kalbfleisch essen«

Als John F. Kennedy am 26. Juni 1963 West-Berlin besucht, steht die Mauer noch keine zwei Jahre. Die Stadt ist geteilt, eine abgeschottete Insel mitten im Feindesland DDR, mitten im Kalten Krieg. Die Lage ist angespannt. Politisch, vor allem aber für die Menschen. Viele hat man gewaltsam von Verwandten und Freunden getrennt. Und dann kommt er. Kennedy. Wie einen Mega-Popstar feiern Hunderttausende den US-Präsidenten, als er seine berühmte Rede hält, die mit dem Bekenntnis für eine freie Welt und den Worten endet: »Ich bin ein Berliner.« Ich habe mir die lange geheim gehaltenen Akten zu diesem Besuch angesehen und Erstaunliches entdeckt – von den Essvorlieben des Gastes bis zu den Eitelkeiten der Gastgeber.

Schlag 13 Uhr betritt John F. Kennedy an diesem Mittwoch das Podium vor dem Rathaus Schöneberg. Die Stadt ist im Ausnahmezustand.

Seit die *Air Force One* des Präsidenten in Tegel gelandet ist und er auf der letzten Station seines mehrtägigen Deutschlandbesuchs einen Protokollpunkt nach dem anderen abspult, versinkt Berlin im Freudentaumel. 55 Kilometer lang ist die Route Kennedys vom Flughafen weg quer durch die Stadt, und 55 Kilometer lang ist auch das Spalier ihm zujubelnder Menschen.

Der Ausnahmezustand ist aber nicht bloß an den 13.000 Polizisten und 130 Funkwagen, den vielen Diensthunden und -pferden, Booten und Hubschraubern auszumachen. Am besten spiegelt ihn der Alltag wider: Die Schulen haben freigegeben. Die Müllabfuhr fällt aus. In den meisten Betrieben steht die Arbeit still. Post und andere Ämter fertigen Bittsteller noch eingeschränkter ab als gewohnt (die Worte *Kunde* und *Dienstleister* sind noch nicht erfunden). Museen und Bäder bleiben zu. Fleischer machen ihre Läden über Mittag stundenlang dicht. Auch die Brötchen werden früher gebacken als üblich. Alles ist auf den Beinen, um einen Blick auf *ihn* zu erheischen, *ihm* zuzuwinken. Eineinhalb Mil-

lionen heißt es. In vielen Straßen geht bereits Stunden vor der Parade gar nichts mehr.

Hektik auch im Rathaus Schöneberg. Eine Hundertschaft trifft letzte Vorbereitungen für das Bankett. Die Brandenburg-Halle ist zum Speisesaal umfunktioniert. Hier tafeln die honorigsten Gäste. Tische in Nebenräumen sind den etwas weniger honorigen zugedacht. 165 Gedecke in Summe. Auf der Gästeliste gerade mal drei (!) Frauen. Offizielle Begründung: Die First Lady Jacqueline ist wegen fortgeschrittener Schwangerschaft zuhause geblieben. Womit es sich mit der Notwendigkeit eines höheren Damenanteils beim Festessen erledigt zu haben scheint.

It's a man's world. Doch was versäumen die nicht geladenen Damen überhaupt?

Eine Aktennotiz vom 7. Juni 1963, basierend auf Informationen des Secret Service aus Washington und mit dem Vermerk *Vertraulich – nur für den Dienstgebrauch*, verschafft einen ersten Eindruck, was gewünscht ist und was nicht:

Betrifft: SPEISEN
Der Präsident soll kein Kalbfleisch essen. Das Menü, das am meisten seinem Geschmack entspricht, besteht aus folgendem:
Ein leichter 1. Gang, er isst sehr gerne Creme

suppen oder Fischmousse –
Fleisch vom Grill als Hauptgang, keine Sauce,
Gemuese jeglicher Art, hat Salat und Kaese
besonders gern –
Ein leichter Nachtisch ... Mus, Soufflé, Bombe
glacée oder etwas in dieser Art.
Nicht mehr als vier Gänge, lieber nur drei, zum
Beispiel: Suppe, Fleisch mit Gemuese und Salat,
Nachtisch.
Der Präsident trinkt coffeinfreien Kaffee, raucht
keine Zigaretten, liebt aber Zigarren.
Als Cocktail vor dem Essen trinkt er gern Dai
quiri oder Bloody Mary.

Der angedachte Kalbfleisch-Klassiker, beliebt bei so gut wie allen Staatsgästen, ist somit Geschichte. Also wird es, nach einer Reihe von Besprechungen und Aktenvermerken in diese und jene Richtung, folgendes Menü:

Cocktail von frischem Steinbutt, Ratsher
ren-Art, Toast und Butter (siehe Rezept)
Rinderfilet Renaissance mit Spargelspitzen,
gedünstetem Paprika, Schloßkartoffeln, Sa
latherzen Karoline
Eis-Charlotte Jacqueline (siehe Rezept)
Petit Fours (siehe Rezept)

Drei Gänge wie gewünscht. Und ein bisschen was zum Naschen hinterher. Zur Vorspeise gereicht ein 1961er Riesling, Piesporter Grafenberg aus Trier (nach heutigen Maßstäben als halbtrocken einzuordnen). Zum Hauptgang wahlweise ein 1959er Riesling Spätlese, Ruppertsberger Nußbien, oder ein für den Anlass verhältnismäßig bescheidener, französischer Landwein, ein 1959er Beaujolais, Moulin à Vent Patriarche. Zum Dessert deutscher Riesling-Sekt. Der Zusatz beim Steinbutt, *Ratsherren-Art*, ist ein heute kaum noch gebräuchliches Attribut und soll vor

allem eines: groß klingen. Ebenso *Renaissance* beim Filet. *Karoline* bei den Salatherzen wiederum ist der ältesten Tochter der Kennedys zu Ehren beigefügt (auch wenn sie sich mit C schreibt), und *Jacqueline* bei der Eis-Charlotte der (abwesenden) First Lady.

Um die hungrige Reportermeute im Pressezentrum ruhigzustellen, steht der Stadtverwaltung anderes im Sinn: Man solle laut Protokoll *typische Berliner Kost servieren ... Erbsensuppe mit Wurst sowie »Fünf-Pfennig-Brötchen«* – und eine Berliner Weiße mit Schuß.

Aber blicken wir wieder nach draußen. Dort hat der Rudolph-Wilde-Platz (heute John-F.-Kennedy-Platz) sich in ein Tollhaus verwandelt. Kanzler Konrad Adenauer hat soeben Gespür fürs Volk bewiesen und die Hälfte seiner drei Minuten Redezeit an den hohen Gast abgetreten. Weil er weiß, die Hunderttausenden sind nicht gekommen, um ihn reden zu hören, sondern *ihn*: Kennedy.

Dass Adenauer hier steht, ist alles andere als selbstverständlich, wiewohl es nach außen so kommuniziert worden ist. Tatsächlich sind die Amerikaner (vor allem der Geheimdienst) wegen seines Auftritts hier in Berlin etwas verstimmt. Zum einen hat Adenauer laut Verfassung in Berlin keinerlei Befugnisse. Berlin hat einen Sonderstatus, untersteht dem Alliierten Kontrollrat. Auch wenn es die vier Sektoren wie nach Kriegsende nicht mehr gibt. Nur noch Ost und West, seit August 1961 durch die Mauer getrennt.

Hierin liegt der wahre Grund, dass Adenauer nicht gerne gesehen ist: im Mauerbau. Natürlich haben auch die Amerikaner diesen ungeheuerlichen Akt des DDR-Regimes verurteilt. Ein Bekenntnis, im größten Notfall (sollten beispielsweise die Russen ganz Berlin für sich beanspruchen) Atomwaffen einzusetzen, haben die USA sich aber nicht entlocken lassen. Vielmehr genügt es ihnen, wenn die eigenen Interessen unberührt bleiben.

Woraufhin Adenauer begonnen hat, die USA heftig zu kritisieren, den Sinn einer *transkontinentalen Beziehung* infrage zu stellen und sich den Franzosen zuzuwenden, die eben erst ihre Souveränität als Atommacht erklärt haben. Darum haben die USA keine Freude mit ihm. Willy Brandt, Regierender Bürgermeister Berlins, sieht die Sache ebenso unentspannt: Das hier ist seine Party.

Adenauer hat jedoch auf seine eigene Anwesenheit in Berlin bestanden. Der Auftakt eines Spiels der Eitelkeiten zwischen ihm und Brandt. Gefeilscht wird um jede vermeintliche Nichtigkeit. Etwa, wer Kennedy bei seiner Ankunft zuerst die Hand reichen dürfe. Vor laufender Kamera. Oder wer bei der Fahrt durch Berlin in der Staatskarosse, einem offenen, aus den USA importierten Lincoln, neben Kennedy sitzen dürfe. Dazu dieser ebenfalls vertrauliche Vermerk:

»Die genaue Sitzordnung ist noch nicht geklärt. Präsident Kennedy wird auf alle Fälle rechts sitzen (das muß wegen seiner Krankheit sein *(Anmerkung: Kennedy litt sowohl an Asthma als auch an Rückenproblemen sowie diversen Allergien und chronischer Müdigkeit wie auch einer Niereninsuffizienz.))* ... Gewichtige Gründe sprechen ... dafür, ihn *(Anmerkung: Willy Brandt)* neben Präsident Kennedy sitzen zu lassen. Er kann während der Stadtrundfahrt erklären, ohne einen Dolmetscher benötigen zu müssen.«

Zwischen den Zeilen klar herauszulesen: Der greise Adenauer (87) könne die Funktion des Fremdenführers eben nicht ausüben. Mangels Englischkenntnissen. Außerdem wolle Kennedy so viele Hände wie möglich schütteln. Allein darum könne er keinesfalls in der Mitte sitzen. Genau so kommt es dann

auch. Rechts: Kennedy. In der Mitte: Brandt. Außen links: Adenauer.

Es ist jetzt sechs Minuten nach 13 Uhr. Minutenlang hat der Jubel getost, als Adenauer Platz gemacht hat und Kennedy ans Rednerpult getreten ist. Ein Orkan der Begeisterung. Hunderttausende Hände, die sich ihm entgegenstrecken. Eben vorhin, kurz vor eins, haben sie ihn durch den Hintereingang ins Rathaus geschleust. Helfende Hände haben ihn empfangen, ihm die Konfetti aus dem Haar gezupft, weil die Berliner ihn auf seinem Triumphzug hierher wäschekörbeweise mit bunten Schnippeln und Papierschlangen übergossen haben. Manchmal so viele auf einmal, dass es erst ein Weiter im offenen Wagen gegeben hat, als die Security die Windschutzscheibe mit den Händen freigeschaufelt hatte. Unfassbar, dieser Empfang. Bei keiner Reise bisher hat er Vergleichbares erlebt.

Schnell noch vor der Rede ins Amtszimmer von Willy Brandt gehen. Dort das Hemd wechseln. Ein paar Minuten auf dem blauen Sofa ausstrecken. Und dabei in Gedanken das Manuskript überfliegen, letzte Kontrollblicke auch auf den kleinen linierten Zettel, auf dem in seiner Handschrift mit roter Tinte vier Worte geschrieben stehen. Kennedy sieht den Satz in phonetischer Transkription vor sich. So wie er als Amerikaner diese kurze Botschaft dem Klang nach schreiben würde:

Ish bin ain Berleener.

Und dann hinaus. Hinauf auf das blauweiß-rot drapierte Podest. Hier steht er und wartet, bis der Jubel so weit abklingt, dass ein Reden möglich wird. Endlich. Fast alles, weiß er, wird Satz für Satz von einem Dolmetscher für die Menge übersetzt. Fast alles. Und so beginnt er zu sprechen. Anders als geplant. Frei vom Text auf seinem Zettel:

»Vor 2000 Jahren«, sagt er, »hieß der stolzeste Satz, den ein Mensch sagen konnte: Ich bin ein Bürger Roms. Heute lautet in der Welt der Freiheit der stolzeste Satz: Ish ... bin ... ain ... Berleener!«

Unendlicher Jubel. Abermals Minuten, in denen ein Sprechen nicht möglich ist. Nur ein Genießen. »Viele Leute in der Welt«, fährt Kennedy fort, »verstehen nicht, worum es in der Auseinandersetzung der freien Welt mit dem Kommunismus geht. Da kann ich nur sagen ...« (Jetzt wieder auf Deutsch:) »Lasst sie nach Berlin kommen! Einige sagen, dem Kommunismus gehöre die Zukunft. Lasst sie nach Berlin kommen!« Nur die in den ersten Reihen sehen, dass die Züge von Bürgermeister Brandt in diesem Augenblick zu Stein werden. Er hatte eine Initiative zur Entspannung mit den Sowjets und der DDR angedacht. Das kann er wohl vergessen, wenn Kennedy gegen den Kommunismus wettert.

Die Hunderttausenden sehen das anders. Sie haben noch lebhaft in Erinnerung, wie das war, 1948, als die Russen auf einmal dichtmachten, Berlin ein knappes Jahr nur per Luftbrücke erreichbar war und von den Westalliierten mit allem Lebensnotwendigen versorgt wurde.

25 Minuten sind für Kennedys Rede angedacht. Es wird bedeutend mehr. Immer wieder hält er lange inne, schaut hinab auf die begeisterte Menge. Und dann, am Ende, spricht er von der Hoffnung auf Freiheit, die die Menschen nicht aufgeben dürfen. Hier auf dieser Insel Berlin. Er spricht von der Wiedervereinigung Deutschlands. Sie werde kommen. Eines Tages. Ganz bestimmt. Und noch einmal, zum Schluss, seine handgekritzelte Botschaft: Ish bin ain Berleener!

Irgendwann, mitten in den Jubelsturm hinein, schlägt im Rathausturm die Freiheitsglocke an (einst ein Geschenk der Amerikaner). Geisterhafte Stille kehrt ein. Kennedy setzt seine Unterschrift ins Goldene Buch der Stadt und kehrt, inmitten dieser neuerlichen Explosion von Enthusiasmus, zurück ins Rathaus. Als er wenig später im ersten Stock eine Reihe geladener Gäste begrüßen soll, findet man ihn geistesabwesend am Fenster wieder. Er kann es immer noch nicht fassen, starrt ewig hinaus auf dieses immer noch seinen Namen skandierende Meer.

»It's time, Mr. President«, sagt jemand in seinem Rücken. »The lunch.«

Ach ja. Das Essen. 65 Minuten wären veranschlagt gewesen. Ein Blick auf die Uhr. Jetzt würden ihm gerade mal etwas mehr als 30 bleiben. Doch das ist es ihm wert gewesen.

Uns, liebe Leserinnen und Leser, bleibt dieser Druck zum Glück erspart. Wir müssen nicht in Rekordzeit Toasts aussprechen, Toasts empfangen, Gesichtern, die wir ohnehin nie wieder sehen, freundlich zuprosten und wie nebenher Vorspeise, Hauptspeise, Dessert und Kaffee hinunterschlingen. Oh nein! Wir nehmen uns alle gebotene Zeit. Mit Freunden. Beginnend mit dem *Cocktail von frischem Steinbutt*, und zum Abschluss *Eis-Charlotte* und *Petit Fours*. Hier die Rezepte für alle drei:

Eis-Charlotte Jacqueline (mit Erdbeeren)

Zutaten:

600 g erntefrische Erdbeeren

6 EL Staubzucker

80 g Kristallzucker

500 ml cremiges Naturjoghurt (in Österreich sagen wir: das Joghurt)

500 ml Obers

110 ml Orangenlikör

25 Stück Biskotten (Löffelbiskuit)

1 EL Zitronensaft

6 EL Puderzucker

1 Pck. Sahnesteif

Erdbeeren waschen, putzen und etwa ¼ zum Garnieren beiseitelegen. Die übrigen mit Zitronensaft und 3 EL Staubzucker mit dem Stabmixer pürieren.

Das Fruchtpüree mit dem Joghurt verrühren.

200 ml vom Obers Obers mit dem restlichen Staubzucker (3 EL) steifschlagen und nach und nach der Erdbeer-Joghurt-Masse unterheben. Nun die Masse in der Eismaschine fertigstellen. (Wer keine Eismaschine besitzt, kann die Masse auch in eine mit Frischhaltefolie ausgekleidete Form gießen und für 3 Stunden ins Gefrierfach schieben. Dabei sollten Sie aber während der ersten Stunde mehrmals mit der Gabel umrühren – so bilden sich keine zu großen Eiskristalle.)

Inzwischen den Kristallzucker mit dem Likör in einen Topf leeren und einige Minuten köcheln lassen, sodass der Zucker sich gänzlich auflöst. Abkühlen lassen.

Von den Biskotten je das untere Drittel abschneiden und zur Seite legen.

Eine Springform (22 cm Durchmesser) auf eine Platte stellen und mit Frischhaltefolie auskleiden. Die längeren Teile der Biskotten kurz durch das erkaltete Zucker-Likör-Gemisch ziehen und den Innenrand der Springform auskleiden. Mit den kurzen Biskuitenden verfahren Sie genauso, damit legen Sie den Boden der Form aus. Nun die Form in den Kühlschrank stellen.

Holen Sie das fertige Eis aus der Eismaschine (oder dem Gefrierfach) und lassen Sie es etwas antauen. In der Springform gleichmäßig verteilen – und alles zurück ins Gefrierfach (für ca. 2 Stunden).

Das übrige Obers mit Sahnesteif steifschlagen. Unmittelbar vor dem Servieren streichen Sie die Masse auf das Eis und garnieren die Eis-Charlotte mit den frischen Erdbeeren.

▷ Tipp: Sollten Sie an die Anschaffung einer Eismaschine denken – sparen Sie nicht am falschen Platz. Eine sehr gute Kühlleistung ist gerade für solche Gerichte das Um und Auf. Je schneller die Masse herabgekühlt wird, desto besser. Andernfalls bilden sich recht große Eiskristalle, die verhindern, dass die Masse schön cremig wird. – Schockgefrieren ist auch eine Alternative.

Cocktail von frischem Steinbutt, Toast und Butter

Zutaten 8 Personen:

Für den Steinbutt-Cocktail:

300 g Filet vom Steinbutt

100 g Gartenkresse

4 EL Mayonnaise (das Rezept für selbstgemachte Mayonnaise finden Sie auf Seite 222 bei den Bacon Bars)

1–2 EL Tomatenpüree (am besten selbstgemacht nach dem Rezept unten)

2 EL Frischkäse (oder Topfen mit 40% Fett in der Trockenmasse – in Deutschland: Sahnequark)

1 EL Cognac

1 TL Olivenöl

Frische Dillspitzen

Weißer Pfeffer aus der Mühle

Cayennepfeffer

Unbehandeltes Salz

Die Fischfilets quer in ca. 1 cm breite Streifen schneiden. Den Siebeinsatz eines Topfes mit Olivenöl bestreichen und die Filets 2–3 Minuten anbraten. (Alternativ können Sie sie auch im Dampfgarer dünsten. Besser, weil dank der Brataromen würziger, wie ich finde, wird es aber gebraten.)

Inzwischen die Kresse waschen und trocken tupfen.

Hohe Schalen oder Gläser mit der Kresse auslegen. Behalten Sie dabei etwas von der Kresse für später zurück.

Tomatenpüree, Mayonnaise, Frischkäse und Dill gut verrühren. Salzen und pfeffern und eine Prise Cayennepfeffer dazu.

Nun die Fischstreifen auf der Kresse drapieren. Sauce darüber gießen. Die übrige Kresse fein hacken und zur Garnitur obenauf legen.

Stellen Sie die Cocktails kühl und servieren Sie sie mit frischem Toast und Butter.

Für das Tomatenpüree:

½ kg reife Tomaten

3 EL Olivenöl

Thymian (nach Bedarf)

Basilikum (nach Bedarf)

Unbehandeltes Salz, gemahlener Pfeffer

Tomaten häuten und entkernen und im erhitzten Öl in einem Topf ½ Stunde gemächlich leicht vor sich hin wallen lassen, bis sich die Struktur der Tomaten auflöst.

Salzen und pfeffern (je nachdem, wofür Sie das Püree später mal benötigen, auch mit Thymian und Basilikum) – und noch heiß in Gläser abfüllen, auf den Kopf stellen und abkühlen lassen. Gut gelagert hält Ihr Tomatenpüree sechs Monate lang.

Petits Fours

John F. Kennedy wurde bei seinem Besuch in Berlin eine ganze Reihe verschiedener Petits Fours gereicht –
hier zwei zur Auswahl, für je 15 Portionen.

Eierlikör Petit Fours

Für den Biskuitteig:

150 g Kristallzucker

6–7 Eier

160 g Mehl

Für die Eierlikör-Crème:

¼ l Heumilch

½ Packung Puddingpulver (Vanille)

40 g Kristallzucker

4 EL Eierlikör

125 g Butter

Für die Dekoration:

500 g weiße Kuvertüre

Marzipan (nach Belieben)

Lebensmittelfarbe (nach Geschmack)

Heizen Sie das Backrohr auf 180 °C vor. Ein Backblech mit Backpapier auslegen.

Für den Biskuitteig die Eier mit dem Zucker einige Minuten schaumig schlagen. Vorsichtig das Mehl unterheben und den Teig dünn aufs Backblech streichen. Ca. 10 Minuten backen.

Biskuit aus dem Ofen holen und abkühlen lassen.

Inzwischen bereiten Sie den Pudding laut Anleitung auf der Packung zu. Rühren Sie den Eierlikör in den noch heißen Pudding ein. Die noch heiße Masse mit einem Teller abdecken und kühlstellen. Damit sich keine Haut bildet, muss die Masse regelmäßig umgerührt werden.

Nun die Butter schaumig schlagen und den abgekühlten Likörpudding löffelweise unterrühren. Halbieren Sie die Biskuitplatte und bestreichen Sie die eine Hälfte mit der Crème. Die andere Hälfte obendrauf geben und leicht andrücken. Den Biskuit abdecken und min. 3–4 Stunden kaltstellen. Oder gleich über Nacht.

Das Marzipan färben Sie mit Lebensmittelfarbe ein und formen es zu Dekorationen Ihrer Wahl.

Nun die Kuvertüre schmelzen, die erkaltete Biskuitplatte in Würfel schneiden, mit der flüssigen Kuvertüre überziehen und etwas antrocknen lassen. Heben Sie sich ein wenig Kuvertüre auf – damit können Sie zum Schluss schön dekorative Fäden auf Ihren Küchlein ziehen und mit dem Marzipan dekorieren.

1965

The Beatles. Das Gericht, das Paul McCartney
zum Song *Yesterday* inspirierte.

Als *Yesterday* noch Eierspeis hieß

Im Einfachen liegt oftmals die Genialität, heißt es. Sei es beim Essen oder in der Musik. Dies hier ist die faszinierende Geschichte, wo beides aufeinandertrifft und das Ergebnis die Welt erobert. Yesterday, der tausende Male gecoverte Beatles-Song, handelte nämlich in seiner Urversion nicht von einer verflossenen Liebe, sondern von Rühreiern. Und von schönen Mädchenbeinen. Der, wenn auch inoffizielle, Titel: Scrambled Eggs.

Wie bereitet man die perfekte Eierspeis zu? Wie komponiert man den perfekten Song? Kann man mit der Kombination aus beidem die Welt verändern?

Niemals hätte ich für möglich gehalten, dass mich diese Fragen eines Tages in nur einem Atemzug beschäftigen könnten. Doch genau das geschah, als ich auf diese unglaubliche Randnotiz der Popgeschichte stieß. Und sofort fielen mir auch meine eigenen Jugendjahre ein. Jene Zeit, als ich Anfang zwanzig war (wie Paul McCartney auch, als er *Yesterday* komponierte). Wenn ich bei Freunden abhing und wir das Leben nur so verschlangen und Heißhunger verspürten und auf einmal, wie auf Kommando, ein Kopf in der Tür erschien und fragte:

»Möchte jemand Eierspeis?«

Was für eine Frage! Ähnlich muss es damals dem Beatle Paul McCartney und seinen beiden Freundinnen ergangen sein, bei denen er zu Besuch war. Und dass allein schon die Aussicht auf ein gutes Essen inspirierend sein kann, muss ich wohl nicht extra erwähnen.

Oder vielleicht doch?

Ja, denn das führt uns direkt zur fesselnden Story von *Yesterday*, einem Song, der wie kaum ein anderer die Musikgeschichte beeinflusst hat. Stöbert man in alten Zeitungen aus den Sechzigern oder auch Musikmagazinen neueren Datums, stößt man beim Thema *Yesterday* auf Interviews von Paul McCartney,

die er gab, als der Song bereits ein Welterfolg war. Und Paul sagt darin mit immer nur leicht abgeänderten Worten:

»Alles begann mit einem Traum.«

Es war ein Spätherbstmorgen 1963 in einem fünfgeschossigen Haus in der Wimpole Street in Marylebone im Zentrum Londons. Kein halbes Jahr lag zurück, dass die Pilzköpfe aus Liverpool durchgestartet waren und in den britischen Charts von einem Erfolg zum nächsten flogen. Die Band war mit ihrem ersten Album *Please Please Me* und Single-Hits wie *From Me to You* und *She Loves You* im Raketentempo auf dem Weg ans Licht. Die Herzen kreischender Mädchen flogen den Vieren nur so zu. Und auch privat war die Welt des Beatles-Bassisten Paul McCartney seit kurzem wieder in Ordnung. Nach der Trennung von Freundin Iris Caldwell (die zuvor mit Bandkollege George Harrison gegangen war) fand Paul Trost bei Jane Asher, Tochter eines berühmten Arztes. Jane war Schauspielerin und bereits mit 15 einer der bekanntesten Kinderstars Großbritanniens.

Paul lernte sie bei einem Interview kennen, zu dem die *Radio Times* die damals 17-Jährige Mitte September in die Royal Albert Hall in London losgeschickt hatte. Sofort fanden die beiden Gefallen aneinander. Und Janes Eltern am um vier Jahre älteren Boyfriend ihrer Tochter. Zwar hatte Paul da erst mit den anderen Beatles die erste gemeinsame Wohnung nahe der Park Lane bezogen, doch empfand er sein Zimmer als spartanisch und kühl. Janes Eltern hingegen, allen voran Mutter Margaret, Professorin an der Royal Academy of Music, boten Paul ein warmes, großfamiliäres Zuhause (Jane hatte zwei Geschwister). Etwas, das ihn anzog.

Als Paul an jenem Morgen im Dachgeschosszimmer an Janes Seite die Augen aufschlug, hatte ihn eine wehmütig-sanfte Stimmung erfasst. »Ich erwachte mit einer lieblichen Melodie im Kopf«, würde er Jahre später sagen. »Ich dachte: Das ist großartig! Ich frage mich, was das ist.«

Gleich rechts vom Bett am Fenster stand ein Pianino, und Paul sprang aus den Federn hin an die Klaviatur. »Ich fand G. Ich fand den Fis-Moll-Septakkord. Und das führt dich weiter zu B und E-Moll. Und schließlich zurück zu E. Das alles folgt einem logischen Weg.«

Wenn's bloß immer so einfach wäre! Doch für Paul McCartney schien es so einfach. Für ihn lagen die Abfolgen auf der Hand. »Ich liebte die Melodie. Auch weil ich sie geträumt hatte. Und zugleich konnte ich nicht glauben, dass sie von mir wäre. Dass ich sie geschrieben hätte. Nein, sagte ich mir, du hast bisher nie etwas nur Annäherndes verfasst. Aber da war diese Melodie. Das Magischste überhaupt.«

Pauls Zweifel an seiner Autorschaft blieben. Er war überzeugt, die Melodie entstamme einem der alten Jazzsongs, die sein Vater so gerne hörte. Also begann er, die Akkorde bei jeder Gelegenheit Experten, Freunden (allen voran den Bandkollegen John Lennon, George Harrison und Richard Starkey alias Ringo Starr) vorzuspielen. Niemand kannte den Song.

So auch eines Abends in der Wohnung von Alma Cogan an der Kensington High Street.

Alma war Schauspielerin und Schlagersängerin und Freundin des Geschäftsmannes Brian Epstein, der den Beatles da schon, im zweiten Anlauf, einen Plattenvertrag bei EMI Records mit dem damaligen Lable-Chef George Martin verschafft hatte. Paul saß mit Alma und ihrer Schwester Sandra beisammen, als Fay, die Mutter der Mädchen, den Kopf zur Wohnzimmertür hereinstreckte:

»Does anyone like some scrambled eggs?«

Ja. Natürlich wollten sie Eierspeis. Rührei-er. Und genau da, erinnerte Paul sich später, schoss ihm die erste Zeile zu seinem textlosen Musikstück ein. In der Sekunde intonierte er den Song:

»Scrambled eggs ... oooh baby, how I love your legs!«

Weiter kam Paul in seiner gesungenen Spontandichtung nicht, denn sie brachen in helles Gelächter aus. Auch wenn unklar blieb, wessen Beine nun Paul so sehr liebte.

Zum Welthit mit mehr als 3000 Coverversionen war es da noch ein weiter Weg. Überhaupt war der Song nichts, womit Paul anfänglich punkten konnte, vor allem nicht bei John, George und Ringo.

Zwar entwickelte sich *Scrambled Eggs* rasch zum Running Gag innerhalb der Band, weil Paul die Akkorde bei jeder Probe oder Studioaufnahme anschlug. Und dazu sein Textfragment. Wirklich ernst nahmen die anderen seine Bemühungen um den Song aber nicht. Vor allem weil die Musik auf eine Ballade hindeutete. Träumerisch. Fast schon voller Gefühlsduselei. Und das entsprach so überhaupt nicht dem musikalischen Image, das die Jungs aus Liverpool sich mühsam aufgebaut hatten. Also blieb *Scrambled Eggs* vorerst, was es war: eine Melodie mit einer nackten Textzeile, die von Eierspeis und Beinen handelte. Gerüchte, die Jahre später aufkamen,

Paul hätte eine zweite Strophe gedichtet, die frittierte Kartoffelscheiben und die Schenkel seiner Liebsten besängen (das Reimpaar *cottage fries* und *thighs*), waren nicht mehr als das: Gerüchte.

Inzwischen war es März 1965 geworden. Die Beatles standen für *Help!* vor der Kamera. 5000 kreischende Teenies hatten sie auf dem Flughafen in Salzburg empfangen, von dort ging es weiter zum Dreh ins Skiparadies von Obertauern.

Paul hatte nach wie vor keinen Text. Dafür einen neuen Feind. Denn als er am Set immer wieder die Melodie spielte, bekam Regisseur Richard Lester einen Wutanfall: »Wenn du weiterhin diesen verdammten halbfertigen Song spielst«, fauchte er, »nehme ich dir das Klavier weg. Schreib ihn zu Ende – oder gib es auf!«

Zur Ballade von der verflossenen Liebe wurde die Melodie dann im Sommer 1965. Paul und Freundin Jane hielten sich in Portugal auf. Es war während einer 280-Kilometer-Fahrt weg vom Flughafen in Lissabon. Jane schlief im Wagen an Pauls Seite, als es ihm plötzlich einschoss. Hastig kritzelte McCartney den Text auf die Rückseite eines Briefumschlags.

Zurück in London konfrontierte er Produzent George Martin (der den Song erstmals im Hotel George V in Paris im Jänner 1964 zu hören bekommen hatte) erneut damit. Inzwischen gab es auch einen Titel. Die Geschichte seiner Entstehung, auf die mein Team und ich bei der Recherche stießen, ist widersprüchlich. Mal ist von einem genialen Ein-Wort-Wurf von Text-Mastermind John Lennon die Rede, dann wieder von McCartney allein. Alle beide lieferten in zahllosen Interviews immer neue, leicht abgeänderte Versionen. Wie auch immer. McCartney wollte endlich raus mit dem Song, den er nun schon bald zwei Jahre mit sich herumtrug. Eine Nummer nur mit Gitarre und Gesang sollte es sein, nachdem eine Versuchsversion (mit Lennon an der Hammond Orgel) nicht so ankam, wie er gehofft hatte.

George Martin aber hatte eine untypische, mit den Beatles so gar nicht konforme Umsetzung im Kopf, die Pauls Misstrauen weckte: ein Streichquartett. Dazu die von Paul um zwei Halbtöne nach unten gestimmte Gitarre, sodass er F-Dur mit den Akkorden für G-Dur spielen konnte. Und Pauls Stimme. Sonst nichts. Auch nicht die anderen drei Bandmitglieder.

Paul ließ sich überzeugen, lenkte ein. Und so kam es am 14. Juni 1965 in der Besetzung McCartney (Gitarre und Stimme), Francisco Gabarro (Cello), Tony Gilbert und Sidney Sax (Violine) und Kenneth Essex (Viola) zum erstmaligen Studio-Alleingang McCartneys in der Geschichte der Beatles. Ohne John, George oder Ringo. Und ohne Streicher-Vibrato, das Produzent Martin gefordert, doch Paul entschieden abgelehnt hatte.

Seinerseits auf Ablehnung stieß Paul bei den anderen dreien. Weniger was die Aufnahme von *Yesterday* auf das neue Album *Help!* betraf. Dafür, was eine Single-Auskoppelung anging. Obwohl sie als Autoren des Songs offiziell Lennon und McCartney angaben (was George Martin verlangt hatte), um nach außen Einigkeit in der Background-Story zu zeigen, waren die anderen drei alles andere als glücklich mit Pauls Song. Ihr Ruf als Band stand auf dem Spiel. Also wollten sie ihren »rockvernarrten Landsleuten diese Peinlichkeit« ersparen und verweigerten die Single für Großbritannien.

Anders in den USA. Dort kam *Yesterday* als Single auf den Markt. Und ging blitzartig durch die Decke. Der Erfolg war so überwältigend, dass John, George und Ringo ihr Vorhaben, den Song im Folgejahr (1966) auf ihrer Welttournee nicht zu spielen, aufgaben. Außerdem war Paul längst dazu übergegangen, ihn allein auf der Bühne zu bringen. Auch hatten sie bereits zuvor, Weihnachten 1965, eine gemeinsame Version eingespielt – eine allerdings sarkastische wie volltrunken klingende Aufnahme auf dem *Beatles Christmas Album*.

Ist es nicht seltsam, dass die drei sich dafür schämten? Vor allem wenn man bedenkt, dass sowohl der Musiksender MTV wie auch das Magazin *Rolling Stone* den Song später zum *besten Popsong seit 1963* gekürt haben.

Jedenfalls hatte der Wahnsinnserfolg von Paul McCartneys ehemaligem Eierspeis-Song die interne Rivalität zwischen ihm und John Lennon noch weiter angeheizt. Und so gilt *Yesterday* als eine Art erster Spaltpilz zwischen den Pilzköpfen. Später, lange nach Auflösung der Band und zu einer Zeit, als alle Welt wusste, wer *Yesterday* geschrieben hatte, sollte John Lennon, danach befragt, ob er Paul den Song neide, zu einem Reporter sagen: »Ich habe nicht einen Tag gewünscht, diesen Song geschrieben zu haben.«

So sehr, denke ich, kann John den Song nicht verabscheut haben. Denn warum sonst hätte seine Witwe Yoko Ono zwanzig Jahre nach der Ermordung Lennons in New York den Wunsch McCartneys abgelehnt, für weitere Nachpressungen die Autorschaft von Lennon/McCartney auf McCartney/Lennon abzuändern?

Noch ein letztes Wort zu jenen Tagen, als *Yesterday* in Großbritannien auf der Erstpressung von Help! erschien: Kurz vor der Veröffentlichung war McCartney in der legendären *Blackpool Night Out*-Fernsehshow im ABC-Theatre zu Gast. Tage vorher rief er die Mutter seiner Ex-Freundin Iris Caldwell an. Sie hatte ihm die seinerseits betriebene Trennung (letztlich wohl die traumhafte Inspirationsquelle zu seinem Welterfolg) als herz- und gefühllos ausgelegt.

»Weißt du noch, was du damals gesagt hast?«, rief Paul in den Hörer. »Dreh am Sonntag die Glotze auf, und dann sag noch einmal, ich hätte keine Gefühle.«

Besser als mit *Yesterday* hätte er den Beweis, finde ich, wirklich nicht antreten können. So einfach die Lyrics auf den ersten Blick scheinen, so sehr verlangen sie nach ganz viel Gefühl. Ein wirklich guter Song. Und eine wirklich gute Eierspeis. Wie das geht und welche Variationen es da gibt, zeige ich Ihnen hier:

Eierspeis oder Rühreier

Das Originalrezept von der Mutter Paul McCartneys damaliger Freundin Jane Asher ist nicht überliefert, dafür jenes aus dem Hause Windsor. Scrambled Eggs, wie Charles, Prince of Wales, sie am allerliebsten mag.

Zutaten:

2 Eier pro Person
Butter
Schnittlauch
Unbehandeltes Salz, Pfeffer
Milch

Nehmen Sie 2 Eier pro Person und schlagen Sie die Eier mit frischer Milch auf (1 EL pro Person und Eiereinheit). Nun ein großzügiges Stück Butter in der Pfanne erhitzen, die Eiermasse zugießen. Bei gut mittlerer Hitze vom Pfannenboden weg ständig rühren, bis die Mixtur zu stocken beginnt.

Hitze reduzieren und weiter kochen, bis die gewünschte Konsistenz erreicht ist (manche lieben ihre Rühreier eher flüssig, andere sehr fest).

Bei Bedarf salzen und pfeffern. Servieren Sie nun die fertige Masse auf gut gebuttertem, heißen Toast, garniert mit etwas Schnittlauch.

Zutaten für 4 Personen:

8 große Eier (Nehmen Sie möglichst frische Eier, am besten bio. Je kürzer die Eier im Kühlschrank sind, desto weniger Flüssigkeit geben sie über die durchlässigen Schalen nach außen ab.)
1 Schalotte, fein gehackt
2 TL Butter (ungesalzen)
2 TL Obers (Sahne)
1 Bund Schnittlauch, fein geschnitten
½ bis 1 TL unbehandeltes Salz
½ TL Pfeffer
Knuspriges Schwarzbrot (oder Toast)

Zubereitung (nach dem Slow-Food-Prinzip):
Butter in einer antihaftbeschichteten* Pfanne langsam erhitzen. Schalotte anschwitzen, bis sie schön glasig ist. Eier mit Salz und Pfeffer in einer Schüssel verquirlen. Die Masse zur Schalotte gießen und unter häufigem Rühren (am besten mit einem Holzkochlöffel) ganz langsam erhitzen, bis die Masse zu stocken beginnt (das kann bis zu ¼ Stunde dauern).

Kurz bevor die Masse die gewünschte Festigkeit erreicht hat, die Pfanne vom Herd nehmen (die Resthitze sorgt für die perfekte Konsistenz) und das Obers einrühren. Mit Schnittlauch garnieren und servieren.

* Ich selbst verwende ausnahmslos unbeschichtete Pfannen, in Haushaltsküchen sind die beschichteten aber gang und gäbe.

Ein Festmahl für den Reggae-Gott

Gewisse Musik ist für die Ewigkeit. Natürlich vieles aus der Klassik. Aber auch aus Zeiten, die nicht so lange zurückliegen. Lieder, deren Texte vielleicht nicht jeder kennt. Aber mitsummen? Allemal. Klänge, die alles zu überdauern scheinen. Ein Name ist aus diesem erlesenen Kreis von Kreativen nicht wegzudenken: Bob Marley. Reisen Sie mit mir auf die Karibikinsel Jamaika ins Jahr 1966. Zu jenem Tag als Bob seiner Rita das Jawort gibt. Eine Reise, die viele Seiten beleuchtet. Von den hellen, zugleich dunklen Anlagen eines Musikgenies bis zur viel geprüften Treue seiner Frau – und zu einem Mahl nur für besondere Anlässe: Ziegencurry.

Was isst Jamaika im Jahr 1966?

Diese Frage hat mich zu einem Zeitungsbericht von Anfang April des Jahres 1966 geführt. Im *Atchison Globe,* einem Regionalblatt aus dem US-Bundesstaat Kansas, das im Rahmen eines Austauschprogramms den Brief einer Teilnehmerin abdruckt. Darin ausführlich (doch kaum für alle Schichten repräsentativ) beschrieben ein *typisches Sonntagsfrühstück auf Jamaika,* verzehrt in einem Dorf außerhalb der Hauptstadt Kingston.

Erst Grapefruitsaft und Kondensmilch mit Muskatgeschmack (Frischmilch ist selten). Dann eine Platte mit Salzfisch und Akee (einer »gelben, nichtssagenden Frucht, die ein bisschen wie Rührei schmeckt«). Niemals, heißt es, dürfen gekochte grüne Bananen fehlen. Sie seien eine Art Grundnahrungsmittel. 24 verschiedene Arten der Zubereitung gebe es. Mindestens.

Weiters: heiße Schokolade. Die Bohnen aus dem eigenen Garten vom eigenen Baum, auf einem Zinndeckel im Hof fermentiert. Erst gerieben, dann gekocht, dann gesüßt.

Curryhuhn, auch das ein übliches Sonntagsmahl. Und Reis mit Bohnen, auf Jamaika *Coat of Arms* genannt, also *Wappen.* Bestehend aus roten beziehungsweise Kidneybohnen mit Milch und Öl von der Kokosnuss sowie Frühlingszwiebeln. Ebenfalls weit verbreitet:

Süßkartoffeln, Tomaten, gekochter Kürbis. Und Säfte. Von Orangen. Oder Mangos, die praktisch überall wachsen. Am Straßenrand. Ein scharfes Messer gehöre darum zur Grundausstattung schon kleiner Kinder, wenn sie auf dem Heimweg von der Schule seien. Oder wenn der Lehrer sie im Unterricht hinausschicke, um Kokosnüsse für alle vom Baum zu holen.

Und dann, so der *Atchison Globe,* gebe es noch eine Besonderheit, die nur zu ausgewählten gesellschaftlichen Anlässen serviert werde: Ziegencurry (mit oder ohne gekochten Bananen).

1966 auf Jamaika. Das Ende der Kolonialzeit unter den Briten liegt da erst vier Jahre zurück. Jamaika ist freies Mitglied des *Commonwealth of Nations* und in einer Art wirtschaftlichem Zwischenhoch. 300 Jahre Ausbeutung liegen zurück, und der neuerliche Absturz in die Massenarmut durch Hinwendung zum *Demokratischen Sozialismus,* einer Art Kommunismus, der nicht Kommunismus heißen will, kommt erst. Wie auch der nationale Notstand, der wegen anhaltender Bandenkriege ausgerufen werden wird.

Jetzt jedoch entsteht gerade ein neues Nationalbewusstsein. Erstmals eine eigene Fahne. Eine Nationalhymne. Ein Nationalbaum. Eine Nationalblume. Ein Nationalvogel. Ja, sogar ein Nationalgericht, das erwähnte Akee mit Salzfisch (auch wenn ein Bestandteil, der Kabeljau, importiert werden muss). Es herrscht Aufbruchstimmung. Auch in musikalischer Hinsicht. Die Künstler suchen nach einer eigenen Identität. Und auch wenn seine Band, *The Wailers*, noch nicht allzu lange existiert, und auch wenn seine großen Erfolge erst kommen, so ist sein Name auf der Insel doch schon einigermaßen präsent:

Bob Marley.

Auch heute, viele Jahre nach seinem Tod (11.5.1981), ist Bob Marley allgegenwärtig. Und er könnte tatsächlich, wie Witwe Rita Marley einmal in einer Fernsehdokumentation sagte, »immer Teil der existierenden Welt sein. Zeiten ändern sich, Generationen ändern sich, aber Bob Marley wird in der Welt bleiben. Sein Werk besteht fort.«

Bob Marley und die Welt, das riecht förmlich nach einer Aufteilung in grundverschiedene, fast möchte ich sagen *Lager*:

Die einen, bestimmt eine überwältigende Mehrheit, kennen kaum Details aus Bobs Leben. Ihnen genügt es vollauf, mehr als nur einen seiner Songs mitsummen, mitsingen zu können, die tatsächlich für alle Tage gemacht scheinen. Diese Art von beschwingter Musik, die dich von wo immer abholt und mitnimmt. Ein mehrschichtiger, eher langsamer Rhythmus aus Bass- und Rhythmusgitarre, dazu die Hammond-Orgel. Das Hervorheben unbetonter Taktteile durch Akzente in der Lautstärke, das Schlagzeug in zentraler, doch zurückhaltender Rolle. Einflüsse aus Soul, Rhythm and Blues, Country und Jazz, mit jamaikanischer Kreativität zu einem völlig neuen Stil entwickelt. Nicht zu vergessen die Texte, die als Protest gegen die Unterdrückung der schwarzen Bevölkerung angelegt sind. Hier zur Erinnerung nur ein paar Beispiele für Marleys

unsterbliche Musik: *No Woman No Cry; Get Up Stand Up* (später die Hymne für die Gegner der G8-Gipfel), *One Love; Buffalo Soldier; Is This Love* – und natürlich *I Shot the Sheriff,* jener Song, den Eric Clapton ein Jahr nach Erscheinen (1973) mit einer Coverversion in den USA zur Nummer eins machte.

Andere wiederum erklären ihn gleich zu ihrem Säulenheiligen: Bob, der Poet. Bob, der geniale Musiker. Bob, der Schöpfer des meditativen Reggea-Beats. Bob, der gläubige Rastafari (jene in Grundzügen auf Bibel und Heilserwartung aufbauende Bewegung also, die als Weltenrichter einen mächtigen schwarzen König auserkoren hat und ihn auch gefunden zu haben glaubt – in Haile Selassie, letzter Kaiser Abessiniens, dem heutigen Äthiopien und Eritrea). Dazu auch: Bob, der politische Utopist. Und: Bob, der immer friedliche Revolutionär.

In Summe ein Vermächtnis, das sich über Generationen hinweg stets erneuert, das heute noch T-Shirts mit einem kiffenden Bob zum weltweiten Verkaufsschlager macht, ähnlich Che Guevara. Ein Erbe, das junge, manchmal etwas streng riechende Männer mit Kinnbärtchen und Dreadlocks auf einem Festivalgelände eine bessere Welt herbei trommeln lässt. Oder in Fußgängerzonen und Parkanlagen Gitarrensongs klimpern und singen. Lieder, die von Erlösung, Freiheit und Liebe handeln und fast ausnahmslos von ihm stammen: Bob Marley. Was Bob sonst dargestellt haben könnte, blenden sie aus.

Wieder andere mögen vielleicht seine Musik, doch sie kreiden ihm auch das an, was von seinen Jüngern beharrlich ausgeblendet wird: Dass er Rastafari in manchen Belangen mehr als konsequent gelebt hat. Dort nämlich, wo es heißt: Die Frau muss ihrem Mann treu ergeben sein, auch wenn er es ihr gegenüber

nicht ist. War er genau deshalb so eifer-
süchtig? Und hatte er genau deshalb so viele
Kinder mit anderen Frauen (acht sind von ihm
anerkannt, es gibt aber auch Schätzungen, die
auf ein Mehrfaches hindeuten)? Sie lehnen ihn
ab als Bob, der Friedensengel, weil er selbst
nicht immer so friedliebend gewesen sein
dürfte. Er habe einen DJ verprügelt, der seine
Musik nicht spielen wollte. Und er habe Rita
nach monatelanger Trennung vergewaltigt.

    War er genau deshalb so eifersüchtig? Und
hatte er genau deshalb so viele Kinder mit
anderen Frauen (acht sind von ihm anerkannt, es gibt aber auch Schätzungen, die auf
ein Mehrfaches hindeuten)? Sie lehnen ihn ab
als Bob, der Friedensengel, weil er selbst nicht
immer so friedliebend gewesen sein dürfte.
Er habe einen DJ verprügelt, der seine Musik
nicht spielen wollte. Und er habe Rita nach
monatelanger Trennung vergewaltigt.

    Und dann ist da Rita, Bobs Witwe, die
heute in Ghana lebt, sein Erbe (geschätzte 600
Millionen US-Dollar) verwaltet und zuletzt für
Schlagzeilen sorgte, als es hieß, sie wolle ihn
exhumieren (mitsamt seiner ebenfalls begra-
benen, roten Lieblingsgitarre, einer Fender
Stratocaster) und seine Gebeine aus dem Mau-
soleum in Nine Miles, Bobs Geburtsort, nach
Äthiopien bringen lassen, um ihn dort, wo
auch sein Messias Haile Selassie begraben liegt,
neu zu bestatten. Was jedoch nie geschah.

    Von alldem, von all der genialen Viel-
schichtigkeit, aber auch harten Widersprüch-
lichkeit, die Bob Marley einmal ausmachen
würden, ist am 10. Februar 1966 nicht viel in
der Welt. Nicht die Frauengeschichten. Nicht
die vielen außerehelichen Kinder, die ihnen
entspringen. Rita hat Bob kennengelernt als
einen, der »noch kein Künstlertum in sich
hatte. Keinen Superstarruhm. Wir waren
einfach zwei Ghetto-Menschen, die sich inei-

nander verliebt haben. Ganz natürlich, durch
Gottes Gnade. Und wir wussten, wie wahre
Liebe sich anfühlt aufgrund des Guten und
Schlechten, das wir teilten.« Keine Spur von
dem Womanizer späterer Jahre, weil er »eher
scheu und versnobt war. Er sah sich wirklich
nie nach Mädchen um … das war nicht sein
Lifestyle … Es verging eine sehr lange Zeit,
ehe ich überhaupt seine Haare anfassen durfte
… das zeigt, wie ernsthaft er war. Nicht gegenüber Frauen, sondern er war so fokussiert
darauf, seine Karriere voranzutreiben.«

    Nichts von den Frauen, die sie reihenweise
aus dem Tour-Truck oder aus irgendwelchen
Zimmern schmeißen wird. Nichts von den
Nächten, wo sie den Kindern erklärt, dass
Daddy ein guter Mann ist und hart arbeiten
muss und darum so selten da ist. Auch von
seiner Hingabe an den Rastafari-Kult, dem er
letztlich völlig erliegen wird, ist erst nur wenig zu bemerken. Und auch seine die Zeiten
überdauernde Musik ist erst im Kommen. Bis
dahin gibt es gerade mal eine Handvoll früher
Kostproben.

    Als Rita, kubanischstämmig und eine ge-
borene Anderson, an diesem Tag im Büro des
Friedensrichters in Kingston steht, steht ihr
zur Seite jener 21 Jahre junge Mann, der sie
genommen hat, obwohl sie da bereits Sharon
hat. Ihre Tochter, die sie vor knapp einem Jahr
bekam. Mit 18. Bob zeigt sich reifer als viele
seines Alters und er zögert auch nicht, alles
für sie beide zu tun, ja, Sharon, das Kind eines
anderen, zu adoptieren. Rita ist stolz auf ihn,
denn hier, auf Jamaika, spielen sie erstmals
seine Musik im Radio auf und ab, seit er
einen Nummer-eins-Hit in den regionalen
JBS-Charts gelandet hat. Auch wenn er damit
kaum Geld verdient.

    Sie weiß, wo sie diesen Abend verbrin-
gen wird. Hinter der Bühne, weil Bob & *The*

Wailers mit *Jackson 5* im Nationalstadion von Kingston auftreten. Und sie weiß, dass er gleich in der Früh an die Ostküste der USA aufbrechen wird, um für lange acht Monate in Delaware bei seiner Mutter zu wohnen und zu arbeiten. Damit er sich die Musikerkarriere leisten kann.

Sie erinnert sich an den Tag, als sie einander erstmals sahen. In einem Aufnahmestudio. Auch Rita ist Sängerin, später einmal *Background Singer* in Bobs Band. Und sie denkt an jenen Moment, bald danach, als Bob ihren natürlichen Instinkt für Musik und Harmonien zu stärken versucht. Als sie reden, spontan zu singen beginnen, und, wie Rita in ihrer Biografie *No Woman No Cry: Mein Leben mit Bob Marley* schreibt, »… wir uns in die Augen sahen … und dann pressten wir die Münder aufeinander – wir sangen immer noch – als ob wir uns gegenseitig Sauerstoff verabreichen müssten … wie eine Mund-zu-Mund-Beatmung, und ich dachte: Ist das Liebe?« Bobs Megahit mit genau diesem Titel, *Is This Love*, sei da noch nicht einmal angedacht, geschweige denn geschrieben gewesen.

Was ist das? Verklärung? Oder die Altersmilde einer Frau, die viel erlebt, viel mitgemacht und ertragen hat und an Erinnerungen lieber nur das Gute mitnehmen will? Weil sie sagt: »Er hat nur mich wirklich geliebt. Ich war seine eine große Liebe.«

One Love.

Zu diesen Erinnerungen ans Gute gehört insbesondere der eine Tag: der 10. Februar 1966. Als sie nach der Trauung zu Ritas *Aunty* fahren, ihrem Tantchen, die in Trenchtown wohnt, den Slums von Kingston, wo auch Rita und Bob aufgewachsen sind und er, heißt es, Sohn einer einheimischen 17-Jährigen und eines britischen Offiziers (60), sich sein erstes Geld mit Handlesen verdient hat. Aber jetzt

ist alles anders. Jetzt sind sie ein Paar. Sie in einem weißen, scharf unterm Knie gekappten Kleid mit Spitzenschleier, von *Aunty* selbst gemacht. Den Ring am Finger, den Bob vom wenigen Ersparten gekauft hat. Mit *Aunty* als Ratgeberin. Und er in seinem schwarzen Anzug und den schicken Schuhen. An der Hand die kleine Sharon, die gerade rechtzeitig für die Aufnahme des Hochzeitsfotos in ihrem Sessel erwacht und genau in dem Augenblick, als der Fotograf abdrücken will, aufsteht, das Kleidchen hebt und … ach, was soll's.

Daran denkt Rita besonders gern, wenn sie dieses eine existierende Foto von ihnen beiden bei der Trauung ansieht, weil es zeigt, »wie verliebt wir waren«. Und sie denkt an das Danach bei Tantchen (noch bevor Bob zum Konzert muss). Wo *Aunty* bereits mit einer prachtvollen Torte wartet, von Rita als *Three-Sisters-Cake* beschrieben. Und natürlich (ob mit oder ohne grünen Bananen) auf den Tisch kommt, was man auf Jamaika anno 1966 zu besonderen Anlässen eben serviert, womit man sich den Bauch bis zum Anschlag vollschlägt:

Ziegencurry mit Reis auf jamaikanische Art.

Ziegencurry mit Reis

Ein Muss der jamaikanischen Küche - einfach in der Zubereitung, doch raffiniert würzig, voller Aromen und endlos zart.

Für das Ziegencurry:

1 ½ bis 2 kg Ziegenfleisch, in mundgerechte Stücke geschnitten

½ Tasse Öl

2 TL Knoblauch, fein gehackt

1 TL Ingwer, fein gehackt

1 Zwiebel, gehackt

1 Bund Frühlingszwiebeln

4–5 mittelgroße, reife Tomaten

1 TL Tomatenmark (am besten selbst gemachtes, das Rezept auf Seite 284.)

200 ml Kokosmilch

5 EL Curry

1 TL weißer Pfeffer

1–2 TL frischer Thymian

1 EL Suppenpulver (in Deutschland: Fleischbrühe)

Scotch Bonnet – ersatzweise eine andere feurige Sorte (Neben den Habaneros zählt diese karibische Variante zu den schärfsten aller Chilisorten. Sie verfügt über ein tropisch-fruchtiges Aroma und ist typisch für jamaikanische Reisgerichte.)

Salz zum Abschmecken

Das Fleisch mit Salz und Pfeffer würzen und beiseitelegen.

Erhitzen Sie Öl in einem großen Topf und braten Sie das Fleisch bei gut mittlerer Hitze unter häufigem Wenden an. Braten Sie nötigenfalls in Etappen, um den Topf nicht zu überfüllen. Allfällige Bratreste vom Topfboden abschaben. Braten Sie das Fleisch, bis es rundum eine goldbraune Farbe annimmt. (Wenn Sie Ziegenknochen haben, braten Sie auch diese mit. Das gibt ein zusätzliches köstliches Aroma.)

Nun den Curry beigeben und 1–2 Minuten umrühren.

Knoblauch und Ingwer dazugeben, den weißen Pfeffer, die Zwiebel, den Thymian, das Tomatenmark, die Frühlingszwiebel und etwas Scotch Bonnet (Vorsicht: frische Schoten nur mit Handschuhen verarbeiten). Unter ständigem Rühren weiter braten, bis die Zwiebeln goldgelb sind.

Mit Wasser ablöschen (das Fleisch sollte bedeckt sein). Aufkochen lassen, Hitze reduzieren und bei kleiner Flamme köcheln lassen, bis das Fleisch weich wird (je nach Größe der Fleischstücke kann das bis zu 2 Stunden dauern). Gelegentlich umrühren und bei Bedarf Wasser nachgießen.

15–20 Minuten vor dem Ende des Köchelns Tomaten, Kokosmilch und Suppenpulver beimengen. Weiter köcheln, bis die Tomaten weich sind. Wenn Sie eine dickere Konsistenz Ihres Currys wünschen, warten Sie so lange, bis die Tomaten beinahe zerkochen.

Gegebenenfalls die oberste Fettschicht abschöpfen.

Mitgekochte Knochen vor dem Anrichten aus dem Currytopf nehmen.

Dazu servieren Sie Reis.

1966

Truman Capote. Das Essen, das er seinen Gästen
zur Feier seines Bestsellers *Kaltblütig* servierte.

Das Spiel mit den Gesichtern dieser Welt

Je nobler die Gäste, desto schlichter die Speisen. Heute ein gern gewähltes Motto, 1966 jedoch undenkbar. Noch dazu, wenn sich Berühmtheiten aus aller Welt ansagen. Hühnerfrikassee, ein paar Nudeln und sonst nichts? Truman Capote, mit seinem Thriller Kaltblütig literarisch soeben unsterblich geworden, tat genau das. Er schmiss einen Black & White Ball, eine Maskenparty, die bis heute als Fete des Jahrhunderts gilt. Nicht zuletzt, weil er die Spitzen der Gesellschaft zu sich nach New York holte und ihnen den Spiegel vorhielt.

Lesen oder hören wir von Promipartys mit betont einfacher Kost, so ist das heutzutage nichts Revolutionäres. Man gibt sich eben gerne bescheiden, zeigt Volksnähe, vor allem wenn es um die gute Sache geht. Tauchen Sie aber nun mit mir in eine Zeit und Welt ein, wo gerade das ein absolutes No-Go war. Simple Spaghetti, simples Huhn, wenn die globale Elite der Gesellschaft geschlossen anrückt und glaubt, unter sich zu sein? Obwohl ich schon sagen muss: Simple Spaghetti und simples Huhn gibt es nur dort, wo es an Achtsamkeit fehlt. Wirklich gute Pasta, wirklich gutes Huhn, und sei es, wie in unserem Fall nur als Frikassee, sind keine simple Angelegenheit.

Dennoch wirkt das Abendmenü dieses 28. November 1966 (ein Montagabend gleich nach Thanksgiving) im Plaza Hotel in New York reduziert, bedenkt man die Gästeliste. Und so kamen mein Team und ich auch aus dem Staunen nicht heraus, als wir in den online verfügbaren Archiven von US-Zeitungen kramten und bei den Berichten vom Morgen danach landeten:

»Sie rollten vom Fließband wie Puppen«, schrieb zum Beispiel *The New York Times* über die Gäste, »neu bemalt, frisch frisiert, verpackt in Seide, Satin und Juwelen und adressiert an Truman Capote, Plaza Hotel.«

Und dann lesen wir vom miserablen Wetter am Partyabend. Dichte Nebelschwaden zwischen den Türmen Manhattans, dazu ein Nieselregen, der sich hartnäckig festgekrallt hatte. Eine Stimmung, wo man nicht mal den schlimmsten Feind vor die Tür jagte. Wo man also zuhause blieb, wenn es irgendwie ging. Weil es für die Füße keinen besseren Platz gab als vor dem prasselnden offenen Kamin.

Und doch waren sie losgetrippelt aus ihren Penthouse-Etagen oder Hotelsuiten. Von überallher kamen sie, geschniegelt und in Schale geworfen: Diplomaten, Schauspieler, Regisseure, Politiker, Wissenschaftler, Modeschöpfer, Maler, Komponisten, Tycoons, Gesellschaftslöwen, dazu die *internationalen Typen,* wie ihr Gastgeber sie nannte, und natürlich Schriftsteller wie er selbst: Truman Capote. Alle, ausgenommen Greta Garbo, waren erschienen. 540 an der Zahl.

Nicht zu kommen war keine Option. Nicht wenn er rief, dieser einst kleine Junge aus der Provinz, geboren als Kind von Teenager-Eltern in New Orleans, abgestellt und aufgewachsen bei Verwandten in Monroeville, Alabama, als schrulliger Bücherwurm früh ausgegrenzt, kleinwüchsig, Frauenversteher, homosexuell obendrein, nun aber einer, der im Olymp des Erfolges saß und neuerdings darüber befand, wer jemand war in der Welt und wer nicht.

Meine Neugierde war geweckt. Wie kam es dazu? Truman Capote war damals 42. Mit *Frühstück bei Tiffany* war er berühmt geworden, sein neuester Thriller aber, *Kaltblütig*, der die Ermordung der vierköpfigen Farmerfamilie Clutter im Jahr 1959 in Westkansas aufarbeitete, machte ihn literarisch unsterblich. Auch weil er damit zum Wegbereiter eines neuen Genres geworden war, des *New Journalism*.

Plötzlich war Capote sagenhaft berühmt und reich. Es war Juni, er brauchte eine Schreibpause, wollte Zerstreuung, und da schien ihm nichts willkommener, als einen Kindheitstraum wahr werden zu lassen: Eine Party wollte er schmeißen. Nicht irgendeine. Die Party des Jahres sollte sie werden und wie ein Gemälde aussehen. Eine Black & White Party. Die Ascot-Szene im Film *My Fair Lady* hatte ihn dazu inspiriert. Ein Maskenball. Die Damen in weißen oder schwarzen Roben mit weißer Maske (und Fächer), die Herren mit Smoking und Maske, beides ganz in Schwarz.

Und Capote wusste auch, wem er diese Party widmen wollte: Katharine *Kay* Graham, Verleger-Erbin und Herausgeberin von *The Washington Post* (unter anderem Aufdecker der Watergate-Affäre). Kay zählte zu Trumans »Schwänen«. *My swans*, so nannte er seine engsten Freundinnen liebevoll.

»Er rief mich an und sagte, er würde ein Fest für mich machen«, erinnerte sich Kay Graham. »Weil er mich aufmuntern wolle. Ich sagte ihm, ich bräuchte keine Aufmunterung.« Auch war es der als schüchtern bekannten Verlegerin nicht recht, im Mittelpunkt zu stehen. Aber um Kay ging es in Wahrheit nicht. Capotes Plan war ein anderer.

Wochenlang kritzelte er in cines jener 10-Cent-Notizbücher, in denen er sonst Konzepte und Notizen zu seinen Romanen festhielt. Namen um Namen. Er listete auf, strich wieder, ergänzte, strich wieder. Und spielte ein Spiel mit zunehmend größeren Ängsten. Nachdem bekannt war, dass er diese Party

geben würde, ließ er provisorische Gästelisten durchsickern, um sie in der gleichen Sekunde zu dementieren. Besonders schlimm muss es für jene gewesen sein, die ihn gar nicht oder nur flüchtig kannten und zugleich der Meinung waren, dass ihr sozialer Status nichts anderes zuließ, als Teil dieser Liste zu sein. Sie mussten zu der Party. Um jeden Preis.

Selbst beste Freunde oder solche, die sich dafür hielten, ließ Capote zappeln. »Vielleicht bist du eingeladen, vielleicht auch nicht«, lautete sein Lieblingssatz. Manchen versprach er auch eines der heiß begehrten, fälschungssicher gestalteten Tickets, um es im letzten Moment doch an jemand anderen zu vergeben.

Gerald Clarke, dessen Biografie *Capote* verfilmt wurde und 2006 einen Oscar erhielt, beschrieb die elektrisierte Stimmung jener Wochen so: »Wie eine gigantische Band, die nur ein Lied spielt: Truman Capote!« Und der trieb die Hysterie weiter auf die Spitze, bis es sogar Drohungen gegen ihn gab für den Fall einer Nicht-Einladung und er aufs Land floh und den Telefonstecker aus der Wand zog.

Knapp eine Woche vor dem Event, als die allerletzte Letzt-Letzt-Letzt-Fassung der Liste vorlag, flogen sie aus der ganzen Welt herbei. Manch Prominente ohne Ticket hatten erklärt, sie hätten ohnedies keine Lust gehabt zu kommen. Und auch keine Zeit (ein Termin in London oder sonst wo). Ihnen blieb dann vor den Augen der Öffentlichkeit nichts anderes übrig, als tatsächlich die Stadt zu verlassen und nach London oder sonst wohin zu fliegen.

Über Freunde hatte Capote Pre-Partys organisiert (heute würden wir wohl *vorglühen* sagen), damit seine Gäste in guter Stimmung und einigermaßen satt kamen. Und dann, Punkt 22 Uhr, kamen sie auch, rollten vom Fließband. Da rieselten die Familiennamen nur so über den Bürgersteig des Plaza Hotels, wie Trüffelsplitter, die man über ein feines Mahl raspelt: von Bernstein (Leonard) bis Rockefeller (Nelson), Wilder (Billy) bis Kennedy (Edward), Belafonte (Harry) bis Lemmon (Jack), Burton (Richard) bis Steinbeck (John), Fonda (Henry) bis Matthau (Walter) oder auch von Williams (Tennessee) bis Windsor (Duke of), um nur einige wenige zu nennen.

Capote wusste: Mit ihnen schwappte maximaler Glanz zur Tür herein. Was brauchte er da weiteren Aufputz? Das Dekor im Ballsaal (golden, weiß, Kerzenlicht) war schlicht. Und die Speisen, wie bereits angedeutet, waren es auch. Spaghetti Bolognese, Hühnerfrikassee (mit der damals in den USA schon beliebten Fertig-Hollandaise und reichlich Sherry, Näheres im Rezept). Und dazu noch etwas Gebäck. Und Kaffee. Und, damit die noblen Gäste doch noch auf ihre Rechnung kamen, 400 Flaschen *Taittinger*-Champagner.

Sonst betrieb der Gastgeber keinerlei Aufwand, der Schmuck waren ohnedies die Gäste selbst. Und ihre Masken. Manche kosteten 600 Dollar (heute 4.200 Euro), andere, wie die seiner Freundin Kay, bloß 39 Cent, gleich aus dem Laden um die Ecke. Dies war dem internen Wettkampf der Reichen und Schönen geschuldet: Wer war in der Lage, das wenigste Geld auszugeben? Auch der Neo-Millionär Capote hatte sich für die Party nicht sonderlich verausgabt. 16.000 Dollar, heute etwas mehr als 100.000 Euro. Ein Schnäppchen, bedenkt man den Werbewert sowohl für sein Buch wie auch für die Marke Truman Capote.

Und der Ball selbst? Die nur vier (!) handverlesenen Reporter (stellen Sie sich das heute einmal vor, auch bloß bei einer Party mit lauter C-Promis!) beschrieben die Stimmung als abwartend heiter bis ausgelassen. Capote gab den perfekten Gastgeber, hatte für jeden ein nettes Wort, tanzte aber nur mit drei

Auserwählten. Bemerkenswert auch ein Zitat seines Schriftstellerkollegen Norman Mailer, der, um sein Image zu pflegen, im zerschlissenen Regenmantel gekommen war. Reporter, die draußen bleiben mussten, fragten ihn am Eingang, ob er Capote seinen Ruhm neide, schließlich habe er ihm den Rang abgelaufen, indem auch er sich einer realen Vorlage bediente. Mailer dazu: »Aber nein. Es zeigt bloß, dass ich nicht länger Amerikas größter Dieb bin.« Später sah man Mailer einen neuartigen Tanz-Move kreieren, unter wildem Rudern auf einem unsichtbaren Seil balancierend.

Nur Mister *New York, New York*, Frank Sinatra, spielte sein eigenes Spiel. Als hätte er Capotes subtile Maskerade durchschaut. Da es keinen Zentraltisch gab, wo sich die Crème de la Crème hätte versammeln können (natürlich herrschte eine interne Promi-Wertung), fiel er erstmals auf, als er die eigene Trinkfreude auf die Schaufel nahm und rief, er werde einen Tisch organisieren. Schließlich kenne er alle Kellner der Stadt. Später sah man ihn nur noch an seinem Lieblings-Bourbon Wild Turkey hängen (ein Kellner war eigens dafür abgestellt). Und dann, um drei Uhr morgens, kündigte er an, er werde in seine Lieblingsbar verschwinden, ins *Jilly's*. Capote beschwor Sinatra zu bleiben, weil er Angst hatte, er könnte eine Menge Gäste mit sich ziehen. Abhalten konnte er ihn nicht. Sinatra ging, um anderswo zu tun, was er den ganzen Abend getan hatte: hemmungslos saufen.

Dennoch sah man Truman Capote bis zuletzt mit schelmischem Lächeln durch die Hallen des Plaza Hotels ziehen. Das hatte mehrere Gründe, die den meisten verborgen blieben. Einerseits bestand seine Gästeliste nicht bloß aus Weltberühmtheiten. Capote hatte insgeheim auch Menschen wie du und ich eingeladen. Den Pförtner seines Appartementhauses. Einen ehemaligen Lehrer. Oder auch jenen FBI-Mann, Alvin Dewey, der ihn fast sechs Jahre lang bei der Recherche zu *Kaltblütig* unterstützt hatte. Und einige andere des so genannten einfachen Volkes mehr. Capote begriff sich als Jongleur aller sozialen Schichten. Und er mischte sie alle auf einer Party, für damalige Begriffe fast schon unerhört. Undenkbar etwa, dass ein Liftboy mit einer Vertreterin des englischen Adels zwanglos bei einer Tasse Kaffee plauderte. Oder dass ein Andy Warhol und die ihm aufs Blut verhasste Gesellschaftsdame und Stilikone Barbara *Babe* Paley (beste Freundin des Gastgebers) zur selben Zeit denselben Raum betraten.

Die Maskerade machte es möglich. Und die Maskerade hatte auch einen anderen, tiefen Sinn, wenngleich Capote dies nie eingestand. Enge Vertraute wussten, was ihn angetrieben hatte. Sein *kleiner Maskenball für Kay Graham und alle meine Freunde,* wie er die Fete zeitlebens herunterspielte, hatte nichts mit Größenwahn und Selbstverliebtheit zu tun, die man ihm unterstellte. Capotes Black & White Party war in Wirklichkeit Ausdruck einer radikal demokratischen Kraft in ihm. Jene, die für alle sichtbar im Ruhm badeten, mussten einen Abend lang ausgerechnet das bedecken, was ihren Ruhm ausmachte: ihr Gesicht. Sie waren gleichgestellt mit jedermann. Indem er die Spitzen der Gesellschaft seiner Zeit hinter Masken zwang, demaskierte er sie zugleich.

Außerdem, später erst, wurde die Party als Protest gegen das Gesellschaftsbild jener Tage gewertet. Als Zeichen gegen das Patriarchat und für die Frauen. Damals war es völlig normal, dass eine noch so berühmte Sängerin auf Einladungen oder in Zeitungsberichten als Miss Vincente Minnelli geführt wurde, und nicht als Liza Minnelli. Oder als Mrs. Frank Sinatra anstelle von Mia Farrow. Oder auch als Mrs. John F. Kennedy und nicht als Jaqueline Kennedy, obwohl sie da längst Witwe war. Einzige Ausnahme an diesem Abend, weil unverheiratet und allein angereist: Marlene Dietrich und Shirley MacLaine.

Und Capote setzte obendrein ein Zeichen der Gerechtigkeit für seine swans, jene engen Vertrauten also wie Slim Keith (Gelegenheitsmätresse Ernest Hemingways), Lee Radziwill (Schwester Jacqueline Kennedy Onassis'), Gloria Guinness (in vierter Ehe mit einem der Biererben) oder Marella Agnelli (Fiat). Sie alle waren seiner Meinung nach Ausgegrenzte wie er, bis zu seinem fulminanten Aufstieg. Männer und Frauen für ein paar Stunden auf einer Stufe. Dass er den Nerv getroffen hatte, zeigten die wenn auch verhaltenen Proteste gegen das Tragen von Masken. Nicht einer erfolgte aus dem Mund einer Frau.

Die ganze Dimension dessen wurde erst greifbar, als Capotes literarischer Stern sank, er selbst zum Alkoholiker geworden war und Freunde ihn oft nur noch bei seiner Lieblingsbeschäftigung fanden, dem Stöbern in den Fotoalben seines *kleinen Maskenballs.* Der Pianist Peter Duchin, Wegbegleiter Capotes, beschrieb die Party so: »Sie hat die Ära der eleganten Exklusivität geschlossen und eine Ära der Klatschmedien-Verrücktheit eingeläutet.«

Manche gingen sogar einen Schritt weiter. Für sie war der Mix aus Ober- und Unterschicht, aus Gesehen-werden-Wollen und Verdeckt-sein-Müssen, aus Noblesse und Schlichtheit Capotes größter Geniestreich überhaupt. Größer noch als *Kaltblütig.* Und dies alles mit so brillant einfachen Mitteln. Masken, Champagner, Spaghetti Bolognese, Gebäck, Kaffee und: Plaza Chicken Hash, sprich: Plaza Hühnerfrikassee.

Plaza Hühnerfrikassee

Zutaten für 4 Personen:

4 Tassen gewürfeltes, gekochtes Hühnerfleisch (nur weißes Fleisch)

1 ½ Tassen Obers

1 Tasse Sauerrahm

2 TL unbehandeltes Salz

1/8 TL gemahlener weißer Pfeffer

¼ Tasse Sherry (trocken)

½ Tasse Hollandaise

Mixen Sie Huhn, Obers, Sauerrahm und Gewürze in einem schweren, ofenfesten Topf (oder einer Pfanne). Über mittlerer Hitze ca. 10 Minuten kochen und dabei häufig umrühren.

Wenn die Flüssigkeit sich etwas reduziert und die Masse eingedickt hat, stellen Sie den Topf ins vorgeheizte Rohr (180 °C, mittlere Stufe) und backen Sie die Masse ca. 30 Minuten.

Sherry einrühren und für weitere 10 Minuten ins Rohr.

Die Hollandaise leicht unterheben und sofort servieren.

▷ **Tipp:** Das Nachkochen dieses laut US-Medien aus 1966 originalen Rezeptes hat gezeigt, dass die Sherry-Menge für den europäischen Geschmack sehr großzügig bemessen ist. Der Alkohol ist hier ziemlich dominant. Ich empfehle also, bedeutend weniger zu nehmen. Außerdem könnten Sie Käse (zum Beispiel Greyerzer oder Emmentaler) reiben und, mit etwas Cayennepfeffer und Chiliwürze gemischt, zum Gratinieren verwenden und obenauf streuen, bevor Sie die Masse fertig backen. Das gibt dem Ganzen noch einen würzigen Kick.

Für Sauce Hollandaise:

5 Eidotter

250 g Butter

Weiße Pfefferkörner, 1 Lorbeerblatt, 1 Schalotte, 100 ml Weißwein, 1EL Weißweinessig

Salz, Pfeffer

Saft ½ Zitrone

Gewürzreduktion: Eine Schalotte fein schneiden, den Weißwein, den Essig, die Pfefferkörner und das Lorbeerblatt zur Schalotte geben und so lange kochen, bis sich das Gemisch auf 1/3 reduziert hat.

Eidotter mit der Gewürzreduktion über Dampf wärmen, mit dem Schneebesen schaumig schlagen.

Die Butter im Topf schmelzen und klären. Hierfür die Butter so lange kochen, bis sich die Molke abgesetzt hat und die Butter klar ist. Nicht zu lange kochen, da sonst die Butter anbrennt. Die Butter durch ein feines Tuch (Etamin) sieben. Leicht abkühlen lassen.

Die warme Butter langsam in die aufgeschlagenen Eidotter einrühren, bis die Sauce eingedickt und glänzend ist. Mit Salz, Pfeffer und Zitronensaft würzen.

1969

Josip Broz Tito. Der Topfenstrudel, den der jugoslawische Staats-Chef der Schauspielerin Sophia Loren servierte.

Zweierlei Strudel vom Lieblingsdiktator des Westens

Er schaffte es wie kaum ein anderer, auf mehreren Hochzeiten zugleich zu tanzen: Josip Broz, genannt Tito, Langzeit-Herrscher im ehemaligen Jugoslawien. Viel Prominenz ging in seiner Sommerresidenz auf einer kleinen Insel in Südistrien ein und aus. Politiker. Schauspieler. Tito bekochte sie. Und kochte sie ein. Besonders gerne und oft gesehen auf Veliki Brijun: Italiens Filmdiva Sophia Loren (mit Kind und Kegel). Während der Diktator neue Strategien ausheckte, wie er sich auch weiterhin zwischen Ost und West durchmanövrieren könnte, schwang er wie nebenher den Kochlöffel – und backte für Sophia zweierlei Strudel.

Sophia Loren ist einigermaßen beeindruckt, als sie im Juni 1969 ihren Fuß auf Veliki Brijun setzt, die größte der 14 Brijuni-Inseln, wenige Kilometer vor Pula gelegen, bekannt auch unter dem italienischen Namen Brioni. Ihr Gastgeber bietet alles auf, was er dem Ruhm der italienischen Filmdiva, da schon längst ein Weltstar, für angemessen hält. Und noch mehr.

Sophia wiederum beeindruckt durch ihre Schönheit. Angestellte erinnern sich, dass sie ihr Haar täglich mit destilliertem Wasser wäscht und eine Olivenölpackung darüberlegt. Abseits davon punktet sie aber vor allem dank ihrer Natürlichkeit. Dank ihrer unkomplizierten Art im geradezu freundschaftlichen Umgang auch mit dem Personal. Dem Filmstar zur Seite steht die Schweizer Nanny für Carlo Ponti junior, den Erstgeborenen aus der schwierigen Ehe mit Regisseur Carlo Ponti. Klein Carlo ist da gerade mal ein halbes Jahr alt.

Ihr Gastgeber ist es gewohnt, Berühmtheiten aus aller Welt zu empfangen. Angefangen von den Stars aus dem Showbiz, weil Tito alles liebt, was mit Film und Schauspielerei zu tun hat: Liz Taylor und Richard Burton, Gina Lollobrigida, Josephine Baker, um nur ein paar zu nennen. Und dazu die Größen der Weltpolitik, mit denen er sich aus anderen

Gründen umgibt. Ob Roosevelt, Nixon, Breschnew, Brandt, Gaddafi, Nehru oder Hồ Chí Minh. Sie und andere sind bis zum Frühling 1969 bereits hier gewesen. Oder würden es demnächst sein.

Wie immer bei noblem Besuch zeigt der jugoslawische Präsident sich von der Honigseite. Er versteht es, seine Gäste auf eine Weise zu umschmeicheln, die sie ablenkt von den zahllosen anderen Gesichtern, die er auch trägt. Genau an diesen seidenweichen Typ von Tito erinnert sich Sophia Loren auch, wenn sie in ihrem Buch In cucina con amore über einen ihrer zahlreichen Besuche auf Veliki Brijun schreibt:

»Tito war ein außerordentlich liebenswürdiger Mensch, der noch im hohen Alter von 79 kräftig der guten Küche zusprach. Bei Tisch war er ein perfekter, aufmerksamer und unterhaltsamer Gastgeber ... zu den Mahlzeiten wurde stets ein wunderbarer, süffiger Weißwein serviert, der stark an unsere leichteren Weine aus dem Veneto erinnerte. Als ich ihn das erste Mal trank, wollte ich ... sofort wissen, woher dieser Wein kam. Tito deutete daraufhin auf einen kleinen Weinberg, den man vom Fenster aus sehen konnte.«

Tito sagte, er pflücke die Trauben selbst. Jahr für Jahr. Als Helfer fungierten Freunde und ein Großteil seiner Minister, die er abkommandierte, um unter Anleitung örtlicher

Bauern die Ernte zu lesen. Dabei soll es immer sehr heiter zugegangen sein. Die Trauben wurden gepresst, der Wein abgefüllt. Und fertig. »Kein Wunder«, schreibt Loren, »dass dieser Wein so natürlich und unverfälscht war.«

Verfälscht ist allerdings das Bild, das der als Josip Broz geborene, kroatische Bauernsohn aus Kumrovec bei Agram (das heutige Zagreb) in den Jahrzehnten seiner Macht nach außen abgab. Oder man sah lieber weg, nein, sah am besten gar nicht erst hin, wenn der gelernte Schlosser in die Vollen ging. Der Westen verschloss die Augen vor Gesichtern wie: Tito, der Anführer des Polizeistaats. Tito, der Oberste einer herrschenden Bürokratenklasse. Tito, der gnadenlose Vertreiber Andersdenkender. Tito, der Befehlshaber eines Geheimdienstes, der im Ausland reihenweise Morde durchführte. Tito, der Totengräber Serbiens. Tito, der Förderer des Nationalismus. Und öffnete sie für diese: Tito, der Charmeur. Tito, der Empfänger deutscher und französischer Ehrenkreuze. Tito, der eitle wie stolze Träger von Paradeuniformen und Galaanzügen (was, wie er einmal sagte, ganz normal sei für einen ehemaligen Untertan der Habsburgermonarchie). Tito, der weltpolitische Frechdachs, der den wilden russischen Bären aus Moskau auf Distanz hält. Allein schon darum Tito, der Lieblingsdiktator Europas.

Und natürlich blickte der Westen auch gerne in dieses Gesicht: Tito, der perfekte Gastgeber.

Anders als Jovanka, Titos vierte Frau und eiserne First Lady, die alles verehrte, was als gutes Essen auf den Tisch kam, doch alles hasste, was die Arbeit dahinter betraf, packte ihr Mann Josip mit Vorliebe selbst in der Küche an. Gelegentlich Seite an Seite mit Gästen, die das auch wollten, allen voran Sophia

Loren. Die Filmdiva liebte es, in Titos Küche eines ihrer Pastarezepte umzusetzen, seien es Fettuccine, Lasagne oder Tagliatelle.

Eine Zeitlang schien es, als käme alle Welt in dieses zweite Jugoslawien, nachdem das erste, als Königreich der Serben, Kroaten und Slowenen ausgerufene (1918) nach nicht einmal 25 Jahren gescheitert, zerbrochen und im Bürgerkrieg endgültig begraben worden war. Alle Welt traf sich viele Jahre lang auf Veliki Brijun mit ihm, Josip Broz Tito. Oder alle Welt lud Tito zu sich ein.

Und Tito tat, was er besonders gut beherrschte: Er kochte sie ein. Und sie ließen sich auch einkochen. Wenn er Deutschlands Willy Brandt in seiner Weißen Villa auf Brijuni Kabeljau Matelote servieren ließ, mit Gamal Abdel Nasser bei Hühnernudelsuppe saß und den ägyptischen Diktator, von ähnlichem Popstar-Potential wie er selbst, einwickelte oder mit Fidel Castro einen Cocktail Hemingway schlürfte, ehe es losging mit Gegrilltem Hummer mit Mangosauce und Argentinischem Rind im Speckmantel, trug ihm das allergrößten Respekt und Anerkennung ein.

Vor allem im Westen.

Eine Zeitlang herrschte fast so etwas wie ein Wallfahren der europäischen Sozialisten in Titos Richtung, um seine vermeintliche Heilslehre zu studieren. Seine kommunistische Auslegung des Marxismus erschien bedeutend sympathischer als jene in Moskau. Außerdem hatte er Stalin drei Jahre nach Ende des Zweiten Weltkriegs die Stirn geboten, hatte dessen Aufmarschpläne in Europa durchkreuzt, hatte sich nicht stürzen lassen. Tito hatte Jugoslawien obendrein blockfrei gemacht, hatte seinen 15 Millionen Einwohnern im Verhältnis zu den unterjochten Nachbarstaaten relativen Wohlstand beschert. Wie auch visumfreie Reisefreiheit. Bloß mit der

Freiheit von Meinung und Rede im eigenen Land hatte Tito es nicht so.

Doch so wenig das heute seine nach wie vor große Anhängerschaft stört, so wenig störte es damals die Prominenz aus Kultur und Politik. Ob es darunter auch welche gab, die tatsächlich nicht alle Gesichter Titos kannten und im guten Glauben kamen, sei dahingestellt. Sie wählten jedenfalls jene Gesichter, die gefielen.

Also kamen sie alle. Und Tito kochte, führte sie in seinem Reich auf Veliki Brijun umher (manche der Inseln sind heute noch Sperrgebiet), präsentierte seinen Privatzoo mit Zebras und Antilopen, Giraffen und Geparden (zumeist Geschenke ausländischer Staatsgäste), sprach dabei von Saurierspuren aus vorgeschichtlicher Zeit, die hier entdeckt wurden, zweibeinige Fleischfresser aus der Familie der Theropoden. Auch zeigte er ihnen die Überreste der einst größten, römischen *Villa Maritima* entlang der Adria, einen sagenhaften Kilometer lang, verwies auf den lange Zeit größten Golfplatz Europas. Ebenso erzählte Tito von seiner Zeit im Bürgerkrieg, als Brijuni zu Italien gehörte, und dass Hitler seinerzeit jedem einzelnen Soldaten in der Gegend, wo man ihn, den Partisanenführer, vermutete, eine Fotografie von ihm aushändigen ließ, damit sie ihn hätten erkennen und sofort abknallen können.

Dabei packte er seine stärksten Waffen aus: Ein luxuriöser Stil und unendlich viel Charisma, die beide darüber hinwegtäuschten, dass er als Ideologe keine Autorität besaß. Weder ließ er sich im Kalten Krieg auf die eine noch auf die andere Seite ziehen. Tito ging seinen Weg, den er als dritten Weg bezeichnete und hatte Erfolg. Ja, das Hofieren von Seiten des Westens ging sogar so weit, dass man allen Ernstes erwog, ihm den Friedensnobelpreis

(1973) aufzudrängen und erst davon abließ, als der Kreml den Vorschlag plötzlich auch für gut befand.

Heute steht Veliki Brijun mit seinen 13 Schwesterninseln an der Südspitze Istriens zur Gänze unter Naturschutz. Vor allem für Touristen ist dieser in der Monarchie vergessene, doch bald zum Paradies für Aristokratie und Salonsozialismus aufgestiegene Winkel heute reizvoll. Am besten, wenn man auch den nötigen Sinn für Nostalgie mitbringt.

Titos Spuren sind allgegenwärtig. Sein Privatzoo existiert nach wie vor, wenn auch in stark abgespeckter Form. Seit ihr Gefährte gestorben ist, lebt Elefantendame Lanka (ein Mitbringsel von Indira Gandhi) hier als letzte und einzige ihrer Art im ganzen Land. Ein sehr alter Herr ist auch schon der dunkelgrüne Cadillac, Baujahr 1953, der stark an Kuba erinnert und für viel Geld sehr kurz ausgeborgt werden kann.

Und, mit etwas Glück, in seiner Voliere anzutreffen ist auch *Koki*. Ein Gelbhaubenkakadu, den Tito vor fünfzig Jahren, heißt es, seiner Enkelin Aleksandra zum neunten Geburtstag geschenkt hat. Koki ist der mit Abstand berühmteste lebende Bewohner der Inseln. Er saß, heißt es auch, immer im Arbeitszimmer des Präsidenten, kann daher nicht nur auf Serbokroatisch fluchen, sondern auch den Raucherhusten Titos perfekt imitieren.

Titos Residenz, die Villa Brionka, ist noch heute abgeschirmt, weil sie als Sommerresidenz der kroatischen First Lady dient. Für Besucher offen ist hingegen das Tito-Museum. Hier wird das Ansehen des Mannes gepflegt, den die einen weiterhin verehren und die anderen seit jeher verdammen. Eine Schau, die nicht den Anspruch hat, allzu sehr ins Politische zu gehen. Weniger werden die vielen

Gesichter einer historischen Realität am Leben gehalten als das eine des Mythos: ein paar ausgestopfte Tiere. Der erwähnte Cadillac.

Dann folgen bereits all die Fotografien mit Berühmtheiten. Sogar die englische Queen war einmal da. Viele der Gäste auch mit *Koki* auf der Schulter. Und natürlich bildhafte Erinnerungen an den zweiwöchigen Besuch Sophia Lorens im Juni 1969, als eines Tages nicht sie in seiner Küche eine ihrer Pasta-Kreationen hinzauberte, sondern er, der Gastgeber und Präsident, seinerseits die Ärmel hochkrempelte und Hand anlegte. Als er Äpfel schälte, Frischkäse mit Rosinen und Zucker vermengte und Teig knetete (auch wenn nicht gesichert ist, wie viel Anteil der Arbeit von ihm selbst und wie viel von seinen Köchen geleistet wurde).

Nada Budisavljević jedenfalls, Schwester der eisernen First Lady Jovanka, hat dieses Wissen vor nicht allzu langer Zeit an die Öffentlichkeit gebracht, und sie besteht darauf, dass »Josip vieles selbst gemacht hat. Vor allem das Kneten und das Backen.« Der leidenschaftlichen Köchin Sophia Loren wird's gefallen und gemundet haben wie auch mir selbst beim Nachkochen – Titos *Apfelstrudel* und Titos *Zagorski Štrukli,* sprich: kroatischer Topfenstrudel. Hier die beiden originalen Rezepte aus der Weißen Villa auf Veliki Brijun.

Viel Vergnügen damit!

Kroatischer Topfenstrudel

Ein Originalrezept aus Titos Küche. In Tito's Cook Book, das beim Laguna-Verlag in Belgrad erschien, hielt Anja Drulovic es fest.

Für den Teig:

1 kg Mehl
1 Ei
Unbehandeltes Salz, eine Prise
1 EL Öl
550 ml Wasser

Alle Zutaten in eine Schüssel geben.
Einen schön glatten, geschmeidigen Teig kneten. Die Masse halbieren und zu Laiben formen.
Nun die Laibe mit Öl bepinseln, beiseitelegen und zugedeckt ½ Stunde rasten lassen.
Zwischenzeitlich die Fülle zubereiten.

Für die Fülle:

1,2 kg selbstgemachter Frischkäse (Der in Österreich gebräuchliche und für den traditionellen Topfenstrudel verwendete Topfen mit 20% Fett in der Trockenmasse ist in anderen Ländern in dieser Form kaum erhältlich, so auch nicht in Titos Heimat Kroatien. Im Haushalt des Diktators wurde daher mit körnigem Frischkäse gekocht, in Deutschland ist das Pendant zum Topfen der Quark, was jedoch keinesfalls dasselbe ist.)
3 Eier
150 g Butter
50 g Rosinen
1 Packung Vanillezucker*
Geriebene Schale einer Bio-Zitrone
300 g Kristallzucker

* Noch besser: selbst gemachter Vanillezucker. Dafür schneiden Sie Vanilleschoten mit dem Messer längs auf, kratzen das Vanillemark vorsichtig aus und vermengen es mit Kristallzucker. Pro 100 g Zucker sollten Sie eine Schote nehmen. In einem zuvor gründlich gesäuberten Schraubglas haben Sie so einen Vorrat, der monatelang ein wunderbares Aroma abgibt.

Alle Zutaten in eine Schüssel geben und gut durchmixen.
Die Butter schmelzen.
Die Backform in geeigneter Größe mit der zerlassenen Butter einfetten, die übrige Butter für den Strudel aufheben.
Ein sauberes Geschirrtuch auf der Arbeitsplatte ausbreiten und bemehlen. Den Teig in die Mitte des Tuches legen und der Länge nach ausrollen. Den ausgewalzten Teig mit den Fingen behutsam an die Kante der Arbeitsplatte ziehen und die dicken Teigränder mit einem Messer abschneiden.
Lassen Sie den Teig ein klein wenig trocknen. Dann mit flüssiger Butter besprenkeln.
Häufen Sie nun die Fülle entlang des einen Endes des Teiges gleichmäßig an. Dann den Strudel unter Zuhilfenahme des Geschirrtuchs rollen und in backformgerechte Stücke schneiden.
Denselben Vorgang mit der zweiten Teighälfte wiederholen.
Den Strudel in die eingefettete Backform heben und im Ofen bei 180 °C 40 Minuten auf mittlere Stufe backen.
Den fertigen Strudel mit braunem Zucker oder Staubzucker bestreuen und servieren.

Apfelstrudel à la Tito

Originalrezept zu Titos Lieblingsdessert, das er zweimal die Woche zu sich nahm. Wie beim Zagorski Štrukli stammt das Rezept aus Tito's Cook Book von Anja Drulovic.

Zutaten:

2 kg säuerliche Äpfel

1 kg Strudelteig (siehe Zagorski Štrukli)

100 ml Öl (zum Beispiel Rapsöl)

150 g Kristallzucker

Zimt (gemahlen)

Äpfel schälen und reiben

Mit den Fingern die Apfel-Raspelmasse sanft ausdrücken

100 g vom Zucker mit Zimtpulver gut vermengen.

Eine Lage des selbstgemachten Strudelteigs (siehe *Zagorski Štrukli*) mit etwas Öl besprenkeln und auf der Arbeitsfläche auslegen. (Sollten Sie gekauften Strudelteig verwenden, der dünner und nicht so flexibel ist wie der selbstgemachte, dann eventuell zwei übereinander geben.)

Geraspelte Äpfel ans eine Ende des Teiges häufen und behutsam einrollen.

Das Backblech mit Öl einfetten und die Strudelrollen so darauf platzieren, dass sie einander keinesfalls berühren.

Den Ofen auf 180 °C vorheizen und den Strudel 40 Minuten backen. Sollte der Strudel an der Oberseite zu rasch goldbraun werden, mit Backpapier abdecken.

Den fertigen Strudel ½ Stunde auskühlen lassen, dann in ca. 6 cm breiten Stücken, mit dem restlichen Zucker (oder Staubzucker) bestreut, servieren.

▷ Tipp: Wunderbar harmoniert dieser Strudel mit fein gehackten Nüssen und in Rum eingelegten Rosinen.

1969

Neil Armstrong. Das Essen des Astronauten
auf seinem Weg zum Mond.

Erst ein Schinkenriegel – dann raus auf den Mond

Der Mensch lebt nicht vom Brot allein, heißt es schon bei Matthäus in der Bibel. Für einen Astronauten im Jahr 1969 im Anflug auf den Mond kann eine nackte Scheibe Roggenbrot hingegen alles bedeuten. Was für eine Götterspeise! Und erst recht ein Schinkenriegel mit Zuckererbsen und Pfirsichen. Noch dazu, wenn es das erste Essen überhaupt ist, das je ein Mensch dort oben verzehrt hat. – Was, habe ich mir überlegt, könnte ich Ihnen schon groß von der Mondlandung am 21. Juli 1969 erzählen, das Sie nicht längst wissen? Gelandet bin ich bei den Weltraum-Ernährungsexperten jener Tage. Bei seltsamen Ängsten. Bei köstlichen Geschichten über an Bord geschmuggelte Sandwiches. Und bei den enormen Auswirkungen der NASA-Forschung auf unsere heutige Ernährung.

Sätze wie diese sind längst Allgemeingut und finden auch Anwendung, wenn es sich nicht um eine der größten Pionierleistungen unserer Spezies handelt: »Ein kleiner Schritt für einen Menschen, aber ein riesiger Sprung für die Menschheit.« *(That's one small step for a man, one giant leap for mankind.)* Oder auch dieser Klassiker: »Der Adler ist gelandet!« *(The Eagle has landed!)*

Beide verdanken wir bekanntlich Neil Armstrong, Kommandant der Mission *Apollo 11*, der am 16. Juli 1969 gemeinsam mit Edwin Buzz Aldrin und Michael Collins von Cape Canaveral in Florida an Bord der *Saturn-V-Rakete* abhob, um fünf Tage später, am 21. Juli, den Mond zu erobern. Um im Gedenken an Präsident John F. Kennedy endlich dessen Auftrag aus 1961 zu erfüllen, als erste Menschen einen Fuß auf den Erdtrabanten zu setzen und das Sternenbanner der USA in den Mondboden zu rammen. Das Wichtigste: Es musste vor den Russen geschehen, die ebenfalls mit Hochdruck an ihrem Weltraumprogramm arbeiteten. Und nach Möglichkeit sollten die Jungs auch wieder heil heimkehren.

Nichts (mal abgesehen von funktionierender Technik) ist bei dieser Mission so unverzichtbar wie die Gesundheit der Astronauten.

Dazu gehört eine möglichst gute Ernährung. Im Jahr 1969 ist der Wissensstand natürlich ein völlig anderer als heute. Von schmackhaften Menüs für die Besatzung der Raumstation ISS, die denen auf Mutter Erde mittlerweile sehr ähneln, ist man zu jener Zeit noch Lichtjahre entfernt.

Beverly Swango, Ernährungsveteran des *Advanced Food System* der NASA, meinte dazu einmal sinngemäß: »So eine Zwei-Wochen-Reise ist nichts anderes als ein Campingausflug.« Dabei bezog er sich aber ausschließlich auf die Nahrungsvielfalt, soll heißen: 14 Tage lang (bei der Mondlandung waren es neun) kann man schon mal dasselbe essen. Mehr oder weniger. Bei monatelangen Aufenthalten im All wie auf der Raumstation ISS sieht die Sache völlig anders aus. Da ist es (ganz zu schweigen von der Bedeutung einer vielfältigen wie ausgewogenen Ernährung) auch wichtig, den Geschmackssinn der Astronauten nicht verkümmern zu lassen.

Folglich gibt es heute auf der ISS frohe Gesichter, wenn das Versorgungsschiff andockt und eine Vielzahl Nahrungsmittel bringt. Von frischem Obst und Wasser über Tiefkühlgemüse, alle möglichen Fleischgerichte, Desserts, diverse Milchprodukte und so weiter. Aus mehr als hundert Speisen können die Astronauten wählen, bei drei Mahlzeiten pro Tag, Snacks nicht inklusive. Selbst Senf, Ketchup und Mayo werden geboten. Salz und Pfeffer desgleichen (die jedoch nur in flüssiger Form, damit die Körner nicht ungewollt im schwerelosen Raum umhersausen).

Bemerkenswert sind auch die Auswirkungen der NASA-Forschungen seit den 1950ern auf den heutigen Alltag: Angefangen von Verpackungen (damals Hightech fürs All, heute Standard in allen Lebensmittelregalen). Weiter über gefriergetrocknetes, extrem verdichtetes Essen (heute Standard beispielsweise für Camper). Oder Generationen neuer Öfen. Oder Wärme speichernde Teller für Spitäler. Bakterientests (heute Standard). Auf Algenbasis entwickelte Öle mit aus der Muttermilch bekannten Zusätzen (heute in der Säuglingsnahrung). Und so weiter.

Aber bleiben wir doch im Jahr 1969. Die Ernährung von Armstrong und Co ist in den Medien ein Riesenthema. Heute fast lächerlich klingende Selbstverständlichkeiten werden da breit diskutiert. Wie etwa, dass die Astronauten jene beiden Menüs, die für den Verzehr auf dem Mond vorgesehen sind (erst der Schinkenriegel, dazu Kaffee und Ananassaft, später Hühnercremesuppe, Rindereintopf, Früchtekuchen und mit Wasser angerührtes Pulver mit Orangen- oder Grapefruitaroma) deshalb an Bord der Mondlandefähre einnehmen müssen, weil sie draußen auf dem Mond die Helme nicht öffnen sollen. *Natürlich nicht.* Auch nicht für einen einzigen Bissen.

Auch von der Zusatznahrung lesen wir, man weiß ja nie: extra Dosensäfte, getrocknete Früchte, Truthahn, Bratensoße und *ham salad spread,* Schinkenaufstrich also, ein traditionell angloamerikanisches Gericht aus gehacktem Kochschinken, Mayonnaise, Süß-

gurken, eventuell Sellerie oder Zwiebel sowie Tomaten, Karotten, gekochten Eiern und so weiter. Käse, ist ebenfalls als Headline zu finden, gibt es auf dem Mond keinen. Zumindest nicht von der Erde *(No Cheese On The Moon – At Least Not From Earth).*

An anderer Stelle wiederum wird vom Versuch der Nachahmung abgeraten: *Space Food* sei zwar nahrhaft ... *But Not Home Cooking.* Drei Faktoren seien bestimmend bei ihrer Herstellung: die generelle Gewichtslosigkeit im All, die Umgebung im Raumschiff und das physische Wohlbefinden der Astronauten. Das Essen müsse zugleich einfach, schmackhaft und hoch kalorienhaltig sein. Obendrein simpel in der Handhabung (kein Kochen/Kühlen nötig) und belastbar angesichts der enormen Beschleunigung von der Erde weg (Stichwort: g-Kraft). Hat man Sorge, die Nahrung könnte in sich schrumpfen? Zerfallen?

Außerdem heißt es, man müsse die *Verpackung vor Verschmutzung und Ranzigkeit schützen.* Zur Vermeidung von Bröseln an Bord bekämen die mundgerechten Würfel vor dem Abpacken einen verzehrbaren Gelatineüberzug verpasst. Erkennen kann der Astronaut sein Essen nur an der Farbe der Verpackung. Einmal im All steht zuerst Fruchtsalat auf dem Programm. Als Vitaminbombe sozusagen.

Von zwei grundverschiedenen Essenstypen an Bord wird berichtet. Es gebe rehydrierbare Nahrung, der auf der Erde 90 Prozent Flüssigkeit entzogen wurde, um sie, stark komprimiert, im All wieder aufzubereiten. Dabei wird über ein Ventil je nach Bedarf kaltes oder heißes Wasser in den Vakuumbeutel geleitet. Der Beutel dient zugleich als Mixbecher (kräftig durchkneten, dann so lange warten, wie es angeschrieben steht, fertig). Der Beutel ist aber auch ein Portionierer, weil er nach dem Prinzip Quetschtüteneis funktioniert. Anzuwenden etwa bei Shrimp-Cocktail, Kaffee, Tomatensuppe oder *Butterscotch Pudding* – ein Pudding, der mit Milch, Eiern, Butter, Vanille, Zucker, Salz und Maizena gemacht wird. Scotch ist, wie der Name vermuten oder hoffen lässt, aber keiner drin.

Typ zwei der Instantnahrung im Weltraum: würfelförmiges Essen, direkt aus der Packung herauszufuttern (zum Beispiel Zimttoast, Pfirsiche, Käsecracker und so weiter). Alles in allem schon viele Genussschritte weiter als noch sieben Jahre zuvor, als der US-Kampfpilot John Glenn als erster Amerikaner die Erde in einem Raumschiff umkreiste. Er hatte sich noch an schalem, wenig bekömmlichen Apfelmus aus der Tube laben müssen.

Die Fortschritte in der Weltraumnahrung sind 1969 in der Tat rasant. Schon bei Apollo 10, der nur zwei Monate zuvor absolvierten Mission (zwecks Erprobung der Landefähre in der Umlaufbahn des Mondes sowie Abstieg zum Mond, Aufstieg und Andocken ans Raumschiff), können die Allflieger erstmals so genannte *Spoon-bowl*-Packungen erproben. Essen mit dem Löffel aus dem Napf sozusagen. Bis dahin hat die Angst bestanden, jede Nahrung könnte in der Schwerelosigkeit *unkontrolliert davon fließen*. Nun aber weiß man: Einzig fettige, schmierige, ölige Verpflegung (zum Beispiel Barbecue-Sauce) neigt dazu, von *selbst an den Wänden entlangzukriechen*. Die Neuerung ist bahnbrechend, denn die Kosmonauten müssen Mahlzeiten nicht länger mit dem Strohhalm aufsaugen, können demnach richtige Fleischstücke verzehren.

Ebenfalls neu seit *Apollo 10:* fünf gefriergetrocknete Rezepte. Huhn mit Reis. Hühnereintopf. Rindereintopf. Fleisch mit Spaghetti. Und Schwein mit überbackenen Tomaten. Der stetig perfektionierte Trocknungsprozess, so die Hoffnung, würde auch die Qualität des Essens entscheidend verbessern, vor allem so etwas wie Geschmack hineinbringen. Denn bis dahin sind die Urteile der All-Heimkehrer immer dieselben: »Atrocious!«

Grauenhaft!

Dr. Malcolm Smith, 1969 Leiter des Apollo-Ernährungsprogramms, nimmt es eher gelassen, denn er kennt seine Jungs und spricht im vollen Bewusstsein des damaligen Zeitgeistes. »Sie sind keine pingeligen Esser«, sagt er, »wie die meisten Männer essen sie alles, was man ihnen vorsetzt.«

Dennoch schreiten die Bemühungen zur Verbesserung unermüdlich voran. Immerhin gibt es bereits einmal pro Tag warmes Essen (also mit Heißwasser aufgequollen). Nur beim Brot an Bord hat bis dahin noch Zurückhaltung geherrscht, besser gesagt: ein Totalverbot. Was damit begründet wurde, dass es durch den Kontakt mit der extrem mit Sauerstoff geladenen Atmosphäre im Raumschiff rasch schal und abgestanden schmecke. Mehr aber noch wegen der Textur von Brot. In übelster Erinnerung sind da noch jene aufsehenerregenden Erfahrungen, die man zwei Jahre zuvor machen musste. Bei der Gemini-3-Mission. Da hatte Commander John Young, erst Pilot der US-Luftwaffe, später Pilot der *Apollo 10,* unbemerkt ein Corned Beef Sandwich an Bord geschmuggelt. Als er es in seinem Zwei-Mann-Raumschiff bereitwillig mit Kollege Gus Grissom teilen wollte, löste sich das gute Stück in seine Bestandteile auf und alles, mitunter kleinste Brösel, segelte zum Entsetzen sowohl der Astronauten als auch des Bodenpersonals an den Bildschirmen quer durch die Raumkapsel.

Nun aber ist auch das gelöst. »Wenn man Brot«, so Dr. Smith weiter, »zuerst mit Stickstoff behandelt, bleibt es im All zwei Wochen lang frisch und fest.« Und: »Ein guter Vorrat an Vollweizen- oder Roggenbrot auf dem Weg zum Mond harmoniert wunderbar mit Thunfischsalat oder Hühneraufstrich.«

Wie es geendet hat, wissen wir: Nach dem Meilenstein, sicher auf dem Mond gelandet zu sein, treffen Armstrong, Aldrin und Collins alle Vorbereitungen für den Rückflug zum in der Umlaufbahn kreisenden Raumschiff. Und sie verzehren wie vorgesehen ihre Schinkenriegel. Mit Zuckererbsen. Pfirsichen. Und Getränken. Der Rest ist, wie man so schön sagt, Geschichte.

Eines noch: Dieses Kapitel ist das einzige des Buches, bei dem ich lange überlegt habe, ob es wirklich Sinn macht, das Original zu präsentieren, den echten *Mondschinkenriegel*. Abgesehen davon, dass die NASA mit den Originalzutaten ohnedies nicht so ohne weiteres herausrückt, ist der Riegel vor allem eines: wenig schmackhaft, kein Augenschmaus und obendrein für den durchschnittlichen Haushalt nicht zu bewerkstelligen. Allein schon, weil die sündhaft teure Ausrüstung dafür fehlt (obwohl es heute ja schon beste Dörrmaschinen und dergleichen gibt). Doch seien Sie versichert: Damit wären Sie nicht einmal ansatzweise am Ziel.

Außerdem: Haben Sie nicht auch schon erlebt, dass man an einem fernen Ort eine absolut unvergleichliche Köstlichkeit verzehrt, dieselbe Speise jedoch zuhause, eins zu eins nachempfunden, nur noch halb so gut schmeckt? Weil die Erinnerung einem oftmals einen Streich spielt. Oder weil es schlichtweg des Ambiente bedarf, der Verknüpfung mit der originalen Umgebung, um den gewünschten Effekt zu erzielen.

Deshalb soll und wird der originale Geschmack Buzz Aldrin und Michael Collins exklusiv als Gaumenerinnerung vorbehalten bleiben (Neil Armstrong ist ja schon verstorben). Stattdessen habe ich mir auf Basis aller bekannten Daten erlaubt, zu dem Weltraum-Original eine irdische, in ihrem Geschmack jedoch wahrhaft himmlische Variante des Schinkenriegels mit Zuckererbsen und Pfirsichen für Sie zu kreieren.

Hier ist sie:

PS: Für den Einsatz im Weltraum müssen Sie sich diese herrlichen Sandwiches nun in leicht veränderter Form vorstellen. Wer beim Nachkochen auch hier auf größtmögliche Authentizität Wert legt und obendrein einen Dehydrator, sprich: eine Dörrmaschine sowie ein Vakuumiergerät sein Eigen nennt ... bitteschön. Die NASA jedenfalls entzog den Bacon Bars für Armstrong und Co. 90 Prozent der Flüssigkeit, bis sie zu kleinen, hochkompakten Würfeln geschrumpft waren. Sie wurden luftdicht eingeschweißt und konnten – über ein Ventil – vor dem Verzehr mit heißem Wasser angereichert und so wieder genießbar gemacht werden.

Schinkenriegel mit Pfirsichen und Zuckerschoten

Zutaten für 4 Personen:

Für den Schinkenriegel:

8 Scheiben Sandwich- oder Toastbrot (groß)

16 Scheiben eines guten Kochschinkens (zum Beispiel Beinschinken) oder alternativ Schinkenspeck

4 EL Basilikum, frisch gehackt

4 reife Pfirsiche, geschält und in Spalten geschnitten

1 Tasse Mayonnaise (Rezept siehe unten)

1 Tasse frischer Rucola

1 Tasse Zuckerschoten (Zubereitung siehe unten)

Für die (klassische) Mayonnaise:

3 sehr frische Eigelbe

1 TL Dijon Senf

¼ l Sonnenblumen- oder Diestelöl

1 EL weißer Balsamico-Essig

Unbehandeltes Salz, Pfeffer aus der Mühle

Zitronensaft

Mayonnaise und Basilikum in einer Schüssel verrühren und beiseitestellen.

Brot im Toaster goldbraun toasten (oder im Backrohr unter einmaligem Wenden).

Nun das getoastete Brot auf einer Servierplatte auflegen und großzügig und flächig mit der Basilikum-Mayonnaise bestreichen. Jede zweite Scheibe mit Pfirsichspalten belegen, Rucola und Zuckerschoten obenauf legen – und zuoberst je 4 Scheiben Schinken sowie den Brotdeckel. Sofort servieren.

Eine Mayonnaise herzustellen dauert gerade mal 10 Minuten. Beginnen Sie mit den Eigelben und rühren Sie sie in einer Schüssel mit dem Senf cremig.

Nun das Öl in ganz dünnem Strahl einlaufen lassen, dabei ständig mit dem Schneebesen oder den Quirlen des Handrührgeräts weiter rühren.

Ist etwa die Hälfte des Öls eingerührt, unter weiterem Rühren den weißen Balsamico ganz langsam zugeben. Dann die zweite Hälfte des Öls in dünnem Strahl einrühren.

Die Konsistenz der Mayonnaise soll zugleich steif und cremig sein. Dann ist sie perfekt. Nun mit Salz, Pfeffer und tropfenweise Zitronensaft abschmecken.

Diese Basis-Mayonnaise lässt sich nach Herzenslust mit Kräutern und so weiter verfeinern und hält im Kühlschrank bis zu 14 Tage.

Wichtig ist bei der Zubereitung vor allem zweierlei: Alle Zutaten sollten bei der Verarbeitung dieselbe Temperatur haben – nämlich Zimmertemperatur. Und: Rühren Sie das Öl immer nur in kleinen Portionen ins Eigelb.

Für die Zuckerschoten:

1 Tasse Zuckerschoten, frisches Salzwasser

Alternativ: Knoblauchöl

Jung geerntet sind Zuckerschoten – also die »Schalen« und die Erbsen als eigentliche Frucht – eine wunderbare, saftig-knackige und im Ganzen genießbare Köstlichkeit. Vor der Zubereitung (nachdem Sie die Schoten gründlich gewaschen haben) sollten Sie allerdings die feinen Fäden an der Seite entfernen – sie sind schwierig zu kauen.

Danach die Zuckerschoten für 2–3 Minuten in kochendes Salzwasser geben – und fertig.

Oder: Sie braten die Schoten zusätzlich an, schwenken sie nach dem Kochen für max. 1 Minute in Knoblauchöl (oder zum Beispiel auch Chili).

1971

Schah Reza Pahlavi. Das opulenteste Essen der Weltgeschichte anlässlich des 2.500-jährigen Bestehens Persiens.

Lammrücken in der persischen Wüste

Wer die Gastronomie zur beruflichen Heimat erklärt, kommt durch die Welt. Viele Kategorien hat so ein Wanderleben. Mal spannend und bereichernd, mal knallhart und ernüchternd. Alles ist möglich. Und dann gibt es eine nur wenigen vorbehaltene Rubrik des Erlebens, die salopp so heißt: unpackbar. Unpackbar gigantisch. Unpackbar absurd. An der Spitze steht da ein Fest des Schahs von Persien, das er zur 2.500-Jahr-Feier der Iranischen Monarchie in der Ruinenstadt Persepolis gab. Für 69 gekrönte Staatsgäste. Ein kochendes Brüderpaar aus Liechtenstein war in leitender Funktion dabei. Staunen Sie mit mir, was 1971 alles möglich war – zwischen gröbstem Größenwahn und feinster Kulinarik.

Als Felix Real der Ruf in die Wüste ereilt, ist er 52 und jetzt schon so etwas wie eine Legende. Nicht bloß in seiner Heimatstadt Vaduz. Sogar im Maxim's in Paris, dem lange Zeit besten Restaurant der Welt, hat er gejobbt. Als Koch der Extraklasse. Felix' jüngerer Bruder Emil (41) steht ihm um nichts nach. Auch er war Jahre im Maxim's und ist wie Felix nachhause zurückgekehrt, um gastronomisch Großes auf die Beine zu stellen. Alles glauben die beiden erlebt zu haben. Doch genau dann kommt es dicker, als man es je für möglich gehalten hätte.

Es ist Mitte Oktober 1971, und die Brüder stehen am Eingang einer gigantischen Kulisse auf einer wüstenähnlichen Hochebene. Es ist ein geschichtsträchtiger Ort mit jahrtausendealten Palästen und Säulentoren und dem Grab des legendären Perserkönigs Kyros II. (Persepolis, gegründet um 520 v. Chr., war einst die Residenzstadt.) Dennoch ist das meiste, was sie vor Augen haben, brandneu. Wie Bühnenbilder, die einem James-Bond-Film alle Ehre machen würden. Bloß dass hier nichts von ein paar Arbeitern so einfach von A nach B verschoben werden kann.

Brandnew unter anderem in Rekordzeit in den Wüstensand gestampft: die letzten 80 Autobahnkilometer hierher (hier, das ist fast 900 Kilometer südlich von Teheran). Ein Flughafen. Eine riesige Oase, binnen Jahresfrist fixfertig bestückt mit Wäldern, Blumenbeeten, Springbrunnen. Vor ihnen, gleich neben den ehrwürdigen Ruinen, das Herzstück dieser Inszenierung: eine sternförmige Zeltstadt ungeahnten Ausmaßes. 50 Wohnzelte allein für die 69 geladenen Staatsoberhäupter (mit oder ohne Kronen) aus aller Welt. Die Zelte säumen fünf Avenues, die auf eine zentrale, riesenhafte Wasserfontäne zulaufen.

Das Wort *Zelt* trifft es aber nur an der Oberfläche. Unter den auf Rohrgerippen aufgezogenen Planen (Seidenbahnen, 37 Kilometer lang) herrscht mobiler Wohnluxus der Extraklasse. Vorgefertigte Appartements mit mehreren Schlafzimmern und Bädern, eigenen Büros. An den Decken Kronleuchter aus Baccarat-Kristall, das Porzellan kommt aus Limoges. All das und vieles mehr sind die Gedankenspiele eines Innenausstatters, der sich schon bei Jackie Kennedys Umbau des Weißen Hauses bewährt hat. In jedem Zelt zu finden ist auch ein prachtvoller, handgeknüpfter Wandteppich mit dem eingewobenen Konterfei eines Staatspräsidenten (je nachdem, woher der Besuch stammt). Ein Gastgeschenk von Schah Pahlavi. Erstaunlich ist auch das 68 Meter lange, kugelsichere Hauptzelt mit seiner Festtafel. Sie ähnelt einer gewundenen Anakonda. Das gestickte Tischtuch, weiß das Magazin *Paris Match*, soll die Arbeit eines halben Jahres von 125 Näherinnen sein. Ebenso bemerkenswert ist der Extrabunker für die millionenschweren Klunker der angereisten Damen. (Schließlich muss man für jeden Gang während der drei Tage neuen Schmuck anlegen. Und eine neue Robe.) Und, irgendwo inmitten des Prunks, zwitschern 50.000 (!) aus Europa eingeflogene Singvögel. Beim Gedanken an die Tiere schwant Felix und Emil Übles. Kann die ungewohnte, trockene Hitze (was nur drei Tage später geschehen würde) die Piepmatze nicht allesamt umbringen?

Was sollen sie bloß davon halten?

Sie wissen es nicht so recht. Ähnlich ergeht es den mehr als 160 Köchen, Kellnern und Sommeliers, die unter ihnen arbeiten, weil Louis Vaudable, der Besitzer des Maxim's, sich der Brüder erinnerte, als er die Anfrage aus Persien erhielt, und zum Telefon griff. Eine internationale Brigade sollen sie befehligen. Für ein Fest der Superlative, das Mohammad Reza Pahlavi gibt. Zum Zeichen seiner Allmacht wie auch Annäherung an den Westen. Einerseits, sagen sich Felix und Emil, ist da der Reiz, die berufliche Herausforderung. Sie ist enorm. Der dahinter stehende Wahn eines einzigen Menschen ist es allerdings auch.

Hochadel und Politik stellen solche Überlegungen kaum an. Sie stört es nicht, dass der iranische Geheimdienst *SAVAK* vorab tausende Menschen verhaftet hat (wegen angeblicher Attentatspläne). Auch nicht, dass sie sich seit Jahren mit dem Schah mit jemand ins Bett legen, der zunehmend zum Problem wird. Sie selbst haben ihn zu dem gemacht, was er ist: ein größenwahnsinniger Despot, Herr über einen Polizeistaat mit Spitzelwesen und

Folter und über ein Volk in großer Armut. Zugleich aber ist Pahlavi ein strategisch wichtiger Monarch. Gegen die Sowjets und als Stabilisator in der Golfregion. Eine Marionette des Westens. Aber … ein wenig unheimlich ist er ihnen schon auch. Wie der Besen dem Zauberlehrling. Ja, die Geister, die sie riefen, werden sie nun tatsächlich nicht mehr los.

Also kommen sie, wenn er schon einlädt und sich als Nachfolger des großen Königs Kyros II. inszeniert. Immerhin verspricht es eine perfekte Show zu werden. Und der Blick auf die Speisekarte gibt den hohen Gästen letzten Endes recht. Allein das Festbankett vom 14. Oktober mit seinen erlesenen Feinheiten hat es in sich (das viele Nebenher am Büffet gar nicht eingerechnet):

Oeufs de Cailles aux Perles (Wachteleier auf Perlen)
Mousse de Queues d'Écrevisses (Mousse von Flusskrebsen)
Selle d'agneau des grands plateaux farcie et rôtie dans son jus (Rücken vom Lamm, geschmort im eigenen Saft mit Spargel, gefüllt mit Champignons – dazu gleich das Rezept)
Sorbet au Vieux Champagne (Sorbet vom alten Champagner)
Paon à l´Imperiale (Pfau auf herrschaftliche Art)
Turban de Figues (Feigenturban)
Café Mokka (Orientalischer Kaffee)

Felix und Emil blicken hinüber zu einem der Grabmäler. Morgen, wissen sie, steht ein anderes, ganz besonderes Grabmal im Mittelpunkt. Jenes von König Kyros II. im 80 Kilometer entfernten Pasargadae, wo der Scheich eine pathetische Rede halten wird. Hier jedoch, in Persepolis, werden heute schon Hundertschaften von Soldaten vor der antiken Kulisse defilieren. In historischen, leuchtend bunten Kostümen. Für 600 Gäste, die Entourage eingerechnet (allein die Anreise von Ägyptens Kaiser Haile Selassie mit 75 Untertanen gleicht dem Betriebsausflug eines mittelständischen Betriebes).

Morgen? Morgen ist weit weg. Lieber denken die Brüder an den Job. Besinnen sich darauf, was hier zuletzt angekarrt worden ist, was nun auf die Verarbeitung wartet. Sie selbst haben es nicht gewogen, aber 18 Tonnen Lebensmittel sollen es sein. Mehr als zweieinhalb Tonnen Rind, Lamm und Schwein. Halb so viel Wild und Geflügel. Vier Tonnen Käse und Butter. 25.000 Flaschen Wein und Champagner (vier Wochen vor dem Fest angeliefert, gelagert in einem eigens erbauten Keller und qualitativ nicht unter einem Château Lafite-Rothschild, 1945, Magnum. Der Champagner für das Sorbet ist überhaupt gleich sechzig (!) Jahre alt, tief rosafarben, doch kein bisschen verdorben, im Gegenteil.). Und so weiter und so fort.

Erst heute Morgen haben sie wieder tonnenschwere Eisblöcke gebracht, erst per Flugzeug, dann per Lkw. Nicht bloß der viele Wein will gekühlt sein. Das Meiste, nein, fast alles ist (zum Entsetzen der Bevölkerung, der dies nicht verborgen bleibt) aus dem fernen Paris importiert. Sogar die Petersilie. Wie auch die Blumen, obwohl Schiras, die iranische Stadt der weltweit schönsten Rosen, so nah ist. Einzig die Dutzende Kilo Kaviar, weiß Felix, stammen definitiv von hier, aus dem Iran.

Als die Gäste dann alle aus ihren Privatjets gestiegen und in ihren Zelten untergebracht sind, geht das ungehemmte Feiern los. Anfangs feiern die zuhause Gebliebenen aus der Ferne mit. Viele Medien bejubeln die größte Party aller Zeiten, verschweigen nobel, dass die Menschen im Land oftmals bei Dattelkernen und Stroh darben. Kultregisseur Orson Welles meint, dies sei nicht die Party des Jahres, sondern gleich die Feier von 25 Jahrhunderten.

Doch dann erhebt Ruhollah Chomeini (der spätere Ajatollah und, wie wir heute wissen, auch kein Heiliger, indem er die Iraner nach dem Sturz des Schahs 1978 mit, kaum vorstellbar, noch üblerer Unterdrückung in seinem ausgerufenen Gottesstaat knechtet) aus dem Exil die Stimme. *Verrat am Volk!*, brüllt Chomeini. Über das Fest des Schahs sagt er: »Ein Festival des Teufels!«

Plötzlich wird die Stimmung kippen. Plötzlich werden die Kosten ein Thema (*The Times Magazine* schreibt von 100 Millionen Dollar, der Boulevard erhöht zur Sicherheit auf 300). Plötzlich wird man wieder wissen, dass es ebendieser Schah Mohammad Reza Pahlavi gewesen ist, der einst 1967 durch seinen Besuch in Deutschland schwerste Unruhen ausgelöst hat, Mitauslöser der Studentenproteste der 68er-Bewegung mit der Ermordung des Demonstranten Benno Ohnesorg durch einen Berliner Polizisten und anderen schrecklichen Höhepunkten der Gewalt.

Doch zurück nach Persepolis. Zurück in die Zeltstadt. Hier ist von solchen Vorbehalten (oder drohenden Nachwehen) nichts zu spüren. Hier hält Prinz Michael von Griechenland für die Nachwelt fest, wie *märchenhaft* alles ist. Hier vertreten sie sich zur Verdauung zwischen den Ruinen die Beine: Spaniens Juan Carlos Seite an Seite mit dem Prince of Wales, Deutschlands Bundestagspräsident Kai-Uwe von Hassel mit Österreichs Präsident Franz Jonas. Daneben die Ceauşescus aus Rumänien sowie Ferdinand und Imelda Marcos von den Philippinen. Staatschefs oder Vizes aus Indien, Pakistan, Ungarn, Korea und der Schweiz.

Ebenso der Vizepräsident der USA wie auch jene Frankreichs oder Polens. Und natürlich all die Könige und Königinnen, Fürsten und Fürstinnen, Scheichs, Herzoge. Von Norwegen bis Jordanien. Von Japan bis Nepal. Ja, selbst Kardinal Fürstenberg, Sondergesandter des Papstes, ist hier. Abgesagt und Vertreter geschickt haben, sehr zum Unmut des Gastgebers, lediglich vier, allen voran Queen Elisabeth II.

Nach drei Tagen anhaltender Völlerei kann keiner mehr einen Piep tun. Schon gar nicht Jugoslawiens Diktator Tito, da er, wie Emil Real zu berichten weiß, schon am Vortag des großen Banketts einen ganzen Truthahn verdrückt hat. Haile Selassie ergeht es ähnlich (immerhin eine ganze Ente). Links und rechts auf Stützen angewiesen ist auch Russlands Präsident Nikolai Podgorny, er jedoch, weil er stundenlang Whisky gebechert hat (anstelle des wohlvertrauten Wodkas).

Die einzige echte Panne bleibt bei so viel Kulinarik auf höchstem Niveau unbemerkt. Dass es nämlich gar kein Mokka ist, der nach dem Dessert gereicht wird. Weil es nur eine (!) Maschine gibt und die bloß zwei Tassen Kaffee auf einmal schafft. Und das bei 600 Gästen. Felix Real greift zu Trick 17, holt seine vorsorglich aus Vaduz importierten zwanzig Kilo Nescafé. Instantware also. »Wir haben ihn in einem großen Kippkessel angerührt.« Bemerkt, so Felix Real, habe den Unterschied niemand. Wie auch nicht, dass der Cognac des Jahrgangs 1860 längst zur Neige gegangen und durch Courvoisier ersetzt worden ist.

Drei Viertel aller Köstlichkeiten gehen am Ende zurück in die Küche. Zahlreiches Personal berichtet hinterher, nachzulesen etwa im Schweizer Magazin *Alimentarium*, was man nur noch zum Teil habe verhindern können: »Soldaten begannen«, so Kellner Oswald Toutsch, »ganze Kartons voller Wein in die Abfallcontainer zu leeren.« Andere hätten sich den Inhalt frisch angebrochener Magnumflaschen über die Glatzen geleert, ohne wenigstens einen Schluck der edlen Tropfen zu trinken.

Von da an gilt beim Personal die Parole: Retten, was zu retten ist! Und so wissen am Ende jene, die tagelang hart geschuftet haben, die Delikatessen dieser Party am allermeisten zu schätzen, lassen sich genussvoll auf der Zunge zergehen, was für andere kaum von Wert ist. Eine dieser Besonderheiten habe ich für Sie zuhause nachgekocht:

Selle d'agneau des grands plateaux farcie et rôtie dans son jus.

Lammrücken, gefüllt und im eigenen Saft geschmort.

Lammrücken, gefüllt und im eigenen Saft geschmort

Zutaten für 6 Personen:

½ Lammrücken (ausgelöst, ca. 600 g)
100 g Blattspinat, frisch
40 g Erdnüsse, geröstet
1 Ei
5 cl Weißwein, trocken
1 Zweig Thymian
1 Knoblauchzehe
2 Stängel Basilikum
2 EL Olivenöl
20 g Butter
Unbehandeltes Salz, Pfeffer aus der Mühle

Blattspinat waschen und gut abtropfen lassen. In einem Kochtopf mit zerlassener Butter auf heißer Flamme anschwitzen. Mit dem Messer in grobe Stücke schneiden. Basilikum fein hacken. Die Erdnüsse grob hacken und in der Pfanne 2 Minuten anrösten.

In einer Schüssel Basilikum, Blattspinat, Nüsse und Ei vermischen, salzen, pfeffern und die Farce beiseitestellen. Backofen auf 180 °C vorheizen.

Den Lammrücken auf der Arbeitsplatte auslegen und auf der Innenseite salzen und pfeffern. Den Thymian aufs Fleisch zupfen, dann das Lamm mit der Farce gleichmäßig bestreichen, kraftvoll einrollen und mit Küchengarn binden. Abermals, jetzt auf der Außenseite, salzen und pfeffern.

1 EL Olivenöl in einer Kasserolle erhitzen und das Lamm ca. 6 Minuten rundum anbraten, sodass es schön braun wird. Den Knoblauch hinzugeben und für 8 Minuten sanft brutzeln lassen, dann zudecken und weitere 8 Minuten braten. Danach das Fleisch 5 Minuten, mit Alufolie bedeckt, auf einem Holzbrett ruhen lassen.

Die Kasserolle entfetten, auf die heiße Platte stellen, den Wein reingießen und größtenteils verdunsten lassen. Etwas Wasser (5 cl) dazugeben und 5 Minuten köcheln lassen. Den Sud mit dem restlichen Olivenöl versetzen, sodass er eine perlende Struktur erhält.

Den Lammrücken aufschneiden und mit dem Bratensaft in einer Sauciere servieren.

1979

Rainbow Warrior. Das Mahl an Bord des
Greenpeace-Schiffes bei dessen erster Mission.

Gnocchi für die Krieger des Regenbogens

Auf die Frage, was mir das Herz sonst noch erwärmt, neben Kochen und gesunder Ernährung, neben dem maßvollen Umgang mit Ressourcen, würde ich spontan dieses Wort rufen: Greenpeace. Weil mir die Idee aus der Seele spricht. Eine der Ikonen des globalen Umweltschutzes, eine Kämpferin der ersten Stunde, ist Susi Newborn. Die Story, die sie mir erzählt hat, ist so atemberaubend wie mystisch. Atemberaubend, weil sie vom Kampf gegen den Walfang und Gnocchi-Kochen bei meterhohem Seegang erzählt. Und mystisch, weil eine alte Legende um einen Regenbogen darin wahr wird. Verwirrt? Dann lesen Sie diese Geschichte.

Haben Sie jemals versucht, nach dem Genuss von, sagen wir mal eineinhalb, nein: besser zweieinhalb Flaschen Rotwein Kartoffeln zu kochen, sie zu schälen, zu zermatschen, die Masse mit Mehl zu vermengen, Eier beizugeben und einen Teig zu kneten? Ohne dass Sie mit dem Schäler anstelle der Kartoffeln Ihre Finger pellen? Ohne dass Sie sich beim Abseihen verbrühen? Oder eine Lage Eier zerdeppern und das Mehl in alle Winde verstreuen? Weil Sie ständig das Gefühl haben, Ihnen läuft die Küche davon. Oder die Arbeitsplatte duckt sich im einen Moment von Ihnen weg, um Sie im nächsten frontal anzuspringen?

Kurzum: Haben Sie jemals versucht, bei dieser Art von Seegang Gnocchi für mehr als dreißig ausgehungerte Menschen zu machen? Ich kann Ihnen aus eigener Erfahrung sagen: Das ist ein echtes Abenteuer.

Nein, keine Sorge, ich möchte Sie nicht zu einem so absurden wie gefährlichen Experiment verleiten. Ich versuche bloß, die Ausgangslage in einem Gedankenspiel zu simulieren. Jene Lage in der Susi Newborn, Mitgründerin von Greenpeace, sich an einem Junitag im Jahr 1978 befand. Sie hatte nämlich genau diese Aufgabe: Gnocchi für 32 Menschen zu kochen, während ein nordatlantischer Sturm über ihren Köpfen tobt und meterhohe Wellen erzeugt mit seinen

hundert Stundenkilometern (auf See also zehn Beaufort). Ohne zweieinhalb Flaschen Rotwein im Blut. Aber alles schön von vorne, weshalb wir mit einem von Rost arg zernagten Schiff beginnen wollen. Einem so genannten *Trawler*, einem Schleppnetz-Kutter für die Hochseefischerei in der Nordsee. Gebaut im schottischen Aberdeen, hat er zuletzt dem Fischereiministerium zu Forschungszwecken gedient und liegt nun nach insgesamt 23 Dienstjahren angeschlagen in einer Werft in London. Hier sieht der Dreimaster mit Namen *Sir William Hardy*, benannt nach dem Archivar und Experten für Küstenfischerei, William Hardy, eher einem Ende auf dem Schiffsfriedhof entgegen als noch einmal so richtig stürmischen Zeiten.

Greenpeace ist da gerade mal sieben Jahre alt, hervorgegangen aus kanadischen und US-amerikanischen Atomkraftgegnern und Pazifisten. Erste Protestaktionen mit einem Charterboot gegen serienweise Atomtests der Franzosen im Pazifik-Atoll Mururoa haben von sich reden gemacht. Doch nun wollen die Gründer der Organisation um Bob Hunter beginnen, größere Brötchen zu backen. Sofern es die bescheidenen Mittel erlauben. Ein eigenes Schiff soll her.

Hier kommt der alte Nordsee-Trawler *Sir William Hardy* ins Spiel. Als die Wahl auf ihn gefallen ist, beginnen Susi Newborn und Mitstreiterin Denise Bell unermüdlich Geld zu sammeln und stellen wenigstens 10 Prozent des Kaufpreises auf. Das Projekt kann beginnen.

Jetzt ist es Zeit für die Legende. Bob Hunter ist auf sie gestoßen. Eine Geschichte, die auf die Hopi zurückgeht, die westlichste Gruppe der indigenen Völker Amerikas, das Pueblo-Volk im Nordosten des US-Bundesstaates Arizona. Darin erzählt eine Feuerauge genannte Alte vom Stamm der Cree von der ewigen Gier des weißen Mannes, und sie spricht folgende Prophezeiung aus:

»*Wenn die Erde krank ist und die wilden Tiere sterben, wird ein neuer Stamm von Menschen erscheinen. Dieser Stamm wird mit ganzer Kraft und Energie mit seinen Taten die Erde wieder natürlich und grün machen. Er wird als Stamm der Regenbogenkrieger bekannt sein.*«

Jetzt können Sie natürlich sagen: Puuh, das stinkt geradezu nach Legendenbildung und so weiter. Doch genau das ist das Wunderbare und Einzigartige an dieser Geschichte. Sie hat alles, was Legenden so brauchen, und ist doch nichts als reine Wahrheit. Weil die schönsten Geschichten oft überhaupt erst durch das Zusammenfallen von Unglaublichkeiten entstehen, hier bezeugt von einer Vielzahl Menschen, die allesamt über jeden Zweifel erhaben sind. Sie werden gleich sehen.

Bob Hunter erinnert sich also an die Hopi-Legende. Er schlägt vor, das erste Schiff von Greenpeace genau so zu benennen. Krieger des Regenbogens. *Rainbow Warrior*. Dieses Schiff, 44 Meter lang und bei Rückenwind und Heimweh gerade mal 12 Knoten schnell, soll Mittel zum Zweck sein. Mit ihr soll die direkte, doch immer gewaltfreie Konfrontation mit dem Übel dieser Welt gesucht werden, heraufbeschworen durch Konzerne oder Re-

gierungen: Atomtests, das Abschlachten von Robbenbabys, die Verschmutzung der Weltmeere durch Öltanker, oder, wie im Fall der Jungfernfahrt der *Rainbow Warrior*, der Kampf gegen isländische Walfänger im Nordatlantik.

Der Auftakt einer bewegten Geschichte. Wie wir heute wissen, wird die *Rainbow Warrior* sieben Jahre lang die Weltmeere durchkreuzen. Sie wird großartige Erfolge einfahren und doch ein tragisches Ende nehmen. Weil der französische Geheimdienst 1985 im Hafen von Auckland das Schiff mit Haftminen in die Luft sprengt und der brasilianische Fotograf Fernando Pereira dabei ums Leben kommt. Die Attentäter (ein Mann und eine Frau) werden nicht zur Verantwortung gezogen. Frankreichs Präsident François Mitterrand (von Anfang an voll informiert über die geplante Versenkung) presst die beiden frei, indem er mit einem Importverbot von Butter und Lammfleisch aus Neuseeland droht.

Doch bleiben wir bei den Anfängen: Monatelanges Schuften ist angesagt, um den alten Kutter wieder seetauglich zu machen. Allein 25 Tonnen Fischereigerätschaft müssen abgebaut, Navigations- und Funkgeräte eingebaut werden. Dazu das Abkratzen der Unmengen von Rost und alter Farbe, das Lackieren, das Umbauen des vormaligen Labors zu Kabinen für die Crew. Und die steht auch bald fest, acht Männer und drei Frauen aus zehn Nationen: Alan Thornton, David McTaggart, Chris Robinson, Tony Mariner, Ken Ballard, Jean Deloffre, Jon Castle, Nick Hill sowie Sallie Austin und die beiden Fundraiserinnen, Denise Belle und Susi Newborn.

Ende April kann es losgehen. Mit geblähten Segeln gleitet die *Rainbow Warrior* unter der Tower Bridge Londons hindurch, nimmt über den Ärmelkanal Kurs nach Norden, auf die 420 Seemeilen (circa 680 Kilometer) entfernten Shetlandinseln. Sie gehören als eine von 32 Council Areas zu Schottland, und irgendwo dort, zwischen ihren Küsten und jenen Islands (weitere 620 Seemeilen), treiben Walfänger ihr blutiges Geschäft, schlachten in Massen die vom Aussterben bedrohten Finnwale ab. Ebenso Sei- und Pottwale. Das zu stoppen und zugleich einen Aufschrei der Weltöffentlichkeit zu provozieren, ist das erklärte Ziel.

»Wir waren bereits wochenlang unterwegs«, erzählt Susi Newborn. »Und mit jedem Tag an Bord wurde die Stimmung schlechter.« Kein Wunder, denn von der Walfangflotte ist weit und breit nichts zu sehen. Das Wetter ist miserabel, Wellengang, anhaltende Übelkeit und Erschöpfung verlangen den Aktivisten vieles ab. Dazu die damals noch sehr begrenzten Mittel der Kommunikation an Bord. So etwas wie ein Faxgerät gibt es nicht. Fotos, die sie von den illegalen Praktiken der Jäger zu schießen hoffen, würden danach ewig unterwegs sein. Nach Paris oder London. Bis sie Bescheid wüssten, was sie erreicht hätten oder auch nicht, würden abermals Wochen verstreichen. Außerdem geht das Geld langsam, aber sicher zur Neige.

Sechs knochenharte Wochen sind in diesem Zustand permanenter Anspannung auf engstem Raum vergangen. Wie geht es weiter? Und so fällt eines Abends die Entscheidung, die irgendwann fallen muss: »Wir versuchen es noch bis morgen, 18 Uhr. Wenn bis dahin nichts in Sicht ist, kehren wir um.«

Genau da erhält die Geschichte diesen gewissen Dreh. Genau da kommt es zu diesem wunderbaren Treffen von Legende und Wirklichkeit. Denn am Folgetag, ziemlich genau zu jener Zeit, wo das Signal zum Abbruch gegeben werden soll, ist an Deck ein aufgeregter Schrei zu hören. Dann ein zweiter. Dritter. Ein Regenbogen hat sich über den Horizont gespannt. Und: Inmitten der schillernden Farben ist ein Punkt auszumachen, verdächtig schwarz und bestimmt nicht Teil dieses Naturschauspiels.

Als die *Rainbow Warrior* darauf zuhält, ist rasch klar: Sie haben sie gefunden. Adrenalin schießt in ihre Körper. Als sie die Flotte einholen, werden jene Bilder geschossen, die später um die Welt gehen: Waghalsige Menschen, die sich mit ihren Schlauchbooten in die Schusslinie zwischen Wale und Fänger werfen, wieder und wieder das Harpunieren der Tiere verhindern.

Zwanzig Tage lang blockiert Greenpeace das schändliche Treiben. Inzwischen sind zahlreiche Journalisten an Bord, die Gesamtzahl hungriger Mäuler ist auf 32 angewachsen. Kein leichtes Unterfangen für die Stammköchin an Bord, Hilari Anderson, denn schon nach wenigen Wochen sind die frischen Zutaten aufgebraucht. Übriggeblieben sind lediglich Dosen und getrocknete Lebensmittel. Und zur Abwechslung mal ein paar Zwiebeln und Kartoffeln.

Noch dazu ist die *Rainbow Warrior* als vegetarisches Schiff ausgelaufen. Ein Umstand, der nicht allen behagt, sodass ein paar Techniker beim Auslaufen zur Selbsthilfe gegriffen und

Dosen Corned Beef an Bord geschmuggelt haben, um sie heimlich in ihren Kabinen zu verzehren.

Die Versorgungslage ist also nicht besonders rosig. Als Köchin Hilari eines Tages nicht an Bord ist, liegt es an Susi Newborn einzuspringen. Und da hat sie die zündende Idee: »Fragt mich nicht warum, aber mir war auf einmal nach Gnocchi. Die Zutaten hatte ich alle, und das Rezept meiner Mutter war mir auch geläufig, aus meiner Kindheit in Italien. Ich liebte die Herausforderung. Andererseits ist es so schon nicht leicht, wirklich gute Gnocchi zu machen. Und bei einem Höllensturm wie an diesem Tag zweimal nicht.«

Susi zur Seite (um die riesigen, schweren Töpfe mit kochendem Wasser zu handeln oder Teile der 16 Kilo Kartoffeln zu schälen) schlingert Pete quer durch die Kombüse. Pete Bouquet. Auch seine Geschichte ist eine Erwähnung wert. Denn Pete ist zu diesem Zeitpunkt bereits Kapitän wider Willen an Bord der *Rainbow Warrior*, während er mit Susi dafür kämpft, das Projekt Gnocchi nicht zur verlorenen Schlacht verkommen zu lassen.

Pete ist Teil jener Mannschaft, die Greenpeace damals angeheuert hat, um überhaupt in den Nordatlantik zu gelangen (eigene Seeleute und Hochseepatente hatten die Umweltschützer da noch keine). Wenige Tage vor der Entdeckung der Walfänger hatte Pete ein Gespräch mit Nick, dem Kapitän der *Rainbow Warrior*.

»Ich gehe morgen von Bord«, sagte der Kapitän.

»Und wer kommt dann?«, fragte Pete. »Ich meine, wer ist dein Nachfolger?«

»Ich vermute mal, du.«

Von da an ist Pete der Kapitän. Seine Stunde null als Mitarbeiter von Greenpeace. Und so schwankt er nun mit Susi Newborn auf und ab, trotzt mit ihr dem stürmischen, doch weitgehend alkoholfreien Wellengang. Er stampft mit ihr Kartoffeln, hilft beim Sieben von vier Kilogramm Mehl, der Beigabe von acht Eiern. Gemeinsam kneten sie Teigbälle, formen schmale Würste, schneiden sie zu. Was das Zeug hält. Und so nebenher kocht Susi auch noch einen Riesentopf Tomatensauce.

Dann schleppen sie ihr Werk in den Speisesaal und sehen dreißig gierige Augenpaare auf sich gerichtet. Darin abzulesen die Freude über den Triumph von Greenpeace über die isländischen Walfänger, doch in diesem speziellen Augenblick noch mehr darüber, dass Susi Newborn in die Runde ruft:

»Wer mag frische Gnocchi?«

Gnocchi mit Tomatensauce

Nach Susi Newborn, Greenpeace-Besatzungsmitglied auf der Rainbow Warrior 1978.

Für die Gnocchi (vom Original auf 4 Personen heruntergerechnet):

2 kg mehlige Kartoffeln
2 Tassen Mehl (ca. ½ kg)
1 Ei

Hier Susi Newborns Angaben im Wortlaut:

Ich holte einen Sack voll Kartoffeln aus dem Lagerraum und schälte 16 kg davon.

Danach schlug ich 8 Eier auf und begann, 4 kg Mehl zu sieben.

Zum Glück war die *Rainbow Warrior* mit großen Kochtöpfen ausgestattet, um die Kartoffeln zu kochen, bis sie gar, aber immer noch bissfest waren. Der damalige Skipper, Pete Bouquet, musste mir helfen, das Wasser abzugießen und die noch heißen Kartoffeln zu einer gleichmäßigen Masse zu zerstampfen.

In einer großen Schüssel mischte ich die zerstampften Kartoffeln mit Mehl und Eiern und verknetete das Ganze zu einem Teigball.

Dann viertelte ich den Teig.

Jedes dieser Stücke rollte ich auf einer bemehlten Oberfläche zu einer 1 ½ cm dicken Wurst. Davon schnitt ich 1 cm breite Stücke ab, während ich bei der unruhigen See versuchte, das Gleichgewicht zu halten.

Anschließend erhitzte ich in einem weiteren großen Topf leicht gesalzenes Wasser und kochte die Gnocchi portionsweise für 3–5 Minuten, bis sie an der Oberfläche auftauchten. Ich holte sie aber nicht sofort aus dem Wasser, wartete 1 Minute und gab sie dann mit einem Sieblöffel in eine Schüssel.

▷ **Tipp:** Bei der Gnocchi-Masse gilt: Je weniger Mehl Sie benötigen, desto besser. Italienische Omas beispielsweise streuen bei der Teigherstellung immer nur ein paar Fingerspitzen voll Mehl in die gestampfte Kartoffelmasse, und zwar so lange, bis sie die gewünschte Konsistenz erhalten. Danach türmen sie die Kartoffel-Mehl-Masse auf, drücken mit dem Daumen zuoberst ein Loch in die Mitte und geben das Ei hinein. Danach verkneten sie den Teig zum Ball und gehen vor wie ab Punkt 4 beschrieben.

Für die Tomatensauce:

An die Rezeptur der Tomatensauce konnte Susi Newborn sich 40 Jahre danach nicht mehr im Detail erinnern. Hier also mein Vorschlag:

12 erntefrische Bio-Tomaten
1 Zwiebel, fein gehackt
1–2 Zehen Knoblauch, fein gehackt
3 EL Olivenöl
Unbehandeltes Salz, Pfeffer aus der Mühle
Frischer Rosmarin

Blanchieren Sie die Tomaten, indem Sie erst die Stielansätze ausschneiden und die Tomaten unten einritzen (Kreuzschnitt) und siedendes Wasser geben.

Nach ca. 30 Sekunden bis max. 1 Minute die Tomaten herausnehmen und mit eiskaltem Wasser abschrecken.

Tomaten vorsichtig häuten, das Kerngehäuse entfernen und das pure Fruchtfleisch in kleine Stücke schneiden.

Zwiebel und Knoblauch anschwitzen (nur glasig, nicht braun). Tomaten zugeben, Hitze reduzieren und vor sich hin köcheln lassen. Nach 20–25 Minuten sollten sich die Tomaten überwiegend aufgelöst haben, die Sauce einigermaßen flüssig sein.

Nun kräftig salzen und pfeffern, Rosmarin beigeben.

Als krönenden Abschluss noch einen Schuss Obers einrühren, kurz aufkochen lassen – und fertig.

1987

Ronald Reagan und Michail Gorbatschow. Das Essen bei dem Treffen, das das Ende des Kalten Krieges einleitete.

»Kennt dieser Gorbatschow nicht mal ein Soufflé?«

Der eine, US-Präsident Ronald Reagan, träumt vom Krieg der Sterne, von einem Weltraum-Abwehrpro-gramm namens SDI, um das »Reich des Bösen« (die Russen also) mit ihren Atomwaffen in Schach zu halten. Der andere, Sowjet-Führer Michail Gorbatschow, schlägt plötzlich ungewohnte Töne an, spricht von Glasnost, einer Politik der Offenheit. So kommt es im November 1985 zum ersten Gipfeltreffen der Super-macht-Bosse. Zwei Abendessen auf neutralem Boden in Genf mit weitreichenden Folgen. Blicken Sie mit mir durch ein schmales Zeitfenster in eine Welt aus Atomraketenwahn, Machtfantasien, Käse-Avocado-Mousse und Zitronensoufflé.

The New York Times zitiert einen russischen Journalisten auf die Frage eines US-Kollegen, ob er wisse, was es heute Abend (19.11.1985) bei Gorbatschows zu essen gebe, so: »Wir So-wjets sind sehr geschäftsorientiert und essen, ohne zu bemerken, was es ist.«

Für einen Amerikaner mit Wissensdurst ist das keine gute Antwort. Dennoch, das Menü des ersten Dinners, abgehalten in der Villa Rosa, der Sowjetniederlassung in Genf, bleibt streng geheim. Nur so viel sickert durch: 15 Gäste an einem langen, breiten Holztisch mit Blumen. Vier Kandelaber mit Kerzen. Rote. Weiße. Und: Michail Gorbats-chow würde das Ehepaar Reagan mit Frucht-säften begrüßen anstelle von Wodka. Weil der Generalsekretär der Kommunistischen Partei der Sowjetunion (KPdSU) mit gutem Beispiel vorangehen wolle, was die Kampagne zur Ein-dämmung des Alkoholismus in seiner Heimat angehe. Als Ersatz gebe es georgischen Wein in Rot und Weiß. Kein berauschender Nach-richtenwert für die Reportermeute.

Aber auch das offizielle Amerika ist in Ge-heimniskrämerei geübt. Nur dies wird vorab gesagt: Am Folgeabend, bei Reagans, würden die Gäste Tiffany-Briefbeschwerer in Silber erhalten, mit eingravierten Flaggen beider Nationen über der Inschrift: »Treffen von

Präsident Ronald Reagan und Generalsekretär Michail Gorbatschow, Genf, November 1985.« Das muss genügen. Sollen die 3000 Berichter-statter vor Ort über das Damenprogramm von Nancy und Raisa schreiben. Alles andere ist streng geheim. Die Verhandlungen sowieso. Und auch das Essen (das auf dunklen Pfaden dann doch den Weg ans Licht der Öffentlich-keit findet):

> *Hummer-Soufflé*
> *Huhn Perigourdine* (Hühnerbrust mit Pilzen, Obers, Sherry und Sauce Hollandaise)
> *Endiviensalat*
> *Mousse von Frischkäse mit Avocado* (siehe Rezept)
> *Heißes Zitronensoufflé mit Himbeersauce* (siehe Rezept)

Dazu gereichen (Reagans Vorliebe) Weine aus Kalifornien: Ein *Silverado Chardonnay*, 1983, ein *Stags' Leap Cabernet Sauvignon*, 1974, und als Sekt ein *Iron Horse Blanc de Blancs*, 1982 (der Chardonnay übrigens extra gesüßt, weil ge-dacht für die Trinksprüche nach dem Dessert, sodass er mit der am Gaumen anhaftenden Süße harmoniert).

Schauplatz des US-Dinners ist die *Maison de Saussure*, ein Prachtbau aus dem 18. Jahrhundert hoch über dem Genfersee mit fantastischem Ausblick. Die Villa gehört Prinz Karim Aga Khan, ein Freund der Reagans. Khan und seine Frau haben ihr Haus zur Verfügung gestellt und sogar (doch auch das ist in Wirklichkeit *top secret* und wird erst lange danach bekannt) Schubladen geleert und die Badezimmerschränke neu befüllt, um ihren Gästen bestmöglichen Komfort zu bieten.

So weit, so gut.

Wer nun wissen möchte, was sich abseits strenger Protokolle an diesen beiden Tagen in der Schweiz ereignet hat, stößt unweigerlich auf sie: Nancy Reagan. Die mit Abstand umstrittenste First Lady der jüngeren US-Geschichte. Eine Frau, ohne die es den Aufstieg Reagans vom mittelmäßigen Hollywood-Schauspieler zum Präsidenten nie gegeben hätte. Eine Frau, die voll und ganz hinter ihrem Mann steht und der dabei jedes Mittel recht zu sein scheint, womit sie nicht bloß Gegenliebe erntet. Nach außen mimt Nancy (weil selbst Ex-Schauspielerin) die perfekte Glucke und anhimmelnde Gattin. Nach innen hält sie immer alle Fäden in der Hand. Vor allem die politischen ihres Gatten.

In *My Turn*, Nancys Memoiren, nimmt sie auf die Tage in Genf Bezug. Natürlich färbt sie den Gipfel mit aufopfernder Liebe und grenzenloser Bewunderung für ihren Ronnie ein. Wirklich spannend wird es, wenn man zwischen den Zeilen liest. Wenn man also Nancys Eigenwahrnehmung um Geschehnisse, politische Fakten und die Außensicht darauf erweitert. Wenn man einbezieht, was über sie und ihren enormen Einfluss auf den Präsidenten so gedacht wird. Ich habe mir erlaubt, diese so entscheidenden Tage im Kampf um nukleare Abrüstung in genau diesem Zwielicht zu betrachten: Begeben wir uns also ins schöne Genf, genauer gesagt in die *Maison de*

Saussure: Auch heute, am 20. November 1985, haben Reagan und Gorbatschow mit ihren Ministern und Unterverhandlern den ganzen Tag gerungen. Reagan soll diesen Weltraummirrsinn, das SDI, aufgeben und die Russen wenigstens darüber nachdenken, Teile ihrer Atomwaffen zu verschrotten. Feilschen im Millimeterbereich. Irgendwann ringen sie sich zur gemeinsamen Erkenntnis durch, die die Menschen auf den Straßen längst gewonnen haben: »Ein Atomkrieg kann nicht gewonnen und darf darum niemals ausgefochten werden.«

Abends ist die Tafel fein gedeckt. Als Nancy Reagan durchs Haus des Prinzen wandert, vorbei an offenen Kaminen, zahllosen Blumenarrangements, liebevollem Dekor, und den Speisesaal betritt, muss sie an den Vorabend denken. An diese eiskalte Steinbude, in der man sie empfangen hat. »Das kälteste, nackteste und unpersönlichste Gebäude, das ich jemals gesehen habe«, hält sie fest. Und: »Wir haben mit Fruchtsaft begonnen anstelle von Cocktails!«

Ob die Gorbatschows den Unterschied zu heute Abend überhaupt merken? Ihn, Michail, hat sie gestern noch als wenig sympathisch empfunden. Eine Kälte ist von ihm ausgegangen. Aber vielleicht hat das bloß am Ambiente gelegen. An der Deckenbeleuchtung über dem sehr spartanisch gedeckten Tisch. Grell, in voller Stärke hat es auf sie hinab gestrahlt. So oder so ähnlich muss es in einer Verhörkammer des russischen Geheimdienstes sein. Dann auch noch das russische Essen. »Es war mein erstes Mal ... nicht besonders schmackhaft.«

Heute jedoch, weiß die First Lady, ist alles anders. Zweimal haben Ronnie und Michail sich bereits abseits der offiziellen Termine getroffen. Lange Gespräche haben sie geführt.

Viel länger als vereinbart. Sie hat das Gefühl, zwischen den beiden sei eine gewisse Wärme entstanden. Und vorhin hat Ronnie ihr erzählt, dass er, typisch Ronnie, er und sein Humor ... Ja, Ronnie hat es tatsächlich getan. Er hat es ihr soeben ins Ohr geflüstert: »Ich habe ihm den Witz über Glasnost erzählt.«

Wem? Gorbatschow?

Nicht viele würden sich das trauen. Aber ihr Ronnie. Er und sein Humor. Also lässt Nancy Reagan auch die Leser daran teilhaben. »Kommt eine alte Frau«, schreibt sie, »in den Kreml und verlangt, den Generalsekretär zu sehen. Als sie Gorbatschows Büro erreicht, sagt sie: ›Wir müssen eine offenere Gesellschaft haben! Warum kann in Amerika jeder ins Weiße Haus gehen und rauf zu Präsident Reagan und sagen: Ich mag es nicht, wie Sie Ihr Land regieren!?‹ – ›Liebe Frau‹, sagt Gorbatschow. ›Sie können dasselbe hier in der Sowjetunion tun. Wann immer Sie wollen, können Sie in mein Büro kommen und mir sagen, dass Sie es nicht mögen, wie Präsident Reagan sein Land regiert.‹«

Oh ja, ihr Ronnie. Der setzt seinen Humor ein, wo es nur geht. Und Michail, sagt Ronnie, habe sehr laut und herzlich gelacht.

Und Raisa? Michails Frau? Nun ja, nach außen würden sie auf gute Freundinnen machen. Das gehört sich so. In Wirklichkeit empfindet Nancy Reagan sie als kühl. »Sie neigt dazu«, schreibt Nancy, »zu ernst zu sein, fast pathetisch, und sie übernimmt sogar bei Tisch die Führung.« Nicht so Michail. »Ihr Mann hat einen feinen Sinn für Humor und ist gar nicht förmlich. Heute Abend hat er mir ein bisschen erzählt, wo er zur Schule ging und wie er Raisa traf und wie wenig Geld sie beide hatten, als sie heirateten.«

Es menschelt in der Maison de Saussure. Einem internen Protokoll zufolge, einzuse-

hen in der *Ronald Reagan Presidential Library*, spricht der russische Generalsekretär von seiner Enkeltochter. Der US-Präsident kontert mit dem Brief eines Mädchens, das ihm im Vorfeld des Gipfels genau geschrieben habe, was zu tun sei: »Gehen Sie ins Oval Office. Gehen Sie an die Arbeit.«

Auch hat Michail (von Nancy wohlwollend bemerkt) Ronnie zu seiner Ära in Hollywood befragt, zu den goldenen 1940er-Jahren. Fragen nach der Wiederbelebung von Religion in der Sowjetunion werden gestellt und von Michail elegant an Raisa weitergeleitet. Sie sei die Expertin. Auch Formalitäten beim Aussprechen von Toasts sind Thema. In Philadelphia, meint Reagan, einer der ältesten Städte der USA, sei es üblich, Toasts auf Lebende immer im Sitzen auszusprechen. Nur auf die Toten werde im Stehen geprostet. Bloß, damit es hinterher nicht heiße ...

Mittendrin, zwischen Käsemousse und Huhn, knochenharte Realpolitik. Nach Querelen auf Ministerebene, die beinahe ein Scheitern des Gipfels herbeiführen, sprechen die Chefs ein Machtwort. Sie wollen das Erreichte, so wenig es sein mag, nicht gefährden. Weder er noch Gorbatschow hätten große Erfahrung in solchen Gipfelgesprächen zur Abrüstung, sagt Reagan. »Wir machen das in Wirklichkeit zum ersten Mal. Frühere Führer haben nicht sehr viel getan. Ich schlage vor, Mister Gorbatschow und ich sagen: Zur Hölle mit der Vergangenheit! Wir machen es auf unsere Weise!«

Was nach diesem Abend in Genf kommt, ist, stark vereinfacht im Zeitraffer, bekannt: Gipfel in Moskau und in Washington folgen. 1987 beginnt der Anfang vom Ende des Kalten Krieges. 1989 fällt die Berliner Mauer. 1991 zerbricht die Sowjetunion. Aber verweilen wir noch kurz beim Dinner in Genf. Nancy

Reagan vergeht der Appetit, als sie hinüber späht zum neuen Stabschef ihres Mannes. Der ist ihr nicht geheuer. Zwar heißt er fast gleich wie ihr Mann (Donald Regan), doch tut er so ziemlich das Gegenteil dessen, was sie will. Ja, der würde ihr schon noch vor die Flinte kommen (*Anmerkung*: was zwei Jahre später auch geschieht, als Präsident Reagans peinliche Verwicklung in die Iran-Contra-Affäre auffliegt, schmutzige, geheime Waffengeschäfte mit den Mullahs, deren Einnahmen nicht in den Freikauf amerikanischer Geiseln im Libanon, sondern an die Guerillas in Nicaragua fließen, worauf der Stabschef seinen Posten räumen muss.).

Außerdem, weiß Nancy, macht dieser Regan die längste Zeit hinter ihrem Rücken Stimmung gegen sie. Bloß, weil sie seit dem Attentat auf ihren Mann vor vier Jahren einen Astrologen zu Rate zieht, wenn es um Ronnies Termine und um seine Entscheidungen geht, von denen viele ihre sind. Was will der Kerl? Waren sie bisher nicht bestens gefahren mit den Sternen? Ronnie und sie? Nein, sie und Ronnie?

Mein Gott, ja, und dass sie ihm einmal bei einer Pressekonferenz, als er bei Reporterfragen ins Stocken gekommen ist, die richtige Antwort ins Ohr geflüstert hat? So what? Und dass sie um 200.000 Dollar Porzellan fürs Weiße Haus gekauft hat, ist auch kein Grund, Intrigen zu spinnen. Und dass sie dem Personal zeigt, wo er Hammer hängt, ebenso wenig.

Als es zum Dessert geht, muss Nancy Reagan an zuhause denken, ob sie will oder nicht. An die unglaublichen Kunstwerke, die ihr Chef-Pâtissier kredenzt. Ohne ein zweites Dessert geht es bei ihr nie. Bei Ronnie auch nicht. Roland Mesnier heißt der Mann. Import aus Frankreich. Was für ein Genie! Nicht ein einziges Mal in jetzt schon vier Jahren hat er

eine Nachspeise wiederholt. Jeden Tag neu. Raffinesse pur! Bestimmt könnte er an dreißig Tagen hintereinander Himbeersoufflé servieren, ohne dass es jemand merkt.

Dann blickt Nancy hinüber zu Michail und sie lernt, dass Soufflés nicht mit jeder Lebensgeschichte so verwachsen sind wie mit der ihren. Gorbatschow hebt gerade den Kopf, sagt in ihre Richtung: »Oh, ist das gut!« Und dann: »Ich mag es. Wie nennen Sie es?«

Oh, mein Gott! Kennt dieser Mann nicht mal *Zitronensoufflé?*

Heißes Zitronensoufflé mit Himbeersauce

Von zahlreichen US-Präsidenten sind die Original-Lieblingsrezepte der First-Familys in einer historischen Sammlung zusammengefasst. Bei den Reagans sind es in Summe neun Gerichte, die darin zu finden sind – von Rancho California Rice über Macaroni and Cheese bis hin zu Vienna Chocolate Bars. Hier nun aber das Zitronensoufflé:

Zutaten für 4 Personen:

Für das Soufflé:

150 ml Heumilch

1 Vanilleschote, das Mark davon

Zesten einer Bio-Zitrone

50 g Butter plus zusätzlich ein wenig zum Einfetten

30 g Mehl

100 g Feinkristallzucker

Saft von ½ Zitrone

3 große Eier, Eiweiß und Dotter getrennt

Für die Himbeersauce:

100 g Kristallzucker

1 TL Rosenwasser (am besten aus den Rosen im eigenen Garten hergestellt, oder im Fachhandel erhältlich)

100 ml Wasser

50 ml Weißwein, trocken

200 g Himbeeren (am besten frisch aus dem Garten)

Den Ofen auf 220 °C vorheizen.

Milch, Vanille, Zitronenzesten und die Hälfte des Zuckers in einem Topf bei mittlerer Hitze erhitzen und direkt vor dem Aufkochen vom Herd nehmen.

In einem zweiten Topf die Butter schmelzen, Mehl beigeben und verrühren.

Die heiße Milchmixtur nach und nach der Mehlschwitze unter Rühren beimengen, bis die Masse eindickt.

Inzwischen mit Schneebesen oder Mixer den Zitronensaft mit dem Eigelb schaumig schlagen (3–5 Minuten)

Nun mit der heißen Milchmischung zu einem sämigen Pudding verrühren.

In einer Extraschüssel das Eiweiß mit der anderen Hälfte des Zuckers steifschlagen.

2 Auflaufförmchen mit Butter einfetten und mit Zucker besprenkeln, sodass er an den Innenseiten anhaftet.

Jetzt die Soufflé-Mixtur in die Förmchen gießen, sodass sie fast bis obenhin gefüllt sind.

Mit dem Daumen am Rand eine kleine Vertiefung machen, das hilft dem Soufflé beim Aufgehen.

Nun die Förmchen auf ein Backblech stellen und für 10–12 Minuten in den Ofen geben (jedenfalls so lange, bis die Oberfläche goldbraun ist).

Für die Sauce den Zucker, Rosenwasser, Wasser und Wein in einen Topf geben, bei mittlerer Hitze zum Kochen bringen. Hitze reduzieren und 5 Minuten köcheln lassen (jedenfalls so lange, bis die Flüssigkeit eindickt).

Die Himbeeren beigeben und 1 Minute umrühren.

Mit einem Handmixer durch mixen und die Sauce durch ein Sieb passieren.

Die Soufflés aus dem Ofen holen und auf Tellerchen stellen. Mit einem Löffel an der obersten Spitze ein Loch ausschaben, die Sauce hineingießen und servieren.

Mousse de fromage mit Avocado

Zutaten für 4 Personen

600 g Frischkäse
1 Becher Obers
5 Blätter Gelatine
2 Avocados
1 Tomate
1 Gurke
Saft von 2 Zitronen
1 EL Olivenöl
1 EL Koriander, gehackt
Tabasco
Ruccola
Unbehandeltes Salz, Pfeffer aus der
Mühle

Die Gurke schälen, 1/3 in Würfel schneiden, den Rest in feine Scheiben und salzen (das entzieht die Flüssigkeit). Die Tomate schälen, entkernen und in Würfel schneiden.

Gelatine in kaltes Wasser tauchen. Abtropfen lassen und in 3 EL heißem Obers schmelzen lassen. Den Rest vom Obers steifschlagen, den Frischkäse untermengen, außerdem die Gurkenwürfel und die Tomaten, 2/3 der Gelatinemasse, Salz, Pfeffer und Tabasco.

Fleisch der Avocado mit dem Zitronensaft sämig verrühren, den Koriander und den Rest der Gelatinemasse beigeben. Abschmecken.

Eine Terrine zur Gänze mit Öl ausschmieren. Gurkenscheiben auf dem Terrinenboden und an den Wänden so drapieren, dass sie einander etwas überlappen.

Eine Schicht Avocado-Creme auftragen, dann eine Schicht der Käse-Gemüse-Masse und eine Schicht Gurkenscheiben.

Den Vorgang wiederholen und zuoberst mit einer Schicht Gurkenscheiben abschließen. Mit einem Teller abdecken.

Für mindestens 12 Stunden in den Kühlschrank geben. In Scheiben schneiden und auf einem Bett aus frischem Ruccola servieren.

1990

Nelson Mandela. Sein Essen am Vorabend seiner Freilassung nach 27 Jahren Haft.

Shrimp-Remoulade für einen Weltveränderer

Weil er für den Frieden kämpfte und gegen die Rassentrennung von Schwarz und Weiß, saß er mehr als 27 Jahre unter unvorstellbaren Bedingungen hinter Gittern: Nelson Mandela. Als er endlich freikam, schrieb er Geschichte. Doch schon der Vorabend seiner Entlassung war denkwürdig. Ein Geheimtreffen mit Südafrikas Präsident de Klerk in einem Hotel, wo der Deal ausgehandelt wurde. Dort atmete Mandela erstmals die Luft der Freiheit – und bekam auch, worauf er endlose Jahre verzichten musste: ein menschenwürdiges Essen.

Spitzenköche erleben viele ungewöhnliche, oft auch fordernde und stressige Situationen. Aus eigener Erfahrung weiß ich das nur allzu gut, und vieles, so außergewöhnlich und verrückt es sein mag, erscheint irgendwann nur noch normal. Und doch gibt es Situationen, die niemals normal sein können. Weil sie so speziell und einzigartig sind und auch nur den allerwenigsten Menschen widerfahren.

Eine Shrimp-Remoulade zuzubereiten, gehört für den Profi zu den bestimmt einfacheren Dingen. Das Vermengen der diversen Zutaten, von frisch gehackter Petersilie und Zwiebeln über den Dijon-Senf bis hin zur thailändischen Sriracha-Sauce (siehe Rezept) und so weiter, all das ist Routine. Anders sieht die Sache aus, wenn Sie bei jedem Handgriff das Stechen von gnadenlos wirkenden Augenpaaren auf sich spüren. Und zugleich wissen, dass die Männer hinter diesen Augenpaaren nicht nur darauf schauen, dass nichts Falsches im Essen landet (und schon gar nicht Gift oder dergleichen), sondern auch geladene Waffen tragen und den Eindruck vermitteln, sie würden jederzeit Gebrauch davon machen. Ohne mit der Wimper zu zucken. Weil sie Geheimdienstleute sind und gewohnt, ihre Nasen überall reinzustecken. Am Ende auch in das fertige Gericht, bevor es zur Tür hinausgeht. Und Sie als Köchin oder in diesem Fall Koch wissen bis zuletzt nicht, was diese

Geheimniskrämerei soll, für wen Sie nun Shrimp-Remoulade, weißen Fisch auf Erbsenbett und gemischte Früchte zubereitet haben.

Mein Kollege Dominique Macquet hat genau das erlebt. Und zwar am späten Nachmittag des 10. Februar 1990 in einem Hotel im südafrikanischen Kapstadt. Macquet ist gebürtig aus Mauritius und eines Tages als Küchenchef in Kapstadt gelandet. Heute lebt er in New Orleans, US-Bundesstaat Louisiana, wo wir ihn ausfindig gemacht haben, und betreibt ein gutgehendes Restaurant, auf dessen Speisekarte er die vielen Einflüsse seiner Karriere zusammenfließen lässt, eine klassisch-französische Kochausbildung, vermengt mit Karibik, Afrika und nun regionalen Besonderheiten der USA.

»Bis drei Uhr am Nachmittag war es ein völlig normaler Tag«, erzählt Macquet, wenn er auf jene denkwürdigen Momente zurückblickt. »Auf einmal war die Küche voller Geheimagenten. Alles wurde gecheckt. Jede Lade. Jeder Topf. Jede Zutat. Bis zur letzten Sekunde wussten wir nicht, für wen wir hier eigentlich arbeiteten.«

Tatsächlich war die Angelegenheit *topsecret*. Im Speisesaal saß nicht nur der amtierende Staatspräsident Frederik Willem de Klerk, sondern ein in Wirklichkeit viel bedeutenderer Gast, der die Welt vom nächsten Tag an von Grund auf verändern sollte. Ein Mann, den die Menschen Südafrikas seit Jahrzehnten nur als Mythos kannten, als Geist aus Fleisch und Blut, weil er vor 27 Jahren, sechs Monaten und fünf Tagen hinter dicken Mauern verschwunden war und so gut wie niemand wusste, wie er jetzt aussah. Die Regierung hatte es zu verhindern gewusst, dass in all den Jahren auch nur ein Foto von ihm an die Öffentlichkeit drang: Nelson Mandela, die Ikone des afrikanischen Kampfes für ein Ende der Rassentrennung und gegen die brutalen, menschenverachtenden Realitäten des Apartheid-Regimes.

Ursprünglich hieß Mandela mit Vornamen *Rolihlahla,* was Bantu ist und übersetzt »Am Ast eines Baumes ziehen« bedeutet und für Unruhestifter steht. Als hätte Mandelas Vater, ein Angehöriger des südafrikanischen Königshauses des Thembu-Stammes, bei der Namenswahl geahnt, welchen Weg eines Aufständischen sein Sohn einschlagen würde. Den Namen Nelson bekam er erst bei der Einschulung mit sechs Jahren.

Mandela machte seinen Weg, boxte als Schwergewicht, machte ein Jura-Fernstudium, engagierte sich früh für die afrikanische Sache, für ein Ende des weißen Minderheitsregimes und für Freiheit und gleiche Rechte der schwarzen Bevölkerung. Als er dem ANC beitrat, dem *African National Congress,* geriet er rasch ins Fadenkreuz der Regierung. Einen ersten Prozess wegen Hochverrates überstand er noch mit Freispruch, doch als er sich dem »bewaffneten Flügel« des ANC zuwandte, musste er aus Südafrika fliehen, wurde auch offiziell verbannt und zugleich auf die Fahndungsliste gesetzt.

Im August 1962 wurde er verhaftet. Ein Schauprozess war die Folge (Mandela musste sich selbst verteidigen, weil man ihm unter billigen Vorwänden einen Anwalt verwehrte).

Urteil: fünf Jahre Haft wegen Sabotage. Kurz danach folgte der eigentliche Prozess, Rivonia-Prozess genannt, der gegen Mitglieder des inzwischen verbotenen ANC geführt wurde. In seinem berühmten, vier Stunden dauernden Schlussplädoyer erklärte Mandela vor Gericht, warum es gegen das Apartheid-Regime nur den bewaffneten Kampf geben könne. Urteil: lebenslang.

Mandela kam auf die Gefängnisinsel Robben Island, ein südafrikanisches Gegenstück zu Alcatraz. Dort musste der Häftling mit der Nummer 46664 täglich Zwangsarbeit im Steinbruch verrichten, und abends sah er übers Meer die Lichter von Kapstadt herüberfunkeln. Die Zelle war so klein, dass Kopf und Füße des 1,93 Meter großen Mandela im Liegen zugleich beinahe die Steinwände berührten, Waschen war nur mit dem oft eiskalten Meerwasser erlaubt.

Augen und Lungen litten unter der Belastung im Steinbruch. Besuch durfte Mandela bloß zweimal pro Jahr empfangen, seine Frau Winnie und die Kinder immer nur durch dicke Glaswände sehen und nicht ein einziges Mal in die Arme schließen oder auch nur bei den Händen berühren.

Was die Ernährung betraf, schildert Mandela diese langen Jahre in seiner Biografie so: »Die Verpflegung balancierte zwischen dem Genießbaren und dem Ungenießbaren. Haferbrei mit Mais zum Frühstück, gekochtes Getreide oder Maiskolben zu Mittag, und noch mehr Haferbrei mit Mais zum Abendessen, ab und zu mit Gemüse vermengt. Andere Gefangene erhielten einen Viertelwecken Brot und eine Scheibe Margarine, aber von Afrikanern wurde vorausgesetzt, dass sie sich nichts aus Brot machten, weil dies eine europäische Art von Essen war.« Ab und zu, vor allem in den letzten Jahren auf Robben Island, gelang es auch seinem Anwalt, den Mandela inzwischen hatte, ihm mit Hilfe von Wärtern Hühnercurry in die Zelle zu schmuggeln. Die absolute Ausnahme auf dem Speisezettel.

Die Hoffnungen des weißen Regimes, Mandela könnte aus dem Gedächtnis der schwarzen Bevölkerung schwinden, zerschlugen sich. Zwar setzte der damalige US-Präsident Ronald Reagan (1988) die Galionsfigur des schwarzen Widerstandes auf die Watch-List (Margaret Thatcher, Englands Premierministerin, bezeichnete ihn 1987 überhaupt als *Terroristen*), doch der Weg der Befreiung war vorgezeichnet, die Anti-Apartheid-Bewegung auf dem Vormarsch. Schließlich ließ Präsident de Klerk den prominenten Gefangenen aufs Festland nach Paarl verlegen, ins *Victor Verster*-Gefängnis. Dort bezog Mandela einen kleinen Bungalow, sogar mit Pool. Nach all den schrecklichen Jahren zuvor fühlte er sich dort so wohl, dass er den Stil seines neuen Zuhauses in jenem Haus, das er später in seinem Heimatdorf bauen sollte, nachempfinden ließ.

Und dann kamen die Februartage 1990: Fast zeitgleich hob Präsident de Klerk das Verbot der ANC auf und kündigte Mandelas Freilassung an, ohne jedoch einen genauen Termin bekanntzugeben. Am Vorabend der Enthaftung ließ er Mandela überraschend nach Kapstadt bringen, traf sich mit ihm in jenem Hotel, in dem Dominique Macquet Küchenchef war. De Klerk gedachte nach seinen Regeln zu spielen, und die besagten, dass er einen Massenauflauf unbedingt verhindern und Mandela still und heimlich in Freiheit entlassen wollte. Mandela jedoch, der schon in den Jahren zuvor mehrere Angebote zur Freilassung abgelehnt hatte, weil man ihm für ihn untragbare Bedingungen aufzwingen wollte, entgegnete: »Ich möchte nicht undankbar erscheinen. So

sehr ich mir das wünsche, bleibe ich lieber noch eine Woche hier, damit meine Familie und meine Genossen sich vorbereiten können.« De Klerk, einigermaßen erstaunt, zog sich zur Beratung zurück, doch dann willigte er ein, den Zeitpunkt publik zu machen, und er und Mandela begossen den Deal mit einem Glas Whisky. Noch einmal kehrte Mandela für ein paar Stunden hinter Gitter zurück.

Am frühen Morgen stand Mandelas Freilassung fest: 15 Uhr. Das ganze Land stand plötzlich unter Feuer, Stunden vorher tanzten die Menschen schon zu Tausenden vor den Gefängnistoren. Als es endlich so weit war und Mandela, Hand in Hand mit seiner aus Johannesburg eingeflogenen Frau Winnie, den Reportern entgegentrat, setzte sich die Menge in Bewegung. Einige der mehr als einhundert Polizisten griffen bereits nach ihren Waffen, doch dann geschah etwas, was die ANC-Aktivistin Cheryl Carolus so schilderte: »Auf einmal fassten sich alle an den Händen. Polizisten, Gefängniswärter, Genossen vom ANC. Es war ein magischer Moment, und wir weinten alle, während Mandela auf uns zuschritt.«

Nach Kapstadt ging es über Nebenstraßen. Ein Reporter von *The Guardian* verglich die Zickzack-Bewegungen, die vier Hubschrauber von TV-Stationen über dem Konvoi schlugen, mit Angelhaken, die hastig durchs Wasser gezogen werden. Irgendwann, bereits in Kapstadt, hing der silberne BMW mit Mandela aber in den Massen fest, »sie klopften an die Fenster, begannen auf dem Auto zu tanzen«, schreibt Mandela, »es war wie ein massiver Hagelsturm. Und als sie das Auto zu schütteln begannen, machte ich mir ernsthafte Sorgen. Ich hatte das Gefühl, als könnte uns die Menge mit all ihrer Liebe umbringen.«

Noch am selben Abend trat Mandela in seinem lichtbraunen Anzug auf den Balkon des

Rathauses von Kapstadt und sprach zu mehr als 120.000 Menschen direkt und Millionen in aller Welt an den Fernsehapparaten, las seine vorbereitete Rede von Frieden, Demokratie und Freiheit mit der Brille seiner Frau ab (weil er seine im Gefängnis vergessen hatte) und schrieb von nun an Geschichte. Bald schon würden die Apartheidgesetze aufgehoben, Mandela zum Führer des ANC ernannt, er würde, gemeinsam mit Präsident Frederik de Klerk, den Friedensnobelpreis erhalten und 1994 in den allerersten freien Wahlen des Landes zum Präsidenten gekürt werden.

Doch drehen wir die Uhr noch einmal zurück zu jenem Nachmittag oder Abend in Kapstadt, als Dominique Macquet unter schwerster Bewachung kochte. »Endlich wussten wir, wer der geheimnisvolle Gast war«, sagt Macquet. »Ich konnte einmal in den Speisesaal blicken, und da erhaschte ich ein Zwinkern von ihm. Er sah sehr entspannt drein. Dasselbe Auftreten, dasselbe wunderbare Lächeln von früher. Und das Vergeben in seinen Augen.« Der fast bullige Mann mit vollen Backen und Vollbart, der Mandela als Boxer und Anwalt einmal gewesen war, war nun um vieles schmäler. Er war glattrasiert, sein Haar jedoch, obwohl ergraut, füllig wie eh und je.

Als Macquet sich vom ersten Schock erholt hatte, sorgte er sich um Mandela. Ohne die Umstände im Detail zu kennen, war er doch unsicher, ob der Gaumen seines Gastes, viel mehr aber noch dessen Magen eine Kost wie Shrimp-Remoulade überhaupt vertragen würde, nach all dem, was man über südafrikanische Gefängnisse wusste oder vermutete. Dass Mandelas Verpflegung sich da bereits etwas verbessert hatte, konnte er nicht ahnen.

Heute, so viele Jahre danach, gerät Macquet immer noch ins Schwärmen, wenn von Nelson Mandela die Rede ist, diesem Mann, der für seine Unbeugsamkeit, Prinzipientreue, Charakterstärke, seinen ungebrochenen Willen und seine Vision von Menschlichkeit, Frieden und Freiheit auf der ganzen Welt geliebt und geachtet wurde. Ob er denn Mandelas Teller damals an sich bringen konnte?

»Nein«, sagt Macquet. »Ich könnte nicht behaupten, dass ich ihn zu Gesicht bekommen hätte. Natürlich hätte ich ihn behalten.« Andererseits hat Macquet etwas viel Wertvolleres als zerbrechliches Porzellan: Die Erinnerung an die Begegnung mit diesem großen Mann und die Gewissheit, dass er in diesen entscheidenden Stunden auch ein Rädchen im Getriebe des Weltgeschehens war. Dass er ihm mit dem wichtigsten Essen, das je seine Küche verließ, ein Lächeln auf die Lippen gezaubert hat.

Mit seiner Shrimp-Remoulade.

Shrimp-Remoulade

Für die Remouladensauce:

1–2 EL Olivenöl (ein möglichst gutes)

3 EL griechisches Joghurt

1–2 EL Mayonnaise (Wem's zu üppig wird, einfach weglassen. Falls doch gewünscht: Das Rezept für selbstgemachte Mayonnaise finden Sie bei den Bacon Bars, auf Seite 222.)

1 EL Apfelessig

2 EL Dijon-Senf

3 EL gelbe Zwiebel, gehackt

1 EL Petersilie, frisch und fein gehackt

1 TL Paprikapulver, süß

1 TL einer scharfen Sauce nach Belieben (zum Beispiel die thailändische Sriracha)

1 TL Zitronensaft

Unbehandeltes Salz, Pfeffer aus der Mühle

Alle Zutaten in die Küchenmaschine (oder Stabmixer) geben und so lange mixen, bis Sie eine geschmeidige Saucenmasse erhalten. Abschmecken und gegebenenfalls mehr scharfe Sauce beimengen.

Außerdem:

1 große fleischige Tomate, in 4 dicke Scheiben geschnitten

2 Tassen Kopfsalat, klein geschnitten

12 große Garnelen, vorgekocht und geschält (zum Beispiel Tiger Prawns)

Scharfe Sauce für die Garnitur (nach Belieben)

Die Shrimps in einer Schüssel in die Remouladensauce tauchen, sodass sie vollständig bedeckt sind. Für min. 1 Stunde in den Kühlschrank geben.

Auf Teller je 1 dickes Tomatenstück drapieren, ein wenig Kopfsalat darüberstreuen und dann je 3 gekühlte Shrimps in der Sauce.

Mit etwas scharfer Sauce beträufeln und servieren.

2003

Deutsche Fußball-Weltmeisterinnen. Der Kuchen, mit dem die Trainerin ihr Team motivierte.

Neunzig Minuten und Mamas Weltmeister-Kuchen

Was lässt sich in neunzig Minuten schaffen? Einen Film schauen. Ein Date vermurksen. Die ersten Kapitel eines Buches verschlingen. Einen Streuselkuchen backen. Oder den Pokal einer Fußball-WM holen. Oder erst den Streuselkuchen verspeisen und hinterher die Gegner, um den Pokal zu holen. Wenn nötig, mit acht Minuten Nachschlag. Tina Theune-Meyer, Bundestrainerin des WM-Damenteams aus 2003, weiß, wie das geht.

Denke ich an Streuselkuchen à la Mama, denke ich bestimmt nicht an Fußball. Und denke ich an Fußball, läuft mir bestimmt nicht gleich das Wasser im Mund zusammen, weil mir das Gedächtnis meiner Riechzellen den Duft von Streuselkuchen à la Mama vorgaukelt. Bestimmt geht es Ihnen da ähnlich.

Bei Tina Theune-Meyer sieht die Sache anders aus. Das war auch sofort zu spüren, als wir sie kontaktiert haben und für einen Beitrag in diesem Buch gewinnen konnten. Sie war hocherfreut angesichts der Vorstellung, der Streuselkuchen ihrer Mutter könnte Auf-

nahme finden. Hier ist sie also, die Geschichte von Mutter und Tochter Theune und ihrem Fußball-Weltmeister-Kuchen:

Bestimmt kennen Sie diesen berühmten Ausspruch, der, habe ich mir sagen lassen, auf einen gewissen Gary Lineker zurückgeht (eingefleischte Fans wissen das natürlich). Lineker, in den Achtzigern unbestritten Englands bester Stürmer und mit seinen zehn Treffern Rekordtorschütze bei Weltmeisterschaften, sagte nämlich nach der Niederlage im WM-Halbfinale in Turin (1:1 nach der Verlängerung und 3:4 im Elferschießen) voller Frust ins Mikro eines Reporters: »Fußball ist ein einfaches Spiel; 22 Mann jagen 90 Minuten einem Ball hinterher, und am Ende siegen immer die Deutschen.«

Oberflächlich betrachtet, könnten Sie also nun der Meinung sein, auch hier würde es sich wieder mal um genau so eine Story handeln. Eine dieser Storys, wo man auch in Österreich zumindest bis zum letzten Aufeinandertreffen der Nationalmannschaften (und vor dem frühen Ausscheiden bei der WM 2018 in Russland) noch gesagt hätte:

Am Ende siegen immer die Deutschen.
Doch halt! Keine Angst, liebe Leserinnen und Leser, die Sie mit Fußball vielleicht nicht so viel am Hut haben. Um Fußball geht es hier nicht wirklich. Diese Story ist anders. Ja, die deutschen Fußballdamen wurden 2003

Weltmeisterinnen. Ja, sie waren zuvor (zuletzt 2001) auch schon viermal Europameisterinnen. Und sollten es später weitere viermal werden. Bisher. Trotzdem jetzt ein definitives:

Nein. Denn das Rundherum dieser Erfolgsstory ist einmalig. Es ist eine dieser Geschichten, die nur geschehen, niemals aber so gut erfunden werden können. Eine, in der alles drinsteckt. Disziplin, Durchhaltevermögen, natürlich etwas Glück, garniert mit einer Portion Aberglaube, Familienbande, Oma-Romantik, Medienflunkerei und sogar einem Hauch American Dream, das oft zitierte Vom-Tellerwäscher-zum-Millionär-Wunder also.

Aber alles schön der Reihe nach.

Als Tina Theune-Meyer am frühen Morgen des Finaltags, dieses 12. Oktober 2003, einem Sonntag, mit ihren Spielerinnen im Mannschaftsbus in Richtung des Home Depot Center von Carson, Nevada, fuhr und zur Befeuerung von Moral und Kampfgeist den Radetzky-Marsch auflegen ließ, blickte sie auf eine bewegte Lebensgeschichte bis hin zur Bundestrainerin zurück.

Tinas Vater war als evangelischer Pfarrer natürlich ein gläubiger Mann gewesen. An die Worte der DFB-Größen jener Tage glaubte er gottlob nicht. Fußball wäre ungesund für Mädchen, lautete das Dogma bis Anfang der Siebzigerjahre. Und man stützte sich dabei auf ein generelles Verbot von Frauenfußball aus 1955. Aus »Sorge um Körper und Seele der Frau und deren weibliche Anmut« wie es beim Dachverband hieß. Die familiären Gene im Hause Theune indes folgten ihren eigenen Gesetzen. Vater Theune selbst war auch Leichtathlet, Mama Theune Handballerin, und Oma Theune strampelte bereits um die Jahrhundertwende mit dem Fahrrad durch die Gegend. Für Mädchen alles andere als schicklich.

»Wir bekamen immer wieder mal 'nen neuen Ball zur Belohnung«, erzählt mir Tina Theune in Erinnerung an jene Zeit, als sie und ihre vier Schwestern im Pfarrhof von Kevelaer, Wallfahrtsstadt am linken Niederrhein, mit Feuereifer dem runden Leder nachjagten. Oder Rollhockey spielten. Oder Tischtennis. Und ab und an auch die Kirchenorgel.

Tina Theune studierte später auf Lehramt. Und entschied sich für den Fußball. Sie wurde zur ersten Trainerin im Land überhaupt, machte sich für den Nachwuchs stark und könne, hieß es einmal anerkennend in der Zeitung, »in Deutschland alle zwischen 12 und 32 beim Namen rufen, die einen Ball geradeaus schießen können.«

Ihr Aufstieg war konstant. Konstant steil. Und er führte sie hin zu jenem Oktobermorgen in den USA, als es wieder einmal um alles ging. Diesmal aber noch um das bisschen mehr. »Ja, es waren wirklich bewegende Zeiten«, sagt Tina Theune-Meyer heute.

Einigermaßen bewegt war da aber auch schon die Geschichte des Streuselkuchens von Mutter Theune, wiewohl im Hinblick auf Fußball noch blutjung. Das Rezept, das Eva Maria Theune später an ihre fünf Töchter weiterreichen sollte, hatte sie wiederum von ihrer Mutter erhalten. Das war im Jahr 1939. Als Beigabe eines Geschenks (ein graues Büchlein mit einer Vielzahl kleiner, feiner, in akkurater Handschrift vermerkter Küchengeheimnisse) an die damals zwölf Jahre alte Tina, die stets so fleißig beim Backen half.

Bereits 2001, vor dem Finale bei der Heim-Europameisterschaft gegen die Schwedinnen, hatte Mama Theune das Team mit ihrem Streuselkuchen verköstigt. Zwar verstrichen die ersten neunzig Minuten torlos, doch dann, in der achten Minute der Verlängerung (die Zahl acht ist bedeutend, wie wir noch sehen werden), schoss Claudia Müller das *Golden*

Goal und ihr Team ins Glück. (Für jene, die es nicht wissen: Das erste in der Verlängerung erzielte Tor beendet das Spiel, darum *Golden Goal*, eine Regelung, die in der langen Fußballgeschichte mehrmals eingeführt, erprobt, bejubelt, verteufelt und ebenso oft abgeschafft wurde.)

Doch zurück zur Titelentscheidung von 2003. Bereits zum Halbfinale gegen die Gastgeberinnen aus den USA, erzählt Theune, »flatterte uns eine Art kulinarisches Fax ins WM-Quartier. Von der 4b-Klasse aus Baesweiler: *Zerfleischt sie wie einen (Mia)-Hamm-Burger*, schrieben sie. Das taten meine Mädels dann auch.« Und nun, Stichwort Kulinarik, den ersten Weltmeisterinnentitel so nah vor Augen, sollte Mutter Theunes Kuchen her. Einmal mehr. Als Omen. Schließlich ging es abermals gegen die Damen aus Schweden.

Natürlich blieb Reportern der Einsatz auch dieser (gebackenen) Wunderwaffe nicht verborgen. Also wurde, den Kuchen und seine Kräfte im Visier, kräftig in der Sprachkiste gerührt. Die Metaphern purzelten nur so durch die Zeitungen. Der Turnierverlauf sei ein einziger *Leckerbissen* und *Feinkost*, die Fans seien *auf den Geschmack gekommen,* die Deutschen wollten im Finale *noch mal so richtig zugreifen.* Und die Schwedinnen seien ohnedies *reif, um vernascht zu werden.* Und so weiter und so fort.

»Manche Zeitungen«, so Theune, »schrieben, meine Mutter hätte den Kuchen am US-Zoll vorbei ins Land geschmuggelt, um meine Spielerinnen zu dopen.« Und sie lacht herzhaft auf, ehe sie weiterspricht: »Meine Mutter war damals 76. Ja, stimmt schon. Sie ist eigens in die USA angereist. Aber geschmuggelt wurde gar nichts. Dennoch, die Sache mit dem Kuchen meiner Mutter war schon sehr speziell.«

Wie speziell? Wie war es nun wirklich?

»Den Kuchen meiner Mama gab es am Donnerstagnachmittag«, erzählt Theune-Meyer. Als legales Aufputschmittel mit Langzeitwirkung sozusagen, denn das Endspiel war bekanntlich am Sonntagmorgen. »Wir waren in der Villa von Hans Merli und Familie eingeladen. Großvater Merli war nach dem Zweiten Weltkrieg von Deutschland nach Los Angeles ausgewandert und ist ein Freund der Familie Ullrich. Heike Ullrich, heute Direktorin beim DFB, war damals Mitglied unserer Delegation. Und so kamen wir zu den Merlis. Übrigens: Der Großvater kam in die USA, um dort Eis zu verkaufen. Und hat es zu etwas gebracht.«

Der *American Dream* also. Und dann?

»Hefe gab es in LA üblicherweiße nicht. Meine Mutter und meine Schwester Claudia, sie ist Professorin an der Uni in Wien, organisierten aber welche bei einem deutschen Bäcker. Und dann machte Mama sich in der riesengroßen Küche der Familie ans Werk und backte Streuselkuchen, was das Zeug hielt, während wir uns draußen im Garten entspannten. Claudia servierte den Kuchen. Warm, direkt vom Blech. Zwei Bleche mindestens, vielleicht sogar drei. Die waren ratzfatz leer.«

Der Rest ist, wie man so sagt, Geschichte. Die Deutschen, weil die Deutschen immer siegen, siegten 2:1.

»Das Endspiel«, erzählt Tina Theune auch, »war für zehn Uhr vormittags angesetzt gewesen, um den Millionen vor den TV-Apparaten in Europa die perfekte Übertragungszeit zu bieten. Bis zur Abendfeier hatten wir also noch jede Menge Zeit.« Eine bayerische Blaskapelle war angesagt. Und vieles mehr.

Nach der obligaten Pressekonferenz als frisch gebackene (!) Weltmeisterinnen kamen Theune-Meyer und ihre Assistentin Silvia

Neid (später selbst zwölf Jahre lang Cheftrainerin der Damen) als Letzte in die Kabine. Dort ging es natürlich ausgelassen zu. Theunes Blick fiel auf etwas, das herrenlos und noch jungfräulich auf einem Koffer stand. Sie griff zu, machte auf dem Absatz kehrt und zog Neid mit sich wieder zur Tür hinaus.

»Silvia und ich hatten ein Ritual«, sagt Theune. »Immer nach einem Titelgewinn, wenn die Zuseher nachhause gegangen waren und die Ordner anfingen, die goldenen Konfetti-tischnipsel vom Rasen zu saugen, setzten wir uns nochmal auf die Trainerbank. Das sind Momente, die man allein am besten ausschöpfen kann.«

Und dort, auch in der Hoffnung, dem üblichen Zwangsbad im Kabinenpool durch die Mann- oder eben Frauschaft zu entrinnen, zog die Trainerin ihren Fund hervor. »Eine Flasche Jägermeister. Noch nicht angebrochen. Mit ihr in Händen sahen wir in aller Ruhe den Ordnern zu. Und nahmen ein Schlückchen. Und vielleicht noch eines. Und vielleicht sogar ein drittes.«

Und dann war da noch die Acht.

2001 fiel das Golden Goal gegen die Schwedinnen in der achten Minute der Verlängerung (wir haben es soeben erfahren). 2003 fiel das Golden Goal (wieder gegen die Schwedinnen) in der, richtig: achten Minute der Verlängerung, geköpft von der eingewechselten Nia Künzer. Und, so Theune: »Aus Erfahrung weiß ich, dass der Kuchen meiner Mutter manchmal nach der festgelegten Backzeit noch nicht ganz durch ist. Ich lasse ihn dann immer noch ein bisschen im Rohr.«

Wie lange? Richtig. Acht Minuten.

Jetzt aber mal halblang, Frau Theune. Dreimal die Acht! Fein ausgedacht. Oder vielleicht purer Zufall?

»Oh nein«, sagt Tina Theune. »Keinesfalls. So etwas nennt sich nie und nimmer Zufall. Das nennt sich Triplizität der Ereignisse.«

Mutter Eva Maria Theune ist im Frühjahr 2018 in hohem Alter sanft entschlafen. Das Rezeptbüchlein aus 1939 hat ihre Tochter eigens, um es in die Produktion dieses Buches einfließen zu lassen, aus dem viele Kisten umfassenden Nachlass gekramt. »So weiß ich das Vermächtnis meiner Mutter gut aufgehoben«, sagt Tochter Tina, »da geht ihr Streuselkuchen noch einmal in die Verlängerung.«

Eine dritte Halbzeit sozusagen, ganz allein für Mama Eva Maria und ihren Kuchen.

Streuselkuchen auf Weltmeisterinnenart

Original nach Eva Maria Theune.

Für den Teig:

3 Tassen warme Milch (750 ml)
1 Packung frische Hefe
500 g Weizenmehl
3 EL Kristallzucker (30 g)
Öl
Unbehandeltes Salz
Butter zum Einfetten des Backblechs

Für die Streusel:

1 kleine Glasschüssel Mehl (120 g)
60 g Butter, weich
3 Packungen Vanillezucker
1 Becher Kristallzucker (200 g)
Zesten einer Zitrone

Hier die originale Backanleitung ihrer Mutter Eva Maria, die uns Tina Theune, Ex-Bundestrainerin der deutschen Fußballdamen, zur Verfügung gestellt hat:

Die frische Hefe in ca. 3 Tassen warmer Milch und etwa 3 EL Zucker auflösen.

Anschließend die warme Hefe-Milch-Mischung mit einem guten »Schuss« Öl, einer Prise Salz und einem Pfund Mehl (Weizen) zu einem glatten Teig durchkneten.

Den Teig eine halbe Stunde »gehen« lassen, bis er ziemlich an Höhe gewonnen hat.

Den Teig noch mal kräftig durchkneten, auf dem gefetteten Backblech ausrollen und dann noch mal eine halbe Stunde gehen lassen.

Etwas Hefeteig in die Streuselmischung »reinkletzeln«: Die Streusel bestehen aus einem süßen Mix Mehl (Maß war eine kleine Glasschüssel), weicher Butter (Päckchen), Zucker (Becher voll) plus drei (!!!) Päckchen Vanillezucker. Falls nötig, beim Durchkneten und Abschmecken einen weiteren EL mit Butter oder Zucker oder etwas Mehl hinzugeben.

Später wurde manchmal hauchdünn abgeriebene Zitronenschale beigemischt. Die kleinen Streusel wurden geformt und schön gleichmäßig auf dem Teig verteilt.

Der Kuchen wurde in der Mitte des Ofens platziert und bei ca. 200 Grad gebacken.

Meine Mutter sagte: »... bis der Kuchen fertig ist und die Streusel goldgelb gebacken sind.« Das wären dann 30 Minuten Backzeit, alles in allem ca. 90 Minuten.

▷ Tipp: Frau Theune selbst hat den 3 Päckchen Vanillezucker ihrer Mutter ebenso viele Rufzeichen verpasst. Das sehe ich ähnlich. Wer es weniger intensiv vanillig haben möchte, sollte nur 1 ½ bis max. 2 Päckchen nehmen. Auch die Zuckermenge bei den Streuseln lässt sich von 200 g auf 150 g reduzieren, ohne entscheidend an Süße einzubüßen. Und: Ideal lässt sich dieser Kuchen mit frischen Früchten ergänzen, die unmittelbar vor dem Backen auf den Germteig gelegt werden. Zum Beispiel Marillen, Weichsel, Zwetschgen, Rhabarber und so weiter.

2009

Barack Obama. Der Hauptgang nach seiner ersten
Angelobung als amerikanischer Präsident.

Ein Präsidenten-Menü als Geheimbotschaft

Wir kennen das Bild: Die linke Hand auf bläuliches Leder gebettet, die rechte abgewinkelt erhoben. Der Schwur auf die Bibel: »So help me God.« – Als Barack Obama am 20. Jänner 2009 den Amtseid ablegt, ist es der Startschuss einer acht Jahre währenden Dauerpräsenz in unseren Wohnzimmern. Alles werden wir erfahren. Siege. Niederlagen. Ziele. Zerplatzte Träume. Wie gut er tanzen kann. Wie wenig kochen. Was, habe ich mich gefragt, lässt sich zu diesem fast gläsernen US-Präsidenten sagen, ohne dass es altbacken daherkommt? Ohne etwas tausendfach aufzuwärmen? Gelandet bin ich ausgerechnet bei Tag eins, beim Menü zu seiner Amtseinführung, das sich als verdecktes Feuerwerk von Botschaften entpuppt.

Natürlich ist das Menü selbst (schließlich sind wir in den USA des 21. Jahrhunderts) das genaue Gegenteil eines Geheimnisses. Wochen vor Obamas Amtsantritt ist es öffentlich, und die Clicks schießen vor allem am 20. Jänner in schwindelerregende Höhen. Als wollte die halbe Welt an seinem großen Tag mit ihm simultan speisen. Also spanne ich Sie auch nicht auf die Folter. Hier ist es:

> *Seafood Stew* (Eintopf aus Meeresfrüchten im Blätterteigmantel)
> *Molasses Whipped Sweet Potatoes* (Süßkartoffeln mit Melasse)
> *Herb Roasted Pheasant with Wild Rice Stuffing* (Gebratener Fasan mit wildem Reis)
> *Duck Breast with Cherry Chutney* (Entenbrust mit Sauerkirschen-Chutney)
> *Winter Vegetables* (Wintergemüse)
> *Cinnamon Apple Sponge Cake* (Apfelzimtkuchen)

Auffällig ist vielleicht auf den ersten Blick, dass die Speisenfolge keinesfalls *über drüber* ist. Es stellt dar, was es auch sein soll: ansprechend elegant, dabei jedoch volksnah. Zum Nachkochen eben, ohne gleich ein Heer von Küchenprofis engagieren zu müssen. Und es enthält weder Truthahn noch Rindfleisch, entspricht also voll und ganz (neben Obamas legendärem *Yes We Can*) diesem anderen Wahlkampf-Slogan: *Change*. Ja, ein Wechsel. Eine auch kulinarische Kehrtwende zu seinem Amtsvorgänger Bush, der es gerne deftig hatte und sich am liebsten in Cowboystiefeln ablichten ließ.

Diese Geschichte hat mich in den Bann gezogen. Verdeckte Botschaften? Wozu das denn? An wen? Mit welchen Mitteln? Sind die Botschaften tatsächlich ernst gemeint? Oder bloße Fantasien übereifriger Kommentatoren auf der krampfhaften Suche nach Neuem? Nach einer Story? Und: Wer steckt hinter diesen Chiffren?

Die Geschichte hinter der Geschichte sozusagen führt uns zu einer US-Senatorin namens Dianne Feinstein. Wie andere ihres Ranges auch saß und sitzt sie immer noch in unzähligen Ausschüssen und Kommissionen (von Finanzen über Geheimdienst bis sonst wo). Aber in Erinnerung, mir jedenfalls, bleibt sie allein dadurch: als Leiterin jenes aus fünf (!) Kongressabgeordneten bestehenden Komitees zur Organisation der Amtseinführung des 44. Präsidenten der Vereinigten Staaten von Amerika.

Monatelang wird im Vorfeld der Wahl im November 2008 über allerlei gebrütet. Natürlich auch über dem Speiseplan. Was sollen die

230 Gäste beim Inaugural Luncheon, wie das Bankett offiziell heißt, in der National Statuary Hall im Kapitol von Washington kredenzt bekommen? Einfach nur etwas Gutes?

So einfach? Nur etwas Gutes? Nein, das geht gar nicht. Die ehrenwerten Gäste (Oberste Richter, Senatoren und so weiter) sollen sich in einer Art Botschafts-Aura wiederfinden. Da ein Wink. Dort einer. Mal sehen, wer was entdeckt. Und wer nicht. Und die Menschen draußen? Das Volk sozusagen? Denen, sagt man sich, erklären wir es. Oder auch nicht. Am besten, wir streuen gezielt an ein, zwei Medien kleine Hinweise, und dann warten wir ab, was geschieht.

So geschieht es auch. Als das Komitee angesichts der Jahreszahl der Amtseinführung (2009) in der US-Geschichte blättert, ist der Grundstein der gastronomischen Geheimniskrämerei gelegt. Eins kommt zum anderen und letztlich sind es zwei große Bereiche, die verklausuliert werden sollen: der eine historisch, der andere topaktuell.

Beginnen wir mit der Historie: 2009 jährte sich der Geburtstag des großen Abraham Lincoln zum 200. Mal (wir haben ihn ja in diesem Buch bereits kennengelernt). Also wird jenes Geschirr, das Abes Frau Mary seinerzeit (1861) für die Inauguration ihres Mannes anschaffte, originalgetreu nachgebildet.

So weit, so einfach. Auch der erste Gang soll an anno dazumal erinnern. An die bevorzugten Speisen. Also muss ein Eintopf her. Nicht irgendein Eintopf wie ihn Arbeiter in den Minen vorgesetzt bekamen. Schon etwas Erlesenes. Eine Mischung aus Tradition und Noblesse also. So fällt die Wahl auf Seafood Stew (mit Zutaten wie Hummer, Miesmuscheln, großen Garnelen, Kabeljau oder Heilbutt und so weiter). Nun wird es bereits raffiniert und auch ein bisschen tagespoli-

tisch. Denn Hummer und Co kommen nicht von irgendwo. Dasselbe gilt für Fasan und Ente. Sie hauchten ihre letzten Züge in den Bundesstaaten Maine, Wisconsin und Indiana aus. Nun muss man wissen, dass in allen drei Bundesstaaten Obama als klarer Wahlsieger hervorging. Dasselbe gilt übrigens für die Weine: ein Sauvignon Blanc 2007 (Duckhorn, Napa Valley), ein Pinot Noir 2005 (Duckhorn, Anderson Valley) sowie ein Schaumwein Korbel Natural, *Special Inaugural Cuvée*. Gemeinsame Herkunft aller Tropfen: Kalifornien. Wahlsieger in Kalifornien?

Erraten. Barack Obama. Die First Lady, Michelle Obama, scheint die daraus resultierenden Irritationen in den anderen Weingebieten der USA geahnt haben. Und so stößt sie bereits am Vortag der Amtseinführung bei der traditionellen Inauguration Gala in Chicago vorsorglich mit einem Tropfen von *Cooper's Hawk Winery* an, einer Kellerei im Bundesstaat Illinois, der beim US-Weinbau eher als unterschätztes Stiefkind gilt. Politischer Ausgleich in Richtung des Wahlverlierers McCain wird dadurch aber keiner geschaffen. So weit geht es dann doch nicht, denn die Obamas stammen aus Illinois (ein echtes Heimspiel also).

Sie sehen schon: Nichts, rein gar nichts wird dem Zufall überlassen.

Doch bleiben wir noch kurz bei der Geschichte, denn jetzt geht es wirklich ausgefuchst zur Sache. Und zwar beim Apfelzimtkuchen (*Cinnamon Apple Sponge Cake*). Er trieft nur so vor historischen Referenzen. Sein Aufbau, ist zu lesen, sei einerseits *dezent französisch*, weil eine Art Charlotte, sprich: irgendwie ein Kuchen und irgendwie auch nicht. Weil eine Charlotte bekanntlich eine Süßspeise darstellt, die ihre bauchige Form dank eines Löffelbiskuits hält. Und andererseits sei er zutiefst politisch, weil gedacht als

Verbeugung vor den frankophilen Bevölkerungsgruppen der Südstaaten.

Damit nicht genug, sei der Kuchen aber ebenso eine Reminiszenz an John Chapman alias Johnny Appleseed, eine Pionierfigur US-amerikanischer Folklore (und im deutschsprachigen Raum angeblich als Hans oder Hänschen Apfelkern bekannt, so ihn tatsächlich jemand kennt). Dieser Appleseed jedenfalls legte im frühen 19. Jahrhundert im Mittleren Westen Obstgärten an mit Früchten, die sich ideal zur Herstellung von Apfelwein eigneten. Nach dem Tod seiner Verlobten, heißt es, sei er als Wanderprediger durchs Land gezogen, auf dem Kopf einen Kochtopf und die Hosentaschen voller Apfelsamen. Darum der Apfelzimtkuchen. Sagt das Komitee.

Fraglich ist inwieweit Barack Obama von alledem überhaupt gewusst hat. Noch dazu, wo (wenn all die subtilen Anspielungen und Referenzen schon sein sollen) die entscheidende fehlt: jene an die kenianische Herkunft des neuen Präsidenten. Kein Special wie *Ugali* (afrikanischer Getreidebrei) oder eines der vielen *Sukuma-Wiki*-Gerichte (Blattkohl).

Die Erklärung?

Für Spontaneität ist bei solchen Anlässen wenig Platz. Also steht auch das Menü mit allen Feinheiten, allen Lieferanten und so weiter in der Regel lange vorher fest. In den Köpfen des Komitees geisterte allerdings mehrheitlich ein Wahlsieger umher, der John McCain heißt. Auf ihn und seinen Geschmack sollte das Menü maßgeschneidert sein. Dass McCain letztlich mit zehn Millionen Stimmen weniger und gar nur einem Drittel aller Wahlmänner unterlag, kam im Spiel der Anspielungen eher ungelegen.

Steckt also ein Hauch von Anarchie dahinter, dass Obamas kenianische Wurzeln unter den Tisch fielen? Dagegen spricht, dass Hum-

mer und Geflügel aus Obama-Staaten kamen. Aber dachte das Komitee (gerade haben wir's gehört) nicht an einen McCain-Erfolg? (In der Tat war es in den für Hummer und Geflügel zuständigen Bundesstaaten recht knapp.) Oder wurde das Essen vor der Wahl festgelegt, die Weine aber erst danach? Oder sollte …? Fragen über Fragen.

Andererseits sind das vielleicht doch nichts als Hirngespinste von Journalisten? Wie ernst kann und soll man die Angelegenheit überhaupt nehmen?

Todernst, wenn man dem Komitee Glauben schenkt. Ein bisschen weniger todernst, wenn man Kathy Valentines Ausführungen folgt. Sie ist 2009 CEO bei Design Cuisine - Arlington, jenem Catering-Unternehmen, das das Bankett ausrichtet. Auf die Frage nach der tieferen Bedeutung der Herkunft eines Hummers, einer Ente oder einer Flasche Wein, meint Valentine: »Unser Fokus liegt darauf, das beste Produkt zu liefern. Alles andere spielt keine Rolle. Wir wissen solche Dinge nicht einmal. Wir achten auch nicht darauf.«

Und wie ist das mit dem Meeresfrüchte-Eintopf?

»Wir sehen uns an«, sagt Valentine, »was die Menschen damals gerne gehabt haben und passen es unserer Zeit mit unseren Essgewohnheiten an.« Man habe sich von amerikanischen Traditionen inspirieren lassen, habe bewusst auf Kaviar oder Kobe-Rind verzichtet. Herausgekommen sei, so die Catering-Chefin, »typisches Home-style-Kochen«. Das heißt? »Bequem, nicht zu aufwändig, nicht zu schrill. Nicht übermäßig reichlich. Die Art der Präsentation macht es aus, sie lässt das Mahl sehr ausgeklügelt und kunstreich erscheinen.«

Wer wen bei der Auswahl mehr beeinflusst hat (die Caterer die Abgeordneten oder umgekehrt) bleibt streng geheim. Was sich nahtlos in die Tradition der verschlungenen Pfade fügt, auf denen das Essen ins Kapitol gelangt. Alles top top top secret. Aber jedenfalls unter schwerster Bewachung. Die Augen des Secret Service sind überall. Auch in den Kochtöpfen. Und 2009, verrät Valentine, die auch schon für George W. Bush gekocht hat, ist es in puncto Security noch viel schlimmer, als es ohnehin schon war.

Ganz und gar nicht ernst sollte man die Sache nehmen, liest man die Kommentare aus aller Welt. Da etwa jenen eines kochbegeisterten Kolumnisten des deutschen Nachrichtenmagazins *Der Spiegel,* der eine Reihe weiterer, raffiniert verdeckter Fingerzeige ausmacht, die den Gästen des Banketts und dem amerikanischen Volk womöglich bis heute verborgen geblieben sind:

Der zum Fasan gereichte Naturreis sei ein Kniefall vor der indigenen Bevölkerung, den Indianern. Die Süßkartoffeln im Püree stünden für die einst den Wilden Westen der USA erobernden Siedler (sie sollen sich ja fast nur davon ernährt haben). Die im Püree verwendete Melasse müsse als Anspielung auf Obamas vormalige Nikotinsucht gewertet werden (Melasse ist bei Shisha-Rauchern als Feuchthaltemittel für die Pfeife beliebt). Der Kreuzkümmel im Kirschen-Chutney wiederum sei ein freundschaftlicher Wink an die Latinos im Land, während Dijon-Senf und Cidre-Essig eher als Tribut an die Welt als solche zu sehen seien. Weil international. Ja, und dann wären da noch der Knoblauch und die Rosinen. Nicht zu vergessen das mediterrane Öl für die Fasanenwürze (schöne Grüße nach Europa). Und jetzt haben wir noch gar nicht vom koscheren Salz gesprochen.

Bestimmt hätten die Senatorin und ihre Jury Freude an dieser Verfeinerung gehabt.

Oder, wer weiß, vielleicht war es ohnehin so und nicht anders gemeint? Aber besinnen wir uns doch stattdessen aufs Wesentliche. Auf jene drei Gerichte, die ich für Sie ausgesucht habe:

Süßkartoffel mit Melasse, Entenbrust mit Kirschen-Chutney und Wintergemüse. Guten Appetit!

Entenbrust mit Kirschen-Chutney

Das Originalrezept stammt aus dem Weißen Haus.

Zutaten für 10 Personen:

1 EL natives Olivenöl extra

½ Tasse Zwiebel, gehackt (1 kleine Zwiebel)

3 Knoblauchzehen, zerdrückt

1 EL Schalotte, fein gehackt

Tomatenmark

½ TL schwarzer Pfeffer

½ TL Kreuzkümmel, gemahlen

Knapp ¼ TL Chiliflocken, getrocknet

¾ Teelöffel Salz

½ Tasse roter Paprika (½ Paprika), grob gehackt

1 Pflaumentomate, grob gehackt

¼ Tasse trockener Rotwein

1 ½ bis 2 EL Apfelessig

2 EL Zucker

½ TL Dijon-Senf

1 Konserve (3 Tassen) Bing-Kirschen der Marke Oregon, geviertelt (ersatzweise Süßkirschen)

½ Tasse goldene Rosinen

10 knochenfreie Entenbrüste mit Haut (je 280 g)

2 EL Wasser

1 EL Estragon (oder Schnittlauch), frisch geschnitten

Für das Chutney und die Glasur erhitzen Sie das Öl in einem schweren Kochtopf (3–4 l Fassungsvermögen) bei mäßiger Hitze, also so, dass es nicht zu rauchen beginnt. Dann die Zwiebel, den Knoblauch und die Schalotte andünsten, bis sie goldgelb sind (bei mir waren es in diesem Fall ca. 7 Minuten).

Fügen Sie das Tomatenmark, den schwarzen Pfeffer, den Kreuzkümmel, die getrockneten Chiliflocken und ¼ Teelöffel Salz hinzu. Für 30 Sekunden bei starker Hitze kochen und dabei ständig umrühren. Auf mittlere Hitze reduzieren und den Paprika hinzufügen. Alles für ca. 5 Minuten bei gelegentlichem Umrühren weiter kochen, bis der Paprika weich ist.

Nun Wein, Essig (je nach Geschmack) und Zucker unterrühren und ca. 5 Minuten köcheln lassen. Jetzt auch den Senf, 1 ½ Tassen Kirschen und den verbleibenden ½ Teelöffel Salz unterrühren und 1 Minute weiter köcheln.

Lassen Sie die Mischung etwas abkühlen, nehmen Sie nun ¼ der Masse und pürieren sie mit dem Mixstab so fein wie möglich (Achtung beim Pürieren heißer Flüssigkeiten). Für die Entenglasur beiseitestellen. Mit den übrigen ¾ der Masse können Sie nun das Chutney fertigstellen. Geben Sie die restlichen Kirschen, den Estragon, Schnittlauch und die goldenen Rosinen dazu. Gut vermengen (all das können Sie bereits am Vortag zubereiten, wenn Sie möchten).

Nun aber zur Ente: Schieben Sie den Backofenrost in die mittlere Position und heizen Sie den Ofen auf 230 °C vor. Die Entenhaut in Kreuzschraffur mit einem kleinen, scharfen Messer einschneiden und rundum herzhaft mit Salz und Pfeffer würzen.

Wasser in einer ofenfesten, schweren Pfanne (ca. 30 cm Durchmesser) erhitzen, dann die Ente mit der Haut nach unten hineinlegen und für ca. 25 Minuten ohne Deckel ins Rohr geben, ohne sie zu wenden. Richtig ist sie, wenn das meiste Fett ausgeschmolzen und die Haut goldbraun ist.

Nun die Ente herausholen, auf einen Teller legen und alles Fett bis auf 1 EL aus der Pfanne abschöpfen. Pinseln Sie die Ente rundum mit der pürierten Kirschglasur ein und legen Sie sie zurück in die Pfanne, diesmal mit der Haut nach oben.

Nun die Ente im Ofen so lange braten, bis die Kerntemperatur des Fleisches 60 °C beträgt. Das entspricht üblicherweise einer Bratzeit von 8 Minuten. Innen sollten die Fleischstücke zart rosa sein.

Ente aus dem Ofen nehmen und 5 Minuten rasten lassen. Danach mit einem Tranchiermesser aufschneiden (leicht schräg) und mit dem Kirschen-Chutney sowie dem Süßkartoffelpüree servieren.

Wintergemüse

Originalrezept anlässlich der Amtsübernahme von US-Präsident Barack Obama 2009. Es stammt aus dem Weißen Haus.

Zutaten für 10 Personen:

2 Bund grüner Spargel (geschält und alles Holzige entfernt)

1 kg Karotten, geschält und rechteckig oder würfelig geschnitten

½ kg frische Kohlsprossen (zur Not tun es auch die tiefgefrorenen)

½ kg Wachs- oder Butterbohnen

60 g Butter

120 g Olivenöl (das entspricht ca. 130 ml, denn Öl hat eine geringere spezifische Dichte als Wasser)

Zesten einer Orange

Unbehandeltes Salz und Pfeffer aus der Mühle

Für den Spargel eine Bratpfanne mit schwerem Boden erhitzen.

Mit der Hälfte des Olivenöls den Spargel bepinseln. Salzen, pfeffern und in der Pfanne anbraten, bis er eine leichte Bräunung annimmt. Am besten nehmen Sie eine lange Gabel oder Zange, um die Stangen gleichmäßig rundum zu drehen. 2–3 Minuten pro Seite müssten genügen. Achten Sie jedenfalls darauf, den Spargel nicht zu sehr zu braten. Ansonsten wird er rasch zäh. Durch ist er, wenn Sie ihn mit der Gabel teilen können. Den Spargel warmstellen.

Geben Sie die Karotten in einen Topf mit ¾ l heißem Salzwasser. Wenn sie weich sind, abseihen und 30 g Butter und die Orangenzesten zu den Karotten werfen und umrühren, bis die Karotten schön butterig sind. Mit etwas Salz abschmecken und ebenfalls warm halten.

Die Kohlsprossen schneiden Sie am Stamm mit einem scharfen Messer übers Kreuz ein (so kochen sie etwas rascher) – und werfen sie in ¾ l kochendes Salzwasser. Kochen, bis sie sich mit dem Messer leicht schneiden lassen.

Kurz vor Ende der Garzeit der Kohlsprossen erhitzen Sie eine schwere Pfanne. Kohlsprossen abseihen, 60 g Öl in die Pfanne geben, die Sprossen dazu. Salzen und pfeffern, während sie leicht anbraten und eine bräunliche Farbe annehmen. Sollten die Sprossen zu groß sein, vor dem Rösten teilen. Die fertigen Sprossen warm halten.

Bei den Wachsbohnen verfahren Sie ähnlich wie bei den Karotten: in ¾ l heißem Salzwasser kochen, bis sie gabelweich sind (oder eine andere gewünschte Konsistenz haben). Abseihen, in 30 g erhitzter Butter schwenken und mit Salz und Pfeffer würzen.

▷ Tipp: Sie können auch Babykarotten verwenden – das gibt eine schöne Optik. Und anstelle der Wachs- oder Butterbohnen Fisolen, je nachdem, welches frische Gemüse die Saison gerade liefert.

In Melasse geschlagene Süßkartoffel

Originalrezept anlässlich der Amtsübernahme von US-Präsident Barack Obama 2009. Es stammt ebenfalls aus dem Weißen Haus.

Zutaten für 10 Personen:

Große Süßkartoffel (ca. 1,2 kg)
2 EL Butter (ungesalzen)
¼ Tasse Orangensaft
½ EL brauner Zucker
1 EL Melasse (dunkelbrauner Zuckersirup)
2 EL Ahornsirup
1 TL Kreuzkümmel
1 TL Salz (koscher)

Den Ofen auf 200 °C vorheizen.

Legen Sie die Süßkartoffel auf ein Backblech und rösten Sie sie im Ofen, bis sie sich leicht mit der Gabel anstechen lässt (das dauert je nach Größe ca. 1 Stunde).

Die noch heiße Kartoffel schälen und per Hand (oder Mixer) so lange zerkleinern, bis alle großen Brocken verschwunden sind.

Jetzt Kartoffel, Butter, Salz, Orangensaft, braunen Zucker, Kreuzkümmel, Melasse und Ahornsirup in einer großen Schüssel vermengen.

Mixen Sie die Mixtur so lange, bis keine Klumpen mehr vorhanden sind und eine sämige Masse entsteht.

Bei Bedarf je nach Geschmack mit einem der Gewürze abschmecken.

Sie können diese Speise auch schon am Vortag zubereiten und am Folgetag problemlos aufwärmen.

▷ Tipp: Traditionellerweise wird diese Speise in den USA sehr, sehr süß verzehrt. Wem das ein Zuviel an Zucker ist, der kann ruhig die Melasse und den braunen Zucker weglassen. Die Süße ist dann immer noch ausreichend.

Malala Yousafzai. Die Lieblingsspeise der pakistanischen Kinderrechtskämpferin und Friedensnobelpreisträgerin.

Chapatis für eine starke junge Frau

Malala Yousafzai spricht kaum vom Essen. Wenn, dann meist indirekt. Über die Gerüche in ihrer alten Heimat Pakistan. Essen ist Routine, auch ihr allerliebstes Frühstück: Chapatis, Eier, gesüßter Tee. Seit dem 9. Oktober 2012 ist es vorbei mit Malalas Routine. Sie ist gerade mal 15, kämpft da bereits seit vier (!) Jahren öffentlich gegen die Unterdrückung durch die Taliban und sitzt im Schulbus, als eben diese Taliban ihr eine Kugel in den Kopf jagen. Sie überlebt, kämpft nur noch härter für das Recht von Mädchen auf Bildung. Mit 17 ist sie die jüngste Nobelpreisträgerin aller Zeiten.

Wer kennt Malala nicht?

Alle Welt kennt Malala, weiß wenigstens um die Eckdaten der Geschichte dieser jungen Frau, dieses unglaublichen Mädchens aus dem Swat-Tal im Norden Pakistans, unweit der Grenze zu Afghanistan. Mit 11 beginnt sie ein Online-Tagebuch für die BBC zu schreiben, worin sie von der ständigen Angst vor den Taliban berichtet, vom Alltag der grausamen Unterdrückung. Dann das Attentat. Sie wird in eine englische Spezialklinik geflogen. Jetzt, wieder gesund, lebt sie in Birmingham, hat die Schule zu Ende gebracht, studiert und kämpft dabei unermüdlich weiter. Malala gibt den 130 Millionen Mädchen weltweit, die keinen Zugang zu Bildung haben, eine kraftvolle Stimme, und sie stellt mit ihrem Malala Fund auch Mittel dafür bereit.

Wie, habe ich mich gefragt, ist es so weit gekommen? Was lässt ein Kind sich so sehr gegen das Unrecht auflehnen? Was ist geschehen in diesen vier Jahren zwischen ihrem ersten Blog und dem feigen Attentat?

Zahllose Quellen zeichnen dieses frühe Bild einer einzigartigen Persönlichkeit. Angefangen von Malalas ersten Online-Tagebucheinträgen bis hin zu ihrer Biografie. Begleiten Sie mich nun also in die Welt der elfjährigen Malala, als ihr Vater, ein Schuldirektor, ihr eines Morgens eine ungewöhnliche Frage stellt.

Und von dort weiter zu jenen drei Kugeln, die Malalas Leben radikal verändern. Drei aus nächster Nähe abgefeuerte Kugeln. Eine bleibt im Kopf stecken, verfehlt aber das Gehirn um Haaresbreite, sodass sie im Zusammenspiel von Ärztekunst und Wunder überlebt. Eine zweite trifft die Schulter. Eine dritte Malalas Freundin am Bein. Drei Kugeln, die ihren Mut auslöschen sollen, ihn aber im Gegenteil nur noch stärken.

Mingora heißt die Stadt, in der wir uns befinden, 110 Kilometer nordöstlich von Peschawar gelegen. Peschawar, das ist dort, wo die berühmte Grand Trunk Road durchführt, eine 2.500 Kilometer lange Handelsroute, eine der ältesten und bedeutendsten ganz Asiens. Das Leben spielt sich zumeist im Freien ab. An jeder Ecke der Duft der Straßenküchen. Ob Haleem (ein Eintopf mit zum Beispiel Linsen oder Gerste und Fleisch), ob Biryani (Reisgericht) oder Paratha (warmes, ungesäuertes Fladenbrot, in unzähligen Variationen serviert, von Käse, Ei und Minze über Tomaten bis Kichererbsen). Fliegende Händler hasten vorbei an Auslagen, aus denen es tiefblau funkelt, das unverkennbare Lapislazuliblau von Halsketten, Ringen, Broschen, Skulpturen. Lastwägen poltern vorüber, wirbeln Staub auf. Sie sind Kunstwerke, von oben bis unten mit Wimpeln behängt, rundum bemalt, mit

Blumenmotiven oder Koransuren verziert, oft auch mit einem Porträt des stolzen Besitzers. Bis zu 800 Dollar kostet so ein Bepinseln zur fahrenden Visitenkarte. In Pakistan bei einem monatlichen Durchschnittseinkommen von knapp 150 US-Dollar ein Vermögen.

In dieser Welt also lebt Malala. Sie ist ein Mädchen wie viele und doch stolz darauf, was sie von anderen abhebt. Sie ist sehr gelenkig, kann die Finger knacken lassen, dass es die Großen schaudert, besiegt Leute, die doppelt so alt sind wie sie im Armdrücken. Sie ist kein Girlie, macht sich wenig aus Schmuck und Make-up, und versucht auch nicht mehr, ihre Haut mit einem Mix aus Honig, Büffelmilch und Rosenwasser aufzuhellen, liegen lange zurück. Es ist, wie es ist. In vielem ist Malala jedoch ein ganz gewöhnliches Kind, denn sie hasst Auberginen und grüne Paprika, liebt dafür Pizza.

Benannt ist Malala nach einer Heldin ihres Volksstammes, den Paschtunen. Malala, das bedeutet so viel wie: leidend, kummervoll. Mädchenspiele interessieren sie weniger, vielmehr lebt sie, wie Malala schreibt, mit den Brüdern »wie die wilden Kaninchen«. Spiele, die bei uns als *Räuber und Gendarm* bekannt sind. Dazu natürlich Kricket, das Erbe der englischen Kolonialzeit. Wenn sie gerade kein Geld für einen neuen Ball haben, tut es die alte, ausgestopfte Socke ebenso. Und wer kein Tor hat, der malt eines mit Kreide an die Wand.

Malala erzählt, wie sie erstmals den Geschmack von Rache kennen, doch nicht lieben lernt. Weil die beste Freundin ihr das rosafarbene Handy stiehlt und sie sich revanchiert, indem sie zurück stiehlt, fremden Schmuck an sich bringt. Am Ende bleibt ein Gefühl, das ihr nicht behagt. Man hat ihr von den *Paschtunwali* erzählt, einer Sammlung von al-ten Gesetzen, die das Leben regeln. Ein Unterkapitel heißt *Badal* und ist im Wesentlichen die in Worte gefasste Tradition, wonach eine Kränkung mit einer anderen Kränkung zu ahnden ist. Und ein Tod mit einem anderen. Niemals, schwört sie sich schon damals, würde sie den *Badal* für sich selbst in Anspruch nehmen. Komme was wolle.

Auch das lernt sie kennen: Gespräche über Politik. Weil sie lieber zu Füßen des Vaters sitzt und lauscht, wenn der mit anderen Männern die Probleme der Welt erörtert, anstatt sich im Nebenzimmer zur Mutter und den anderen Frauen zu setzen, die auch immer da sind. Weil es ein offenes Haus ist. Weil Gastfreundschaft über allem steht. Am Beispiel ihrer Mutter und der Verwandten und Freundinnen lernt Malala auch: Draußen haben die Frauen still zu sein, verhüllt in ihren Niqabs und Burkas. Sie gehen ein paar Schritte hinter den Männern, und erst hier, zwischen den Mauern, dürfen sie sie selbst sein, ausgelassen, lebendig. Genau dieses Leben beschließt sie nicht führen zu wollen. Malala erzählt den Eltern von dem Plan, und sie wird nicht gleich scharf zurechtgewiesen.

Früh spürt sie, dass ihr Gesicht ein unverzichtbarer Teil ihrer Identität ist. Und sie fühlt sich darin bestärkt, auch so durch den Tag zu gehen, durch die Straßen von Mingora zu ziehen oder auch über das Feld hinterm Haus, wo geheimnisvolle Ruinen seit jeher die Fantasie der Kinder befeuern, wo kauernde Löwenstatuen sie bei Einbruch der Dunkelheit erschrecken, zerbrochene Stupa-Säulen. Oder mächtige Steinbrocken, »die aussahen wie Regenschirme von Riesen«.

Genau hier, im Haus der Yousafzais in Mingora, stellt Vater Ziauddin eines Tages seiner Tochter die entscheidende Frage. »Möchtest du ein Tagebuch schreiben? Einen

Blog für europäische Medien?« Der Vater ist Schuldirektor. Eben erst haben die Taliban das Leben im Swat-Tal durcheinandergewirbelt, haben mit einem Schlag Musik, Fernsehen und die Ausbildung von Mädchen verboten wie auch begonnen, reihenweise Mädchenschulen dem Erdboden gleichzumachen. Ein Korrespondent der BBC bittet ihn, weibliche Lehrer dafür zu gewinnen, darüber zu schreiben.

Ziauddin Yousafzai fragt zwei Lehrerinnen, beide lehnen ab. Die Angst ist allgegenwärtig. Nicht so bei der Tochter des Direktors. Malala will ein Online-Tagebuch führen. *Tagebuch eines pakistanischen Schulmädchens* soll es heißen, ursprünglich verfasst in Urdu, der Amtssprache, veröffentlicht unter dem Pseudonym Gul Makki, um das elf Jahre alte Mädchen durch die Anonymität zu schützen. Also schreibt Malala drauflos, postet Einträge wie diesen:

»Ich hatte einen schrecklichen Traum gestern mit Kampfhubschraubern und den Taliban. Ich habe solche Träume seit Beginn der Militäroperation in Swat. Meine Mutter machte mir Frühstück und ich ging zur Schule. Ich hatte Angst zur Schule zu gehen, weil die Taliban ein Gesetz beschlossen haben, das allen Mädchen den Schulbesuch verbietet. Von 27 Schülern sind seitdem nur noch 11 im Unterricht.«

Oder diesen:

»Auf dem Heimweg von der Schule hörte ich einen Mann sagen: Ich werde dich töten! Ich beschleunigte meine Schritte und nach einer Weile sah ich zurück, ob der Mann immer noch hinter mir war. Aber zu meiner größten Erleichterung sprach er in sein Mobiltelefon, muss also jemand anders bedroht haben.«

Malala schreibt von der Schuluniform. Dass man Mädchen, die trotz Verbots zum Unterricht gehen, rät, keinesfalls die Schuluniform zu tragen. Lieber bunte Alltagskleidung. Dann ist es auch damit vorbei. Die Taliban verbieten die bunte Kleidung. Der Blog macht Gul Makki rasch bekannt. Als das Militär die Taliban zurückschlägt und vertreibt, scheint das Leben in Mingora wieder sicher. The Times ist auf die Geschichte aufmerksam geworden, dreht Videos über Gul Makki, zeichnet das Porträt des unerschrockenen Mädchens mit den Haselnussaugen, dem runden Gesicht und der Schultasche mit Harry-Potter-Motiv nun unter ihrem echten Namen, Malala Yousafzai. Man zeigt ihr Gesicht. Sie wird zum regionalen Star, bald zur Berühmtheit in ganz Pakistan.

Die Regierung schlägt sie für den ersten *Nationalen Friedenspreis* vor. Vor der Kamera sagt Malala damals schon, mit 14 Jahren, auf die Frage nach der Angst vor den Taliban jene Worte, die sie kein Jahr später wie eine tragische Prophezeiung einholen würden: »Ich denke oft daran und stelle mir die Szene klar vor. Aber selbst wenn sie kommen, um mich zu töten, werde ich ihnen sagen, dass das, was sie da versuchen, falsch ist. Dass eine Ausbildung unser Grundrecht ist.«

Niemand denkt ernsthaft daran, die Extremisten könnten sich an einem Kind rächen. Und doch, oder vielleicht genau darum, leuchtet sie auf dem Radar der Taliban auf. Im Herbst des Folgejahres, am 9. Oktober 2012, geschieht es. Mehrere Männer stoppen den Schulbus, in dem auch Malala sitzt, durchsuchen ihn gezielt nach ihr, rufen mit Waffen im Anschlag ihren Namen und drohen, alle zu erschießen, wenn sie sich nicht meldet. Malala meldet sich, und dann tritt einer der Männer an sie heran und drückt aus nächster Nähe ab. Dreimal.

In der Biografie *Ich bin Malala*, die sie drei Jahre später in ihrem neuen Zuhause verfasst, einem Backsteinbau im englischen Birmingham, schreibt Malala von ihrem Leben davor, insbesondere aber von ihrem Leben danach, davon, was sich geändert hat. Von den großen Veränderungen, die sie die ganze Welt bereisen, dramatische Appelle halten und Regierungen in die Pflicht nehmen lassen. Veränderungen, die ihr einen Preis um den anderen einbringen, deren Gelder sie nach Pakistan schickt, um dort Gutes zu tun.

Aber sie schreibt auch von den kleinen Veränderungen, die alles andere als klein sind. Wie etwa, dass ihre Mutter die Schule nachholt. Und dass es nun zumeist ihr Vater ist, der das Frühstück zubereitet. Der auf einmal immer vor den anderen aufsteht. Der plötzlich sogar, erstmals im Leben, einkaufen geht. Obwohl er einkaufen hasst. Jener Mann, der zuvor nicht einmal den Preis von einem Liter Milch benennen konnte und nun den Platz jedes einzelnen Produktes in den Supermarktregalen kennt.

»Er macht Frühstück für mich, meine Mutter und für meine Brüder, Atal und Khushal. Er lässt seine Arbeit nicht unbemerkt geschehen, etwa in der Art, wie er frischen Saft auspresst, Eier brät, das Fladenbrot wärmt und den Honig vom Regal nimmt. ›Es ist nur Frühstück‹, hänsle ich ihn dann.«

Vieles, nein, fast alles ist neu in Malalas Leben. Das Frühstück, abgesehen von der einen oder anderen Ergänzung, ist es nicht. Ob Birmingham oder sonst wo, es wird sie immer an ihre alte Heimat erinnern. Eier, Chapatis und gesüßter Tee auf pakistanische Art.

Chapati mit Spiegelei und süßem Tee

Nach den Aufzeichnungen von Malala Yousafzai in ihrem Buch I am Malala.

Für das Chapati (ungesäuertes Fladenbrot):

400 g Chapati-Mehl (Eigenes Chapati-Mehl gibt es in gut sortierten Supermärkten oder im Onlinehandel. In Indien ist es unter dem Begriff »Atta« bekannt und ein wichtiger Bestandteil der regionalen Küche.)
200 ml Wasser
Mehl (für das Ausrollen des Teiges)
Butter

Das Mehl in eine große Schüssel sieben.

Nach und nach das Wasser beigeben, bis Sie einen festen und doch geschmeidigen Teig erhalten – Sie benötigen womöglich nicht das ganze Wasser.

Teig so lange kneten, bis er weich und einigermaßen elastisch wird.

Den Teig in zwei Hälften teilen, danach die Stücke immer weiter teilen, bis jedes Stück in etwa die Größe einer großen Glasmurmel hat.

Arbeitsfläche bemehlen und die Teigstücke rollen, bis sie ca. 2 mm dick und 15 cm im Durchmesser sind.

Eine flache Bratpfanne erhitzen (geben Sie keinerlei Fett hinein) und backen Sie ein Chapati nach dem anderen, bis auf der Unterseite kleine braune Punkte entstehen – üblicherweise dauert das ca. 30 Sekunden.

Wenden und die andere Seite ebenfalls braten.

Warmstellen, bis alle Chapatis fertig sind.

Fürs Servieren jeden Brotfladen mit etwas Butter bestreichen.

Dazu, obenauf, frisch gebratene Spiegeleier.

Anmerkung: In Malalas Originalrezept ist weder von Salz im rohen Teig noch von Ghee (indisches Butterschmalz, erhältlich unter anderem in Ayurveda-Shops) zum Bestreichen der fertigen Chapatis die Rede. Beides kann natürlich bei Bedarf zur Anwendung kommen.

Für den süßen Tee (nach pakistanischer Art, ca. 8 Gläser):

1,2 l Wasser
750 ml Frischmilch
1 TL Vanille
1 TL Kardamomsamen
60 ml Honig
4–5 Zimtstangen
10–12 Gewürznelken
3 Beutel schwarzen Tees (zum Beispiel Darjeeling oder Assam)

Masala Chai, der traditionelle Tee aus Pakistan und Indien, hat seinen Siegeszug über den Globus längst angetreten. Natürlich gibt es ihn auch in fertigen Teebeuteln – doch seine einzigartigen Aromen entfalten sich erst, wenn man ihn selber zubereitet:

Kardamom, Zimtstangen und Nelken in ein Käsetuch (oder ein anderes sauberes Baumwolltuch) schlagen und mit Küchengarn zusammenbinden. Man nennt dieses Bündel auch Bouquet garni.

Das Bouquet garni in einen Topf mit Wasser hängen und am Henkel festbinden. So lässt es sich später einfacher entfernen.

Wasser bei mittlerer Flamme gemächlich zum Kochen bringen (zu stark aufwallendes Wasser entzieht den Zutaten ungewünschte Bitterstoffe und nimmt sie auf). Danach die Flammen weiter reduzieren. Den Chai gut ¼ Stunde köcheln lassen.

Herd ausschalten. Teebeutel (noch besser sind natürlich frische Teeblätter) beigeben. 3–4 Minuten genügen vollauf, das gibt dem Chai eine stärkere Teenote, ohne ihn bitter werden zu lassen.

Das Bouquet garni entfernen.

Den Chai durch ein Sieb gießen (sofern Sie nicht Teebeutel, sondern Blätter verwendet haben).

Milch, Honig und Vanille einrühren – und heiß servieren (kalter Masala Chai wird am besten in einem Glas mit Eiswürfeln kredenzt).

Vom Teufelswerk zum Welteroberer

Hier noch, liebe Leserinnen und Leser, ein kleiner Nachschlag. Weil ein so unscheinbares Produkt wie Tomatenmark einerseits in so vielen Rezepeten (auch dieses Buches) vorkommt, andererseits aber so wenig Beachtung findet. Dabei geht doch nichts über ein perfektes Tomatenmark aus eigener Produktion! Unser Wissen darüber ist so vielfältig wie jung. Die Geschichte der Tomate dagegen ist uralt. Doch es dauerte, ehe sie ihren Siegeszug über den Globus antreten durfte. Eine kulinarische Odyssee, gespeist aus Unwissen, Aberglauben, Vorurteilen und rätselhaften Todesfällen.

Teufelswerk nannte sie der Klerus, als ihre Triebe allmählich in Europa Wurzeln schlugen und seltsame Begebenheiten rund um die Tomate Angst und Schrecken verbreiteten. Die missliebige Liaison des alten Kontinents mit dieser neuen, geheimnisvollen Frucht war da noch recht jung, während sie in ihren Ursprungsländern Süd- und Mittelamerikas seit Urgedenken kultiviert und verehrt wurde.

Ihren Namen verdankt sie den Azteken, die sie *Xitomatl* nannten. Ein Silbenmix, der für Nabelschnur, dick und Wasser steht. Aber auch für: anschwellen. Folglich galt sie als Symbol der Fruchtbarkeit und Trägerin göttlicher Kräfte und war als Hochzeitsgeschenk beliebt. Selbst den Mayas, lange vor Inkas und Azteken, war die Tomate wohlvertraut. Samenfunde bei archäologischen Ausgrabungen belegen dies.

Ihre (Erfolgs-)Geschichte erstreckt sich demnach über Tausende von Jahren, Europa kennt die Tomate seit gerade mal 500. Christoph Kolumbus und (in direkter Nachfolge des Eroberers) Hernán Cortés hatten erste Pflanzen von ihren Entdeckerreisen mitgebracht. Anfangs stellte man sie in königlichen Ziergärten wie etwa in Sevilla als Kuriosum zur Schau. Ihre Früchte galten als ungenießbar.

Bald schon sprach man ihr rätselhafte, teils furchteinflößende Kräfte zu. Und so verpasste Europa dem Einwanderer neben jenem heute weltweit verbreiteten Namen, den die Spanier aus dem Aztekischen herleiteten, auch ganz andere. Goldapfel (*Pomme d'or*, im Italienischen heute noch: *Pomodoro*). Oder auch: Liebesapfel (*Pomme d'amour*), weil aphrodisierend. Mancherorts galten diese Kräfte der Tomate mit ihren prallen, kraftvoll leuchtenden Früchten als geradezu paradiesisch. Der in Teilen Österreichs weitverbreitete Name Paradeiser leitet sich von eben da her.

Doch auch für den ungewollten Eintritt ins (im Idealfall) Paradies machte man die Tomate verantwortlich. Unter Adeligen grassierte in jenen Tagen nach dem Verzehr der Früchte ein rätselhaftes Sterben. Dass diese – in der Tat – Vergiftungen auf das Geschirr der hohen Herrschaft zurückzuführen waren, wusste man da natürlich noch nicht. Im 16. und 17. Jahrhundert waren bei den Reichen oftmals Schalen und Teller aus Hartzinn in Gebrauch. Mit sehr hohem Bleianteil. Kam das Geschirr mit stark säurehaltigen Lebensmitteln in Berührung, diffundierte das Blei ins Essen und tat seine qualvoll tödliche Wirkung.

Mysteriöse Sterbefälle also, die man der *Xitomatl* anlastete. Dazu ihre angeblich betörende Wirkung. Ihre Beigabe in Zaubertränken. Und ihre wenn auch sehr oberflächliche Ähnlichkeit zum Hexenkraut Alraune wie auch zur Schwarzen Tollkirsche. Mehr brauchte es für die Kirche wahrlich nicht, um die Tomate zu verteufeln. Und für die Herrschaftshäuser von Mittel- und Nordeuropa genügte es, um ihr über Jahrhunderte zu misstrauen.

Das einfache Volk kannte die Tomate als Todesboten bestenfalls vom Hörensagen. Selbst betroffen waren die Menschen nicht, weil sie, so überhaupt vorhanden, von Tellern aus Holz oder Ton aßen. Erste überlieferte Rezepte unter Beteiligung von Tomaten führen gar ins 16. Jahrhundert zurück. Dennoch fristete das Nachtschattengewächs Tomate lange Jahre ein ebenso schattiges Dasein. Es bedurfte zweierlei, ihren angeschlagenen Ruf zu korrigieren und ihren Siegeszug über den Globus zur meistkultivierten Frucht zu ebnen: Zeit. Und Kraftakte beziehungsweise Pionierleistungen.

So auch in den USA. Besonders bemerkenswert ist etwa der Schauakt des nordamerikanischen Gutsbesitzers Robert Gibbon. Auch fast zwei Jahrzehnte nachdem Präsident Thomas Jefferson (ihm und seiner Kulinarik ist ja ein ganzes Kapitel dieses Buches gewidmet) bereits Tomaten auf seinem Landsitz in Monticello (Virginia) zog und seinen noblen Gästen kredenzte, war das Misstrauen gegen die Tomate unvermindert groß. Sie aus dem benachbarten Mexiko zu importieren, war naheliegend, kam allerdings nicht in Frage. Erst Immigranten aus Europa (längst vertraut mit ihren Vorzügen als Lebensmittel) unterwanderten Unwissen und Aberglauben nach und nach und machten die Tomate über den Umweg Europa salonfähig.

Auch Gutsbesitzer Gibbon tat das Seinige. Medienwirksam verspeiste er einen ganzen Korb reifer Tomaten. Vor 2000 eigens einberufenen (!) Zeugen. Letzte Zweifel räumte Jahre später eine Medienoffensive der im Gefolge der Industriellen Revolution wie Pilze aus dem Boden schießenden Zeitungen aus. Die rasante Eroberung der ganzen Welt durch die Tomate war von da an unaufhaltsam.

Einzig die Mühlen der Justiz mahlten, wie überall, auch in den USA langsam. Und so dauerte es bis 1893, ehe der Oberste Gerichtshof, der Supreme Court, die Tomate hochoffiziell zum Gemüse erklärte. Dass sie da, botanisch betrachtet, längst als Obst klassifiziert war, sei nur am Rande erwähnt.

Zeit und Zufall prägen also den Siegeszug der Tomate. Einem Zufall verdanken wir beispielsweise auch die ersten Rispentomaten in den Regalen. Ein sizilianischer Produzent hatte wegen zu niedriger Marktpreise mit der Ernte (traditionell einzelner Früchte) zuwarten wollen. Mehrere Tage verstrichen. Früchte derselben Rispen waren nun reif. In seiner Not entschied der Italiener, die Früchte samt Rispen zu ernten und in Kisten zu legen. Die Begeisterung der Kunden war grenzenlos, weil die noch vorhandenen Triebe den Geschmack intensivierten. Heute sind Rispentomaten omnipräsent.

Letztlich aus purem Zufall.

Ganz und gar nicht dem Zufall überlasse ich hingegen die Wahl meines Tomatenmarks. Und erst recht nicht den Lebensmittelkonzernen. Tomatenmark mache ich aus Prinzip selbst. Ein geringer Aufwand, der mir ein perfektes, über Monate haltbares Produkt liefert. Und das geht so:

Tomatenmark

Für mein selbstgemachtes Tomatenmark:

(Ergibt 200 bis 300 g, je nach Konzentration.)

1 kg Tomaten (Reif oder sogar überreif für einen intensiven Geschmack. Ideal sind Früchte mit wenig Wassergehalt, zum Beispiel die Eiertomate und so weiter.)

1 großer Topf

1 Sieb

Messer, Teelöffel, Schneebesen

Gläser oder Glasflaschen (gut ausgekocht, verschließbar)

Tomaten waschen, vierteln. Stielansätze entfernen (ebenfalls eventuell unreife Stellen). Kerne mit einem Teelöffel entfernen.

Wasser in einen Kochtopf (bodendeckend) füllen. Tomatenviertel dazugeben und mindestens 1 Stunde (mit Deckel) köcheln lassen. Nicht vergessen, immer wieder umzurühren.

Topf vom Herd nehmen und Tomaten ohne Deckel etwas auskühlen lassen (bis sie nicht mehr dampfen). Jetzt durch ein Sieb drücken (das trennt das Fruchtfleisch von allfälligen Hautresten und Kernen).

Den Tomatensaft nun bei offenem Topf weiterköcheln lassen, bis er sich eindickt und ein Mark von gewünschter Konsistenz entsteht.

Wer mag, kann nun Knoblauch oder auch Basilikum beigeben. Oder das Mark in seiner reinsten, ungewürzten Form noch heiß in Gläser füllen. Verschließen und beim Abkühlen auf den Kopf stellen.

Kühl und dunkel gelagert, hält Ihr Tomatenmark monatelang. Besonders dickes Mark lässt sich auch portionsweise einfrieren.

Übrigens: Einfach konzentriertes Tomatenmark hat ca. 75–85 Prozent Wasseranteil, doppelt konzentriertes ca. 70–72. Und dreifach konzentriertes in etwa 60–64.

Register

Bildnachweis

52 v. Chr. Julius Cäsar
Musée Crozatier du Puy-en-Velay. Wikimedia commons.

33 Jesus Christus
Wikimedia commons.

1800 Napoleon Bonaparte
© Belvedere Wien.

1805 Thomas Jefferson
White House Historical Association. Wikimedia commons.

1860 Emily Dickinson
© Michael Medeiros/Emily Dickinson Museum.

1865 Abraham Lincoln
Wikimedia commons.

1867 Drei Kaiser Dinner
Wikimedia commons.

1869 Eröffnung des Suezkanals
Verlag für Wissen und Bildung, Wikimedia commons.

1886 Suffragetten
Paul Thompson/Topical Press Agency/Getty Images.
Between the Covers Rare Books. (Text)

1911 Marie Curie
© Hulton-Deutsch Collection/CORBIS/Corbis via Getty Images.

1926 Gertrude Ederle
Library of Congress. Wikimedia commons.

Der Teckbote. (Text)

1928 Hirohito
Wikimedia commons.

1929 Die erste Oscar-Nacht
From the Academy Awards show photographs of the Margaret Herrick Library, Academy of Motion Picture Arts and Sciences.

1929 Frida Kahlo
Bettmann/Getty Images.

1943 Churchill, Stalin und Roosevelt
Lt. Lotzof/IWM via Getty Images.

1953 Hillary und Norgay
© Hulton-Deutsch Collection/CORBIS/Corbis via Getty Images. (Inhalt)
George Band/Royal Geographical Society/Getty Images.

1953 Queen Elisabeth II.
Royal Collection Trust/© Her Majesty Queen Elizabeth II 2018

1955 Österreichischer Staatsvertrag
© APA Picturedesk.

1955 Rosa Parks
Wikimedia commons.

1963 Dinner for One
Siegfried Pilz/United Archives/picturedesk.com.

1963 Kennedy und Adenauer
Landesarchiv Berlin.

Küchenglossar
österreichisch-deutsch

1965 The Beatles
Pixabay.

1966 Bob Marley
Ginny Winn/Michael Ochs Archives/Getty Images.

1966 Truman Capote
Bettmann/Getty Images.

1969 Tito und Sophia Loren
Bettmann/Getty Images.

1969 Mondlandung
NASA. Wikimedia commons.

1971 Schah Reza Pahlavi
Georges Galmiche/INA via Getty Images.

1979 Rainbow Warrior
© David McTaggart/Greenpeace.
© Pierre Gleizes/Greenpeace. (Text)

1987 Reagan und Gorbatschow
© Wally McNamee/CORBIS/Corbis via Getty Images.

1990 Nelson Mandela
David Turnley/Corbis/VCG via Getty Images.

2003 Deutsche Fußball-Weltmeisterinnen
Lars Baron/Bongarts/Getty Images.
Claudia Theune-Vogt. (Text)

2009 Barack Obama
Pete Souza/White House via Getty Images.

2012 Malala Yousafzai
Ben Stansall - WPA Pool/Getty Images.

Erdäpfel	Kartoffeln
Obers	Sahne
Topfen	Quark
Marille	Aprikose
Weichsel	Sauerkirsche
Germ	Hefe
Staubzucker	Puderzucker
Vogerlsalat	Feldsalat
Faschiertes	Gehacktes
Fisolen	Bohnen
Suppe	Brühe
Frittaten	Pfannkuchenstreifen
Melanzani	Aubergine

Danksagungen an das Rathaus Schöneberg, Marek Erdmann, Wiener Brot, Susi Newborn, Tina Theune, Dominique Macquet, Mahnaz Attar-Fischer und das Landesarchiv Berlin.